衣生活論

持続可能な消費と生産

編著：山口 庸子／生野 晴美
著：潮田 ひとみ／辻 幸恵／都甲 由紀子／長崎 巌／村上 かおり／村瀬 浩貴

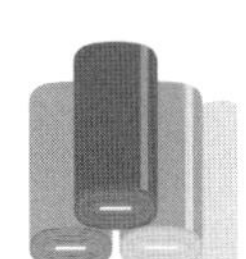

アイ・ケイ コーポレーション

はじめに

年々深刻化する異常気象や気象災害，地球温暖化の問題，グローバル化を背景に拡大する貧困や格差社会の問題は世界共通の課題であり，改善に向けて，国連の「持続可能な開発(SDGs)」，ISO 20400「持続可能な調達」，国内では消費者庁の「倫理的消費」調査研究会，日本エシカル推進協議会などさまざまな分野で「持続可能性」を取り巻く議論が活発化している。このような状況のなかで私たちが，健康で文化的にも精神的にも満たされた真に豊かな衣生活を継続するには，衣服に関する正しい知識を修得するとともに，これからの衣生活のあり方を考えていくことが重要である。

衣服は本来，暑さ寒さから身体を守る，身体を清潔に保ち保護するなど生理的・物理的な機能と，美しく装いたい，あるいは流行の服を着たい，社会生活を営むために必要な衣服を着用するなど心理的・社会的な機能を合わせもつ。衣服には自然科学的な側面と社会科学的な側面があり，いずれが欠けても成り立たない。執筆にあたり，このような総合科学的で多面的な側面をもつ衣服の機能が容易に理解できるような構成とした。

本書では，「健康」，「環境」，「教育」との関わりを軸とし，持続可能な衣生活に向けて，一着の服を購入して廃棄するまでの思考に沿って章立てを行い，最新の消費動向から，素材，製造，着用，管理・廃棄に加えて，日本人としての文化的背景も認識できるように工夫した。

また，実践的・実用的なテキストとして，最新情報を実生活で経験する事柄と関連づけながら，脚注やコラム，QR コードを加え，やさしく記述するように心がけた。

本書は8つの章から構成されている。

1章の「衣服と生活」では，衣服のもつ多面的な役割を示し，衣服の起源・変遷をたどることから，これからの社会に必要な衣服の果たす役割を学ぶ。

2章の「着装の心理とマーケティング」では，‘70年代から現在までのファッションに見られる着装の変化や心理的なニーズ，ファッション・マーケティングの基礎を示すことから，持続可能な生産を支えるための消費行動のあり方を学ぶ。

3章の「衣服の素材と加工」では，衣服素材の構造や性質，加工による性能改善や高機能化を示し，豊かな衣生活の実現に必要な衣服の性質と素材の関係を学ぶ。

4章の「衣服の製造と着装(装い)」では，アパレル産業における衣服の生産やサイズ表示，ネットワーク環境を示し，着装場面やライフステージに適した衣服の購入方法を学ぶ。

5章の「衣服の機能と快適性」では，ヒトの体温調節の仕組や，着装環境を考慮した衣服の選び方や過ごし方を示し，衣服の着心地や機能服の詳細について学ぶ。

6章の「衣服の管理と環境」では，洗濯，クリーニング，保管など日常の管理方法を示し，衣服の廃棄やリサイクルなど資源の再利用に関する企業の取組みと消費者の役割を学ぶ。

7章の「染色と染め文化」では，染色にまつわる内外の歴史やメカニズム，草木染をはじめとする工芸染色の材料や技法を示し，日本の染め文化の源流を学ぶ。

8章の「きものと日本文化」では，きものとその源流である小袖の歴史をたどり，日本の服飾文化の中でこれらが果たした役割や意味を示し，現代の衣生活との関わりを学ぶ。

本書は，次世代を担う若者に役立つように，グローバル化や環境配慮思考が進む世界のなかの日本を意識した一冊に仕上げた。また，衣生活に関する入門書としてあるいは一般の教養書としても使用していただけるものと考える。

なお，本書は同出版社刊行の「新版衣生活論」の後継版として，持続可能な消費と生産(ビジネス)を加味し，これまでと同様に大学および短期大学のテキストとしての使用をはじめ，小・中・高校などの学校教育あるいは介護や看護などの教育にたずさわる先生方の参考書として引き続きご利用いただけるように配慮した。できるだけ多くの方がたに活用していただければ幸いである。

本書の執筆にあたり，多くの著書，論文などを参考，引用させていただいた。関係各位に深く感謝申し上げる。
終わりに，本書の刊行にお力添えくださったアイ・ケイコーポレーション森田富子氏，編集にご協力いただいた方がたに厚く御礼申し上げる。

2019年3月

編著者　山口庸子／生野晴美

目　次

6章　衣服の管理と環境　山口庸子

執筆者紹介

編著者

山口（やまぐち）　庸子（ようこ）　共立女子短期大学生活科学科教授　博士(学術)　1，6章

生野（いくの）　晴美（はるみ）　東京学芸大学名誉教授　博士(学術)　7章

著　者

潮田（うしおだ）ひとみ　東京家政大学服飾美術学科教授　博士(学校教育学)　5章

辻（つじ）　幸恵（ゆきえ）　神戸学院大学経営学部経営学科教授　博士(家政学)　2章

都甲由紀子（とごうゆきこ）　大分大学教育学部准教授　博士(生活科学)　7章

長崎（ながさき）　巌（いわお）　共立女子大学家政学部被服学科教授　芸術学修士　8章

村上かおり（むらかみ）　広島大学大学院教育学研究科人間生活教育学講座教授　博士(学術)　4章

村瀬（むらせ）　浩貴（ひろき）　共立女子大学家政学部被服学科教授　博士(工学)　3章

1章　衣服と生活

近年のライフスタイルや価値観の多様化，衣服の製造に関わる技術革新やグローバル化を背景に，日本人の衣生活は大きく変化し豊かなものとなっている。一方，地球環境への配慮から持続可能な社会に向けた取り組みとして，責任ある生産と消費が強く求められる時代をむかえている。衣服のもつ多面的な機能について整理することから，現代人にとっての衣服の果たす役割について学ぶ。

1．衣服の機能と役割

衣服*1は人体を覆うものであり，心と身体を包む最も身近な「人工の環境」ともいえる。衣服に対する人間の欲求はさまざまであるが，衣服に求められる機能は，時代や社会，文化の変遷に伴って変化するものであり，今日，生活の多様化により複雑なものとなっている。

衣服の果たす役割を，その機能性から大別すると，保健衛生上の機能(外界からの保護)と装飾審美的な機能(外界への意味伝達：コミュニケーションの媒体)の2つに大別できる。

1）　保健衛生上の機能

❶　体温調節の補助　人体には，外界の温熱環境の変化に応じて，生理的に体温調節を行う機能があるが，衣服の着用を通して，寒さや暑さから身体を守り，さらに快適な環境をつくることができる。

❷　身体の清浄　人体は体内からの汗や不感蒸泄，皮脂，垢(角質細胞片)，排泄・分泌物などで常に汚染されている。体表に直接接して着用するような下着(肌着)は，これらの汚れを取り除き，皮膚を清潔に保つはたらきがある。

❸　身体の保護(危険からの回避)　外衣は外界からの化学的・物理的な危害から防護する役割をもつ(防火服，防虫服，化学防護服，放射線防護服，潜水服，宇宙服など)。

❹　動作適応性　衣服は適度なゆとりやしめつけにより活動の能率を高めて，人間のさまざまな動作に適応することから，快適に行動できるようなはたらきをする(カジュアルウェア，スポーツウェア，寝衣など)。

2）　装飾審美的な機能

❶　自己表現(個性・美意識の表現)　人は着装により，自分らしく・美しく着たい，高級な服・流行の服を着たいという欲望を満たし，アイデンティティー(identity)を表現する。

❷　集団表現　人は所属や職種を示すために衣服を着ることがある。所属集団の標識類別上

＊1　衣服：「衣服」は人体の体幹部および腕や脚部を覆い包むものである。これに対して「被服(ひふく)」は，衣服のほかに，帽子，手袋，スカーフおよび装飾品を含めて，身につけるすべてを総称した名称である。被服＞衣服の関係にある。衣服や被服は物としての衣に比重をおいた表現であり，英語のclothingやclothesにあたる。一方，「服装」や「服飾」は，人と物の合体に比重をおいた表現であり，英語のcostumeやdressにあたる。なお，服装は人間が被服を着装した状態(姿)であり，被服が単独でおかれている場合は服装とはいわない。

あるいはイメージアップに，また，コミュニケーションを円滑にする媒体(非言語情報の媒体：サイレントランゲージ)として利用されている(学生服，ユニフォーム，制服など)。

❸ 儀礼上　人が社会的集団生活を営むうえで必要な社会的規範であり，冠婚葬祭など，儀礼上の着装がこれにあたる(式服，礼服など)。

衣服の着装に求められる機能は変化することを前述したが，現代人にとっての衣服の役割も「保健衛生上の機能」から「装飾審美的な機能」へと移行し，リサイクル可能な素材やクールビズやウォームビスといった「環境配慮製品」が重視され，さらに，責任ある生産と消費に加えてエシカル消費の必要性が認識されている。

2. 衣服の起源と変遷

(1)　衣服のはじまり

「人間はなぜ衣服を着るのか」という着装の動機については，環境適応説，身体保護説，羞恥説，装飾説，呪術説，異性吸引説などがある。環境適応説は天候のような自然環境にうまく適応するために，身体保護説は外敵から身を守るために，羞恥説は恥じらいから裸を隠すために，装飾説は人間としての誇りや個性の表現および審美的な表現手段として，呪術説は悪霊から身を守るために，異性吸引説は異性の関心をひく手段として衣服を着用するようになったとする説である。衣服着用の動機には定説はなく，これらの説の複合的なものと考えることが妥当であり，時代や地域性によって，その度合いは異なるものと考えられる。

人類が繊維から布を得る手段を発明した時代は定かではないが，数千年前には衣服の材料として，麻，綿，羊毛，絹が使われていた。麻はエジプト，羊毛はメソポタミア，綿はインドとインカ，絹は中国において，いずれも世界文明発祥の地に固有の繊維として存在しており，天然繊維と人間との関わりは長い。これに対して，化学繊維の歴史は浅く，1884年に高価な絹の代用品としてフランスのシャルドンネ伯爵がレーヨンの製造に成功したことにはじまる。その後，合成繊維のナイロンは1935年に，アクリルは1941年に発明され，同年にポリエステルの製造に成功して1953年には生産を開始した。紡績機やミシンの発明とともに大量生産の時代をむかえ，物理的に着る自由を可能としたのは人類の歴史からするとごく最近のことである。

(2)　衣服の変遷

西洋における洋服の歴史は，基本的には古代は巻衣(まきぎぬ)(drapery)，中世は寛衣(かんい)(loose tunic)から窄衣(さくい)(fitted tunic)，近世以降は窄衣の発展期とみることができる(コラム1参照)。

近代(19世紀)に入ると，イギリスの産業革命やフランス革命を契機として，紡績機やミシン，合成染料の発明により衣服の生産は飛躍的に増加し，貴族の服装の崩壊とともにファッションは大衆のものとなり，機能性を重視した服装が広まり衣生活は質的・量的に向上した。19世紀の中頃には，男性服は山高帽や現在の背広の原型となったジャケットが登場した。女性服はエンパイアスタイル，ロマンテックスタイル，クリノリンスタイル，バッスルスタイル，1890年代のS字ラインなどシルエットにファッションサイクル(流行)が現れ，テーラードスーツやスポーツウェアに女性服が登場した。服装のユニセックス化のはじまりである。パ

コラム 1　衣服の変遷（西洋と日本）

世界の衣服の変遷

B.C.13～A.D.1	A.D.5～	A.D.16～	A.D.19～　A.D.20
古代	中世	近世	近代
巻衣（まきぎぬ）	寛衣（かんい）から窄衣（さくい）へ	窄衣（さくい）の発展	

巻衣：一枚の布を身体にかけまとう衣服	寛衣：緩やかに全身をまとう衣服	窄衣：身体に緊密に着られるように仕立てられた衣服	シルエットにファッションサイクル（流行）が現れる。既製服の普及，オートクチュールからプレタポルテへ

日本人の衣服の変遷

A.D.2～	A.D.7～	A.D.8～	A.D.12～	A.D.17～	A.D.19～
大和時代	飛鳥・奈良時代	平安時代	鎌倉・室町時代	江戸時代	明治時代
衣褌（きぬばかま）・衣裳（きぬも）	袍袴（ほうこ）・衣裙（いくん）	束帯（そくたい）・袿（うちぎ）	上下（かみしも）	小袖（こそで）	

古墳から出土した埴輪の人像にみられる。男性は衣と褌，女性は衣と裳の上下2部形式	大陸との交流が頻繁となり，衣服も大陸風となる。聖徳太子が隋の服制を導入	唐風の模倣から脱却して国風文化が勃興し，わが国独自の衣服形態となる。女性の唐衣裳（十二単）は15～20枚も重ねた時期もあり，非活動的なものであった	武家中心の実用的な衣服となる。今まで下着であった小袖を表着とし，それを袴の中に込めて着る上下形式	小袖が中心となる。武家（男）は小袖に裃，女性は小袖に帯をしめる	洋服が軍服・礼服として取り入れられる

出典：小林茂雄：「衣生活論」p. 4～5，弘学出版（2005）に追記

リ・オートクチュールの出現も19世紀である。

20世紀に入り，化学繊維の発達や女性の社会進出から既製服の普及*2が進み，服装の流行も多様化した。

その中でも女性服は1960年代にミニスカートが登場し，ホットパンツ，パンタロン，ジーンズなど一連のズボン形式が飛躍的に普及した。また，ファッションのビジネス化のはじまりでもあるライセンス制（プレタポルテ）が，世界110数か国に浸透したのもこの頃である。21世紀に入り，ファッションのカジュアル化やファストファッションの台頭，LVMH（モエヘネシー・ルイ・ヴィトン）にみるラグジュアリービジネスなど，ファッションの二極化はグローバル化を一層推し進めた。

日本では埴輪にみられる衣褌・衣裳，袍袴・衣裙，束帯・袿，上下，現代の和服の原型ともいわれる江戸時代の小袖を経て，明治政府が近代化の一環として洋服を軍服や制服として採用し，一般の人々の間にも洋服が広まった（コラム1参照）。しかし，女性の洋装化は社会通念としての「女らしさ」が弊害となり，着用率が95％（全国）に至ったのは戦後の1950（昭和25）年のことである。その後，高度経済成長とともに既製服化が進み，大量生産大量消費の時代から多品種少量生産（トータルとしては量産）へと変化した。これに対応してコンピューターによる生産工程の合理化・自動化，流通・販売の適正管理が進められた。

20世紀末頃から，省資源や省エネなど環境意識の高まりから衣料素材のリサイクル化の推進やロスを削減した製品製造が図られている。21世紀に入ると，クールビズやウォームビス製品の登場など，環境ビジネスとファッションの融合した「エコ・ファッション」が特徴的である。また，生産の拠点を中国，東南アジアへ移し，生産・販売も拡大している。さらに，持続可能な開発目標（SDGs）の採択により（コラム2参照），責任ある生産と消費が求められる時代をむかえている。

コラム2　持続可能な開発目標 SDGs

持続可能な開発目標（Sustainable Development Goals；SDGs）は，「持続可能な開発のための2030アジェンダ」の目標として，2015年9月ニューヨーク国連本部において採択された。アジェンダ2030では，人間，地球及び繁栄のための行動計画を宣言したもので，2030年の到達目標を示したものがSDGsである。SDGsは，17の目標と169のターゲットと232の指標からなり，持続可能な消費と生産のパターンを確保する12番目の目標「つくる責任つかう責任」として掲げられている。

*2　既製服の普及：1960年代になるとアメリカの既製服化率は約90％に達し，日本でも1970年代には90％に近い値となった。

2章　着装の心理とマーケティング

衣服の企画・生産・販売を行うにあたり，多くの企業は消費者のニーズを把握することを重視した。企業はマーケティングによって，自社製品をより多くの消費者に受け入れられる工夫も行ってきた。それらの工夫をマーケティングでは販売促進という。衣服を消費者に提供する企業に対して，衣服を着用する消費者はその提案をさまざまな思いで受け入れる。この章では，衣服の着装に関する変化や心理的なニーズおよび満足などの基本事項を説明する。具体的に事例をあげながら，心理的な要因や効果を検証する。効果には，例えば，感情効果，コミュニケーション効果，広告効果などがあげられる。そして持続可能な社会を支えるために，グローバル化の問題や環境問題に対しても消費や着装行動を通じて学ぶ。

1．若者の着装行動

(1)　着装の意味

1)　着装意識の変化

衣食住という言葉があるように，衣服は生活の基礎の一つである。われわれが日々，着用している衣服は，そもそもは寒さを防ぐという生理現象から出発していた。A．マズローは人間が本来有している欲求を「①生理的欲求，②安全・安定の欲求，③社会帰属の欲求(所属と親和の欲求ともいう)，④自我の欲求(尊厳と承認の欲求ともいう)，⑤自己実現の欲求の5つの段階に分け，①生理的欲求，②安全・安定の欲求のような低次の欲求が満足されないと，④自我の欲求，⑤自己実現の欲求のような高次の欲求は強まってこない」と説明している。これをマズローの欲求段階説という。

具体的に考えると①暑さを避け，寒さをしのぐために着用する，②身体保護や身体の安全のために着用する，③社会規範に合致した服装をする，④他人よりも上質な衣服を着る，⑤自分の気に入った衣服を自己表現のために着用する，と当てはめることができる。

例えば，③社会帰属の欲求(所属と親和の欲求ともいう)では，社会規範に合致した服装をすることが考えられる。赤色の服が大好きだったとしても，葬式の場所に赤色の服を着て行くことはしない。④自我の欲求の例として，お気に入りのブランドの洋服を買い求め，それを特別な日に装うことが考えられる。⑤自己実現の例として，セレクトショップでの買い物や古着などの活用があげられる。一つのブランド品でそろえるのではなく，また新品にこだわることもなく，自分が気に入ったテイストを自己の感性によって集め，さまざまな場面で着こなすのである。いずれにしても，今日の状況では①生理的欲求と②安全・安定の欲求よりも④自我の欲求や⑤自己実現の欲求のほうに着装意識は傾いている。

着装意識は20世紀後半と現在とでは異なっている。その原因には社会環境の変化があげられる。例えば，資源を大切にすることから，リサイクルへの意識も浸透した。一般家庭においてもごみの分別廃棄が当たり前になった。駅などでも分別廃棄用のごみ箱が設置されている。リユースへの感覚が日常化し，古着に対しても汚いモノという意識が低くなった。これは古着を販売する業者の品質管理やマネジメント力による。例えば，古い着物などはクリーニングをしっかりして，古さや汚れを感じさせない仕上げをし，販売をインターネットで開始したことなどである。また，「もったいない」という意識が根付き，古着を恥ずかしいと感じる意識もなくなった。古くてもよいものがあるという価値観に支えられ，古着をはじめ古い製品も若者にリユースとして受け入れられている。

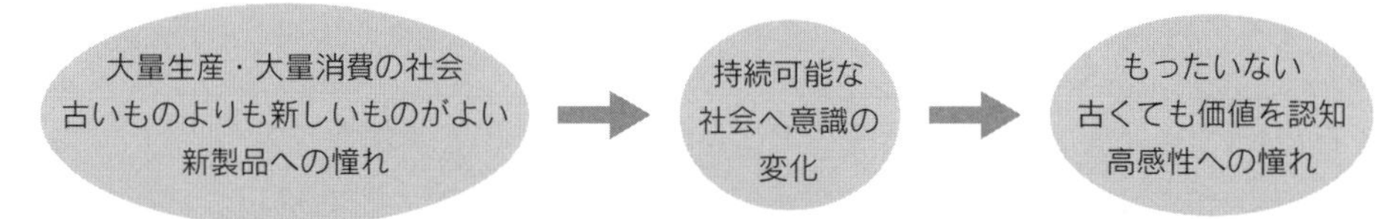

図2－1　社会の変化と価値観の変化

図2-1に示したとおり，かつては大量生産によって同じ製品が同時に販売された。そのことによって，今は何が流行をしているのかが誰にでもわかりやすい時代であった。ミニスカートが流行すれば，多くの女性がミニスカートを着装したからである。その場合には，新しいファッションを受け入れたいという新製品への憧れが強くなる。古着よりも新品に価値があった。次々と企業が提案をする新作から流行がつくられ，それを受け入れることがステイタスになっていた。

現在は持続可能な社会への移行期であるともいわれている。「もったいない」意識も浸透し，使えるものを大切に使用することが望ましいとされている。古くてもそこに価値を見いだしているのである。古いものでも，感性によってお洒落にあしらうことに憧れを抱いている。

2）着こなしと社会環境

❶ ファッションの変遷　ここでは1970年代から現在までのファッションの変遷を追ってみる。

日本は1960年代後半からの成長を基盤として，高度経済成長期であった。1971年7月にはマクドナルドの1号店が東京銀座に開店した。ハンバーガーを通じて当時の若者の食生活や行動にも変化が見られるようになった。そして，その変化と呼応するように，1960年代後半から世界的に流行したヒッピーファッションが日本にも入ってきた。同時にＴシャツ，ジーパン，フォークロア*1(民族風習・部族衣装)も受け継がれた。1970年代には，パンクファッション*2が流行した。この時代のデザイナーとしてはイブ・サンローラン，ケンゾー，ジバンシー，イッセイ・ミヤケ，ソニア・リキエル，カルバン・クライン，ラルフ・ローレン，ヴァレンティノなどが活躍をした。これらのデザイナーたちが活躍をした結果，ファッションは多様化の時代を迎えた。さらに1980年代には，パンツスタイルも多様化に加わった。また，1960年代に流行したミニスカートが復活し，ボディコン(ボディコンシャス)がバブルをむかえた日本では流行の主流となった。この頃はデザイナーから発信されるＤＣブランドが確立した。カルバン・クラインや イッセイ・ミヤケに続き，川久保玲，ゴルティエ，モスキーノが台頭をしてきた。

＊1　フォークロア：特にケンゾーに受け継がれた。ジーンズはカルバン・クラインがデザイナーとして取り上げた。1980年代前半にはブルック・シールズを起用した広告から爆発的な人気を博した[1]。

＊2　パンクファッション：イギリス・ロンドンのパンク・ロックから発祥した[2]。

1990年代になると，日本経済においてはバブルがはじけ，世の中ではシンプルなデザインが好まれるようになった。装飾よりもリアルクローズが求められ，マスマーケットではH&M，ZARA，ユニクロが台頭してきた。これはファッション産業のグローバル化の実現である。生産拠点を海外に移し，低賃金，低コストで生産する。早い商品回転でファッションの鮮度を保つことが可能になったのである。なお，スポーツウェアでは，ナイキ，アディダス，プーマなどが成長を遂げた。1990年代の終わりには音楽と連動して，ヒップホップファッションも見られるようになった。

2000年代になると，本格的にファストファッションとしてH&M，ZARA，ユニクロが着目された。SPA*3（製造小売業）という方式によって，製品をつくり店頭に並べるまでの期間が圧倒的に短くなったのである。また，ナチュラル系や癒し系とよばれるファッションを経て，2000年代終わりには重ね着などをはじめ，着こなしが重視されるようになった。そのために，自分流にアレンジされた装飾もなされ，これらは「盛る」という言葉で表現されるようになった。

2010年代については，各年における特徴を示す。2010年は花柄ワンピースやマリン調のボーダー，ウエスタンブーツなどが流行した。冬にはファーが多く見られた。この場合のファー（fur）とは合成毛皮のことである。コートやジャケットの衿や帽子などにあしらわれていた。しっぽのようなアクセサリーも流行し，女子高校生や大学生たちが通学用の鞄に付けたり，ジーパンのベルトに付けていた。2011年は3月に起こった東北大震災の影響で，あまり大きな流行は見られず，透けるアイテムや白いシャツがやや多く見られた程度であった。2012年はシャーベットカラーとよばれる，パステルカラーよりも薄く淡い色がブラウスなどに取り入れられた。また，ダンガリーシャツや黒縁めがねの人気が復活した。2013年は花柄パンツやデッキシューズが現れ，プロデューサー巻きが流行した。2014年はスリッポンとよばれる，靴紐がなく平たい底の履きやすいスニーカーと，ギンガムチェック柄の洋服が多く見られた。2015年はデニムやガウチョパンツが流行し，無地のロングカーディガンも多く見られた。2016年には前年の無地のロングカーディガン以外にもベトジャン（ベトナムジャンバー）が登場した。

さて，図2-2に，2015年以降に流行したファッションアイテムごとに，女子大学生たちがどの程度所有しているのか，あるいはそのアイテムを欲しいと希望していたのかという調査結果を示した。横軸のファッションアイテムは兵庫県に在住している女子大学生たち20人が2015年1月～2017年10月に発売されているファッション雑誌（non-no，ViVi，mina）から流行したアイテムを選んだものである。それらをもとにし

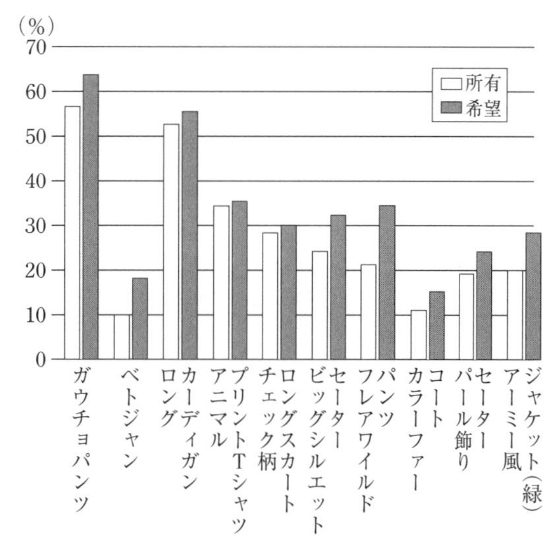

図2－2　2015年以降に流行したファッションアイテムに対する所有と希望の割合

＊3　SPA：製造小売業のことを指す。その企業の代表格としてはユニクロがあげられるが，それ以外にもポイントやハニーズも例示できる。これらの企業の特徴は店頭での接客より得た消費者の情報を自社が統括する生産現場で製造させることである。そのシステムのことをSPAとよぶ[3]。

て同じ大学に在籍している女子3年生100名を対象に調査した。図2-2に示したとおり，ガウチョパンツが「ほしい」という希望が一番多く，また実際に購入した女子大学生も多かった。2番目に多かったものはロングカーディガンとなっている。

❷ 若者の傾向　ファストファッションの代表例としてH&MやZARAがあげられる。これらは2000年後半から価格の安さもあって，多くの若者に受け入れられている。また，流行を次々と生み出していたユニクロは，2000年後半からは流行というよりも若者の定番になっている。

また，大きな流行ではなく，小規模なファッションの流行となっている(図2-3)。これは多様化時代からの傾向でもある。ただし，従来の常識とは異なる傾向も見られる。例えば，浴衣姿にバスケットシューズという新しい着こなしは，和のテイストのなかに動きやすさを取り入れたファッションとして高校生を中心に人気がある。花火大会や夏祭りには，浴衣にバスケットシューズの若い女性の姿が多い。

では，このような新しい着こなしを誰がどのように採用していくのであろうか。これを解明したのがアメリカの社会学者のエヴェリット.M.ロジャースである。彼が考えたモデルは，採用者カテゴリーモデルあるいはイノベーター理論とよばれている。ある事象を採用する時期の早い順に①イノベーター(2.5%)革新者，②アーリー・アドプター(13.5%)初期少数採用者(オピニオンリーダーともよぶ)，③アーリー・マジョリティ(34.0%)初期多数採用者，④レイト・マジョリティ(34.0%)後期多数採用者，⑤ラガード(16.0%)伝統主義者，採用遅延者の5つに商品購入の態度を分類した。つまり，新商品を受け入れるタイプとその割合を示したのである。

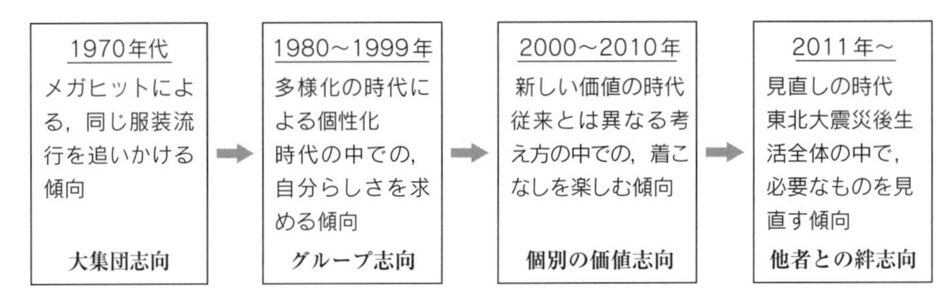

図2－3　若者の傾向

流行に遅れることがないように，メーカーやデザイナーたちが次々と提案する流行を追いかけたのである。やがて，多様化の時代とよばれる頃には，いくつかのグループに分かれ，それぞれのグループごとに，特徴のある着装や意識が見られた。2000年代後半に入ると，従来の常識とされたものの規範が弱まり，個人の価値観によって異なった着装で，着こなしを楽しむ傾向が見られた。ただし2011年の東北地方で起こった地震と津波によって，今までの生活全体を見直す傾向が見られた。それは社会と個人との関係や，個人間の関係であり，絆を再認識する傾向である。衣生活においても，備えるべきモノや必要なモノに対する関心が高まったのである。

(2) 着装にあらわれる心理

1) ブランド志向の終焉

❶ ブランド志向時代の消費者心理　ブランドと聞くと，従来はルイ・ヴイトンやシャネルなど海外有名ブランドの名前を思い浮かべる人々が多かった。ブランド*4の定義は「ブランドbrandまたは銘柄。同一カテゴリーに属する他の製品(財またはサービス)と明確に区別する特性，すなわち名前，表現，デザイン，シンボルその他の特徴をもった製品。法律上ブランドの名前に相当する用語は，商標(trademark)」である。ブランド志向とは，ブランド品に他の品目よりも価値を見いだし，それらを率先して選択することである。1980年頃は，もっともブランド志向が強かった時代である。多くの若者がグループ化し，彼らの好みによってブランドも選択されていた。この頃は日本のデザイナーが活躍をし，世界の注目を集めた全盛期でもある。1974年に東京コレクションが開始され*5，1980年代にパリで活躍していた三宅一生，山本耀治，川久保玲らが加わって，東京コレクションはパリ，ミラノ，ニューヨーク，ロンドンと合わせて「五大コレクション」とよばれた。しかし，現在では東京コレクションは厳しい状況である。不況という経済状況に加え，春秋の年2回のコレクションで流行をつくるという方法そのものが，消費者の感性と合致しなくなってきているからである。

ブランド志向の時代の特徴としては，そのブランド品をもつことを「自慢」に思い，「誇り」に思っていたのである。だからこそ，1993年頃には「シャネラー」とよばれた人々が現れた。

コラム 1　ブランドへの道

創業71年の歴史をもつIGA(アイジーエイ)は婦人服のSPA(製造小売業)を営む会社である。福井県に本社(登記上)があるが，東京銀座に実質的な本社を構えている。全国のショッピングセンターに出店し，現在の売上は125億円(2017年2月期)である。IGAは2002年に立ち上げた「アクシーズファム」の1ブランドで勝負をしている。「アクシーズファム」は既存のカテゴリーでは説明できない商品特徴がある。通常のレトロはノスタルジィを感じさせる色合いや柄であるが「アクシーズファム」はレトロな雰囲気のなかでモダンさ，斬新さが光る。フェミニンであるが，やさしさだけではなく，凛としたテイストを有しているのだ。ファッションは，そのテイストでいくつかのグループ分けができるが，「アクシーズファム」はそのどこにも属さない。ブランドは独自の世界観をもつことが大事であるといわれるが，まさに「アクシーズファム」は独自の世界観をもつブランドなのである。ブランドがブランドになり得るためには，「人」に支持されなくてはならない。「人」つまり「お客様」の心をしっかりとつかむことに関しても「アクシーズファム」は他社に抜きん出ている。それはスタッフのミッションのなかにもあるように「お客様」のことを常に考え，整理整頓された店舗でむかえる姿勢からも実践されている。お客様の目は厳しい。うわべだけを取り繕っても，商品に「本物」を感じなければ購入しない。スタッフが心から接してくれなければ満足もない。それらを理解しているからこそ「アクシーズファム」は多くのお客様をファンにしていくのである。21世紀のブランドは今まで以上に「本物」の商品を有することと，お客様だけではなく従業員も含めて「人」との絆を大事にしなければ成立しないのである。

＊4　ブランド：基本的には区別するという概念が存在している。また，ブランドを中心に戦略(ブランド戦略)や顧客の忠誠心(ブランド・ロイヤリティ)の研究がすすめられている[4)]。

＊5　東京コレクション：「春と秋の年2回，40人程度のデザイナーが東京で約1週間の会期中に新作を発表するイベント」「ショーは専門店や商社などの仕入れ担当者やマスコミに限って公開され，これらのコレクションが半年先の世界の流行を決めて」きた。「　」内は日本経済新聞(夕刊) 2011年8月22日，らいふプラスより引用[5)]。

彼らは頭(帽子)からつま先(靴下)まで，シャネルの製品を身につけた人々であった。「シャネル」というブランド品を心から愛し，それらを求めた人々であった。このようにあるブランドに対して熱狂的であった人々もバブルがはじけ，経済状況が悪化するに伴い，ブランド志向の方向性が変わっていったのである。根底にあったブランドそのものへの憧れや他者に自慢したい気持ち，自己のプライド意識などが，世の中の価値観の相違によって変化したのである。今後は従来のブランド志向とよばれた傾向とは異なり，個々の価値観から発する新しいブランド志向が現れるであろう。ステレオタイプ*6のブランド志向は終わったのである。これがやがて価格の二極化や嫌消費時代の消費者心理へとつながっていくのである。

❷ 嫌消費時代の消費者心理　最近は，若者を中心に「嫌消費」傾向があるといわれている。「クルマ離れ」,「テレビ離れ」,「旅行離れ」,「酒離れ」などの言葉に代表されるように，若者の購買行動が活発ではないことを「嫌消費」と表現している。海外有名ブランド品*7に対しても，若者は冷静な態度である。松田(2009)は嫌消費を「収入に見合った支出をしないこと」と説明している。また，嫌消費という現象をリードしている世代は「20歳後半の「バブル後世代」とよばれる世代である」と述べている。2010年代に入っても日本は景気の回復がなされず，大学生たちの懐も豊かではない。ただし，購買活動の不活発さが嫌消費を意味しているとも限らない。例えば「クルマ離れ」について考えると，行政は，人々に歩くことをすすめている。CO_2の削減という大きな環境に対する配慮により自家用車を減らす方向なのである。また，じっくりと街並みを感じてもらいたいという願いでもあり，歩くことが主となるような観光コースもつくられている。最近の健康志向も歩くことを後押ししている。このような時代の流れのなかで「車」は若者にとって必需品ではない。自動車を所持するためには，駐車場を確保しなければならないし，保険やメンテナンスの問題も生じてくる。自動車を所持することのメリットとデメリットを天秤にかけて，若者は購入するか否かを判断しているのである。

「テレビ離れ」の現象も同様である。携帯電話にはテレビを見る機能がついている。自宅でテレビを購入する必要もない。かつて若者が好んで購入した自動車やテレビに対して，現在の若者のライフスタイルのなかで重要度が変化してきただけなのである。つまり，現在の若者の生活のなかで，以前ほど自動車もテレビも必要なものではなくなったということにすぎない。

また，所有する気持ちよりも，必要なときに利用したいという心理が強くなってきており，所有ということに重要性を見いださなくなってきているといえる。これは合理的な判断による。だからこそ，カーシェアやルームシェアのように，他人とのモノの共有が人気をよんでいるといえよう。

2）価値観の多様化と二極化

❶ 多様化時代のファッション　多様化の時代とよばれてから，すでに30年近くの時が経過した。有名な海外ブランドだからという理由だけで，消費者は購入には至らない。消費者はそれぞれの価値観をもってファッションを選択している。

ここでは古着に着目してみよう。古着はビンテージものとよばれる特別の価値を有するもの

＊6　ステレオタイプ(stereotype)：「紋切り型のことであり，社会や所属集団などに共通したある型にはめた見方で人をみる傾向をいう」小林茂雄著：「改訂版　装いの心理」p. 28を引用[6]。

＊7　海外有名ブランド：ルイ・ヴィトン，エルメス，シャネル，グッチ，コーチなど多くの人々が想起するようなものがあげられる[7]。

と，そうではないものに大別できる。ビンテージものとは，例えば，有名人が使用したもの，ある特定の時代に限定的に発売されて現存するもののことであり，稀少価値をもつ。そうではない古着は，それぞれの消費者自身がそこに価値を求めて購入しており，千差万別の思いが購入理由になる。

このように，購入理由が多様化したうえに，着こなしが自由になった現在では，女子高校生は制服のスカートの下に学校指定のジャージをはいている。また，大版の布をスカーフにしたり，ストールにしたり，裾を結んでポンチョ風にしたりと，消費者は1枚の布からも多様な活用方法を見いだしている。多様化時代のファッションは，消費者自身の感性の勝負になってきているのである。

❷ 二極化時代のファッション　ディスカウントショップでは多くの商品をそろえている。例えば，100円均一ショップでは，ベルト，髪止め，Tシャツ，スパッツ，下着，靴，ニット帽子などさまざまなファッションアイテムが，100円で販売されている。店舗によっては，ブローチやブレスレットのようなアクセサリーも販売をしている。千円も出せば，上から下まですべてをそろえることも可能である。このように低価格で商品を購入する一方で，高額な海外有名ブランドのバッグや洋服を購入している消費者もいる。つまり，現在ではすべてをブランドでそろえている消費者よりも，TPO（Time Place Occasion）に応じて使い分けをする消費者が増加している。

この背景には，支出が抑制されていることが考えられる。生活の中で，すべてにおいてお金をかけるほどの余裕がなくなってきている。着装に関してもオンとオフで着こなしにも変化が見られる。オンでは他者の目を意識するシーンであり，オフのときにはリラックスができればよいのである。

コラム 2　古着に対する若者の感じ方

若者にとっての古着のイメージ調査を2008年に実施した。対象は関西圏に在住の大学生男女合計450人である。その結果，よいイメージをもつ者（52%）がわるいイメージをもつ者（38%）よりも多かった。もちろんどちらともいえない者（10%）もいた。よいイメージでは，レトロな雰囲気がよい，おしゃれである，風合いが素晴らしい，歴史を感じるなどの意見があった。わるいイメージでは，薄汚れた感じがする，布が傷んでいる，貧乏くさいなどの意見があった。

古着の汚れに関しては，販売元がクリーニングに出した後，衛生的に保管をしていることで解決する。布の傷み具合は品物にもよるが，これが風合いに結びつく。最後の貧乏くさいというイメージだけは，個人の価値観であるので，改善策はむずかしい。豊かなモノの中で育った若者が古着に価値を見いだしてくれることは，モノに対する価値観の変化を表す指標である。なお，古着を購入する若者に購入理由を聞いたところ，上位の購入理由としては以下のことがあがった。1位：一点ものだから，2位：価格が安い，3位：深みを感じるからであった。また，2017年に同じ調査をした結果，よいイメージが58%となり，前回よりも6%増加し，わるいイメージは32%となり，前回よりも6%減少した。どちらでもないは前回と同じ10%であった。この結果から古着に対する賛同率は上昇したといえよう。

このような価格の二極化には売り手側の工夫が2つある。一つは従来のプライベートブランド*8と最近のナショナルブランドの使い分けを開始したことである[8]。価格を安くできるモノとブランドで勝負できるモノとの2つをそろえてきているのである。イオンなどは両者のバランスをとりながら，店頭に商品を並べ，集客に役立てている。もう一つはブランド拡張である。例えば，ルイ・ヴィトンは鞄で有名なブランドであるが，その知名度を利用して異なるカテゴリーの商品にも進出している。例えば，鞄は高額であったとしても，キーケースなどの小物はさほど値段が高くならない。このように価格に対しても柔軟な態度をとっている。

3）感情の表現と個性の表現

心がうきうきしているときには，その装いも楽しいものになるという。逆に，心が沈んでいるときはその装いも静かなものになる。心の状態が，外観であるファッションに影響を与えていることは，心理学からも研究がなされている。例えば，活発な気持ちのときはズボンが適しているという。歩幅も広く闊達になるからだという。

喜怒哀楽とファッションとの関係をみると，怒っているときや悲しんでいるときには，他人の服装が不快に見えることある。逆に，楽しいときやうれしいときは，他人の服装に対してはさほど否定的ではない。個人的な心の状態とは別に，社会規範での装いもある。例えば，葬式のときに着用する喪服は黒である。黒は静粛な気持ちの表現で，静かに亡き人への冥福を祈るための装いである。黒の喪服は悲しむ人々を感情的に不快にさせることがなく，フォーマルな装いとして認められているのである。

さて，他者との関係ではなく，自分自身がその装いに満足をしているか否かも感情表現に関わってくる。図2-4に示したように，最初に自分の気持ちからはじまり，装いに対して満足であるか否かが根本に存在する。満足とは，一般的には心にかなって不平不満のないこと，心が満ち足りること，十分であること，申し分のないことといわれている。

自己の装いが他者に認められたときは装った当初と同じく，気持ちがよく満足している状態であるので，そのままその装いを続ける。この装いが自分に似合っていると思えば，個性の表現にも通じる。結果としてその衣服を着用する回数が増える。しかし，他者に認められなかった場合は2つに分かれる。一つは反発し，他者から装いが似合わないといわれたとしても自己の満足を優先して，そのまま着装を続ける。もう一つは反省し，他者の意見をとり入れて，次回からの自己の装いを変化させることである。

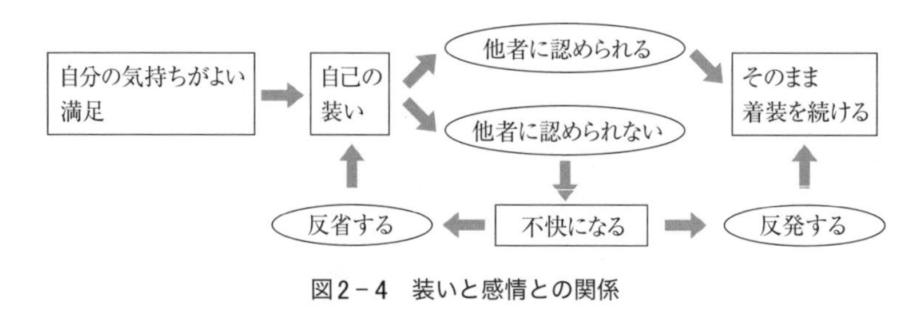

図2－4　装いと感情との関係

＊8　プライベートブランド：流通業者が開発，保有している製品のことである[8]。ナショナルブランドとは全国的な市場受容性をもつ製造業者が開発，保有している製品のことである。

(3) 着装行動と流行

1) 流行と定番の意味

❶ ファストファッションの流行　2010年4月に，ファストファッションのイメージを女子大学生に尋ねたところ，多くの者が「流行」と回答した。その他の回答には「売れている商品が多い」「商品の回転が早い」「値段が安い」があげられた。どの回答もファストファッションの一面をついている。一方2017年11月にファストファッションのイメージを女子大学生に尋ねたところ「流行」よりも回答が多かった言葉は，「身近である」「手頃である」「親しみやすい」であった。その他の回答には2010年同様に「商品の回転が早い」「値段が安い」があげられた。つまり7年を経た後，ファストファッションは「流行」よりも女子大学生たちの定番になりつつあることがわかる。

「流行」を辞書で引くと次のように解説されている。「①同じ型の服装やことばなどが，一時広く行われること。また，その型。はやり。(中略)②世間でもてはやされ，評判になること。(中略)③一時広く世間に広がること。はやること。」流行は世間にもてはやされ，広がることである。ファストファッションの特徴は，短いサイクルと大量生産である。もともとファストはファストフードのように早くて安いことから名付けられている。価格を安くするためにSPA(製造小売業)の方式がとられている。ファストファッションの魅力は価格が安いことや短サイクルのため，次々と新しい作品に出会えることである。安くて新鮮な商品は若者に人気が高い。GUとユニクロは同じ(株)ファーストリテイリング社が有するブランドであるが，GUは流行を意識しているブランドである一方，ユニクロはファストファッションの仲間とは異なる要素をもっているブランドである。それはユニクロが定番商品をもっていることである。

❷ 定番ファッションの底力　「定番」について，辞書では次のように解説されている。「流行に関わりのない基本型の商品」である。つまり流行と定番は反対の要素を含んだ言葉にな

コラム3　ファッションとライフスタイル

ファッションとライフスタイルが関わっている例を以下に2つ示す。

1つ目は男子大学生と帽子である。男子大学生は女子大学生よりも深夜勤務が多い。その場合，帰宅時間も遅くなる。家にたどりついた頃は日付が変更されていることもあるようだ。彼らは入浴後に髪をしっかり乾かすこともしないで寝てしまう。朝も大学に間に合うように，ぎりぎりに起床する。多くは朝食もとらない。身だしなみを整える時間も少ない。この時に役立つアイテムが帽子である。髪がはねていても帽子をかぶってしまえば目立たないからである。もちろん，お洒落のために着帽している学生もいるが，男子大学生の場合，髪のはねをごまかすためにかぶっていることも多いようである。

2つ目は飲食店でアルバイトをしている女子大学生とネイルの関係である。爪先にアートネイルなどは厳禁といわれることが多い。飲食店では，オーダーされた料理を顧客の前に運ぶので指先も清潔にすることを雇用者に要求される。また，飲食店のなかには髪を束ねることを要求する店もあるという。その場合，髪留めやゴムなどで髪をまとめたり，ピンでとめたりして，清潔感がある髪型にしている。この髪型は就職活動でも活用されており，長い髪の女子大学生は，きちんと髪留め等で髪をまとめているのである。また，ネイルも就職活動中はひかえめにしている女子大学生が多い。少なくともアートネイルのような目立つものは避けている。

る。しかし，多くの企業はその両方の製品を有している。特にファッションの世界では流行と定番の両方の製品が必要となる。例えば，ルイ・ヴィトンのモノグラムは定番商品である。誰もが市松模様に似た幾何学模様と茶色地のバッグを見ればルイ・ヴィトンだと思う。しかし，ルイ・ヴィトンは新作を次々と発表している。日本でも人気があったマルチカラーもその一つである。村上隆がデザインをしたバッグも有名である。定番ファッションは安定感と安心感からブランドを形成していることが多い。また，高額になったとしても，次のシーズンに使用することができる価値がすたれることのないファッションなのである。大切に保管すれば，いつまでもお気に入りのファッションを楽しむことが可能になる。

飽きることのない安定した定番商品による安心感と，目あたらしい新作商品の躍動感によって，ファッションの世界のバランスが保たれている。

2）　ライフスタイルと消費行動

「もったいない」という言葉が話題になった頃から，使い捨てよりもじっくりと長く商品を使うことが見直されてきた。例えば，使い捨てのカイロもその便利で手軽さから人気があるが，おしゃれな外観をそなえた使い捨てではないカイロも若者向けに売り出されている。先に述べたように，ファストファッションにも魅力を感じる若者が，ユニクロのような定番商品も受け入れており，シーンによって使い分けがなされている。この使い分けはライフスタイルとも深く関わっている。

卒業式や謝恩会などの袴スタイルも貸衣装で済ませる女子大学生は多い。モノを所有することがステイタスであった時代から，現在では必要なときに必要なモノをそろえる時代になった。つまり所有することが富やステイタスではなくなったのである。日常的には不要なものは借りて済ませるというライフスタイルが浸透しつつある。カーシェアをはじめ，共同で部屋を賃貸することに対しても，肯定的な感性をもつ若者が増えてきた。先に述べた使い捨て商品や不要になった品物は，できるだけリサイクルにまわすという行動がとられる。この現象によって，購入という行動はより慎重になされる。

表2－1　アパレルメーカー　売上高とシェアランキング TOP 10

順位	企業名	業態	店舗売上高（億円）	前年比（%）	売上比率（%）
1	ユニクロ	専門店	5,881	＋4.0	100.0
2	しまむら	専門店	4,910	＋5.3	100.0
3	そごう，西武	百貨店	3,498	▲3.2	43.8
4	高島屋	百貨店	3,226	＋1.4	47.2
5	三越伊勢丹	百貨店	3,059	▲3.0	48.7
6	大丸松阪屋百貨店	百貨店	2,709	▲4.9	41.4
7	イトーヨーカ堂	GMS	2,308	▲3.9	17.7
8	丸井グループ	持ち株会社	2,218	▲3.8	69.1
9	青山商事	専門店	1,990	－	100.0
10	阪急阪神百貨店	百貨店	1,892	＋2.8	49.2

注〕日経 MJ（2013年6月29日付）の「2013年度バイイングパワーランキング」における日本国内の衣料品販売のランキング，▲はマイナス

また，購入先(購入場所)や購入方法もライフスタイルとの関係が深くなった。深夜まで営業をしているコンビニエンスストアで食材の買い物をする人もいれば，早起きをして朝市で新鮮な野菜を購入する人々もいる。同様にファッションに関する商品も，購入場所が異なってきた。昭和後半の時代では，洋服を買うために百貨店に出かけることが当たり前であった。百貨店には洋服も鞄も靴もそれぞれの専門店が入り，バラエティ豊かで魅力的な品揃えが期待できた。現在はインターネットを利用して洋服や鞄や日用品を購入するのが当たり前になった。わざわざ百貨店にまで足を運ぶことが少なくなってきたのである。このため2000年後半からは百貨店にとって厳しい時代となった。表2-1に示したとおり，百貨店の売上は軒並みマイナス(▲)になっているところが多い。

表2-1からは百貨店の売上が芳しくない状況がよく理解できる。パリではじめて百貨店ができた当時は，買い物に行くというよりも，そのきらびやかな商品や新開発された商品を見ることを楽しみにしていた群衆がいたそうである。まさにそこに行けば何でもあるという百貨という意味のとおり，豊富で多彩な商品が人々を魅了したのである。今日ではインターネットでの検索により自宅から，多くの商品に出会う機会がある。百貨店への足が遠のいたのは，そこに楽しみが少なくなったからであろう。

3）　衣服の購入基準と着装基準

衣服の購入基準もライフスタイルの変化によって異なってきている。例えば，ブランドの鞄は1990年代においては「アイシャワー」を意識して購入されていた。アイシャワーとは他人の目のことである。1997年にはブランドTシャツの主な購入基準は「自己満足」「自己顕示」「他者からの羨望」の3つであった。ブランドTシャツを購入したという満足のためであり，ブランドのTシャツだというみせびらかしたい気持ち，そして他の人が羨ましいと思っていることを感じるために購入していたのである。2010年に同様の調査を行ったが，「自己顕示」と「他者からの羨望」という基準は下位になり，主な購入基準ではなくなっていた。それよりも，「価

コラム 4　ハンドメイド作品の流行

モノを自分でつくり，さらにそれらを販売する人々も増えてきた。これらの作品は「手作り市」などというネーミングの企画で開催された場所でハンドメイド作品として販売されている。最近はこの手作り市が盛況である。例えば，京都大学近くの知恩院で開催される手作り市は，境内に人々が埋まるほどのにぎわいになる。日常生活品であるマグカップや茶碗，着物や洋服の古着，ブローチ，伝統工芸品の筆や竹細工など多くの手作り商品が出品されている。ここでは消費者が，生産者になり販売者になる。

お目当ての商品を求める人々が来場するだけではなく，その作品の製作者と話をすることを楽しみに来場する人々もいる。製作者側からは，自分が心をこめてつくったモノを人が買ってくれる喜びと，目の前で購入してくれるお客様とのコミュニケーションが楽しいという意見が多い。商品の売り手である製作者と買い手である来場者の双方が「手作り市」という場所で，商品を介して満足できる時間を共有している。単純にモノを購入するだけの楽しみだけではなく，モノの来歴を聞くという体験を通じて，よりいっそうモノに愛着を感じ，知ることに喜びを見いだしている。ハンドメイド作品は従来の神社・仏閣でのイベントだけではなく，百貨店の催事場でのイベントで取り扱われたり，あるいは常設店も増加傾向にある。主にアクセサリーが中心であったが，最近は鞄，靴，インテリア，台所用品などにもひろがっている。

格」「取り扱いやすさ」などが上位の基準に入っている。また，ブランドに関する心理も，ブランドが有名であるから選択するのではなく，むしろ「ブランド品は安心である」というような安全志向に基づいた意識からブランドを選択している。さらに，2017年の追加調査の結果，2010年に見られなかった意見としてブランドＴシャツは「ネットで販売しやすい」「価値が大きく下がらない」というように古着になった場合に，売ることを前提とした意見も見いだされた。これはメルカリとよばれるアプリなどのように個人が商品を手軽に販売できるツールの普及による結果であると考えられる。

着装基準も昔とは異なってきている。昔はアイシャワーが上位の基準であり，世間体という言葉が示すように，他人から笑われるような着装をさけてきた。つまり，世間の常識，社会規範に沿った着装を目指していた。現在は，不衛生な着装は他者から侮蔑される可能性があるが，規範が薄れてきているために着装そのものはかなり自由である。場所や場面によっては今でも規範があるが，それも限定的である。例えば葬式のときは喪服だが，最近は黒っぽい服装であれば，必ずしも喪服でなくても非難はされない。結婚式も白は花嫁の着装色であったが，白いワンピースを着て参列しても追い出されることはないであろう。大学において講義中，ジーパン姿であってもジャージ姿であっても誰も何もいわない。

場所や場面で選択するのではなく，そのときの気温や天候で着装基準が決まったり，そのときの気分によって決まったりすることが多くなったのである。これは，生活シーンの中で役割分担があいまいになったことも一因である。役割というのは，その個人の立場やステイタスのことである。母親は母親らしい着装でなければならない時代から，個人の好みが優先され「～でなければならない」という価値観から解放されたのである。例えば，幼児が黒っぽい服を着て，母親がパステルカラーの服を着ていても誰も非難をしないのである。

2. ファッションとマーケティング

(1)　マーケティングの意味

1）　マーケティングの基本

マーケティングという言葉は市場と訳される。市場は製品と人との出会いの場でもある。売り手側である企業は自分たちの製品を誰が必要としているのかを見きわめなければならない。出会いの場である市場に出す前に，出会うであろう人を想定するのである。たとえ高品質であっても，その製品を必要とする人々がいなければ売れない。「売れる」相手を探すことがマーケティング・リサーチであり「売る」ためのしくみや工夫がマーケティングである。そこには4つの基本要素がある（図2-5）。それらは「製品（product）」，「プロモーション（promotion)），「流通

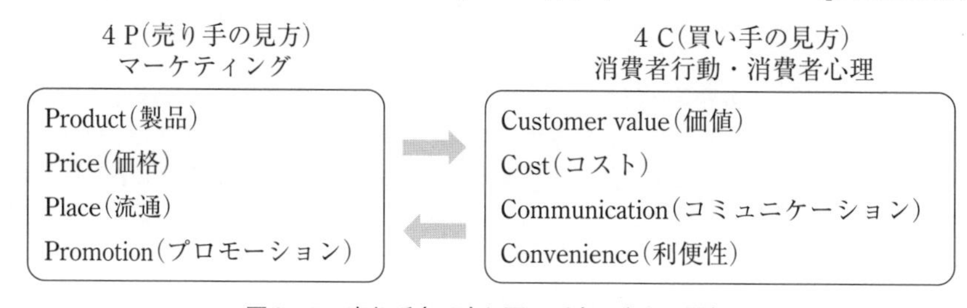

図2－5　売り手（4Ｐ）と買い手（4Ｃ）との関係

(place)」,「価格(price)」であり，これらは頭文字をとって4Pとよばれている。

「製品」とは企業がどのような商品をつくるのかを考え，企業の方針に従って生産することである。「プロモーション」とは企業が有する商品に関する情報をいかに正確に消費者に伝えるのかを考えることである。「流通」とはどのような経路で消費者に製品を渡すことが有効であるのかを考えることである。「価格」とは適性でなおかつ消費者に受け入れられやすい値段を考えることである。

買い手側からみると4つの基本要素がある。それらは「価値(Customer value)」,「コスト(Cost)」,「コミュニケーション(Communication)」,「利便性(Convenience)」であり，これらは頭文字をとって4Cとよばれている。これは消費者行動の視点からの考察となる。

「価値」では商品にどのような価値を認めて購入したのかという価値観が含まれている。「コスト」はその商品の値段である。「コミュニケーション」とはその商品を購入する際に誰から情報を得たのか，誰と相談をしたのか，また店頭であれば店員も含まれることになる。「利便性」とはその商品を手に入れるまでの経路や状況を指している。

商品にどのような価値を認めて購入したのかという価値観は，その商品を手にしたときには大きな満足にもなる。この大きな満足のことをマーケティング論では「顧客満足」とよぶ。満足は心を満たした状態であるので，4Cの中には消費者の心理も反映されている。

2） ファッション・マーケティングの基本

❶ 色彩の効果　赤色や橙色は暖かく感じ，逆に青色や紫色は冷たい感じがする。この色に対する感性を利用すると販売促進，すなわちマーケティングに役立つ。色の三属性には明度，彩度，色相がある。明度は色の明るさの度合いで，原色に白が入る量が多ければ高明度になり，黒が入る量が多ければ，低明度となる。彩度は色の鮮やかさを示す。同じ赤色でも彩度が高くなると純色に近くなり，彩度が低くなると無彩色に近くなる。これに加えて色の種類や方向を表すものを色相という。特にマンセルの色相環は有名で美術の教科書などにもとり上げられている*9。これら明度，彩度，色相のバランスが人の感情に影響を与えているといわれる。

マーケティングでは色彩によって，商品が売れるか売れないかという売上が決まってしまう。そこで，商品の色彩は重要な売上要因になってくる。例えば，ユニクロのフリースの12色を用いて，それらから感じることは何かを調査した結果がある。この測定には，質問紙を使用したSD法が用いられた。SD法(Semantic Differential Technique)は，形容詞の対語(下品-上品，古い-新しい，弱い-強いなど)を用いて，対象のイメージを尺度化するものである。比較的によく使用されるのは，5点尺度である。例えば，1：非常にそうではない，2：ややそうではない，3：どちらでもない，4：ややそうである，5：非常にそうである，という5つの段階の該当する番号に○をつけるのである。この1～5までの数値データをもとに主成分分析をした結果，第1主成分には「明るい」「派手な」「若々しい」，第2主成分には「上品な」「清楚な」「美しい」，第3主成分には「強い」「あたたかい」「重い」などが抽出された。なお，この実験が行われたときに，売れ筋のフリースの色は橙色，赤色，青色であった。

＊9　アルバート・ヘンリー・マンセル(1585－1918)：アメリカの画家であり，美術教育者である。彼が作った色の表記(1905年)を1943年にアメリカ光学会が視感評価実験によって修正したものが現在のマンセル表の基礎となった。マンセルの色相環は基本の5色相(赤・黄・緑・赤・紫)の中間色相(黄赤・黄緑・青緑。青紫・赤紫)を加えた10の色相からできている。さらにそれらの色相を分割し，われわれが目にするものは，20分割の環で示したものが多い。

❷ 色彩と感情との関係　「あなたは楽しいときにはパステルカラーなど，やさしい華やかな感じの服を着たくなりますか」という質問に対して，2017年12月の調査では250人中82％がYESと回答をした。楽しいという感情がパステルカラーと結びついていたのである。これは色彩と感情*10とが深い関係であることを証明した調査結果である。

一般的には高明度は外向的な感情を反映し，低明度は内向的な感情を反映するといわれている。例えば，幼稚園の年長組(5才児) 100人に赤，青，黄，緑，桃の5色のうちから，好きな色を選択させた(2005年)。結果，男女ともに赤が好きな色であった。男子は赤と青，女子は赤と桃に人気が集中した。赤を選択した園児に，選択理由を質問した結果，「元気が出る」「強そうだ」「わくわくする」という解答を得た。

また，服装と着装心理を調べるために，小林ら[9]が女子大学生72人を対象として，7色のブラウスを着装することによって想起する感情を調査した。7色は赤，黄，緑，青，桃，橙，紫である。結果は表2-2のとおりであった。

表2－2　色彩から想起する感情

色	高い得点	低い得点
赤	情熱的な，激しい，活発な	寂しい，安らいだ，憂うつな
黄	明るい，生き生きとした，陽気な	寂しい，憂うつな，不快な
緑	明るい，さわやかな	女らしい，ロマンチックな
青	知的な，落ち着いた	はしゃいだ，不快な，ロマンチックな
桃	女らしい，若々しい，ロマンチックな	寂しい，憂うつな，厳粛な
紫	知的な，優雅な，寂しい	さわやかな，生き生きとした，愉快な，厳粛な
橙	元気な，明るい，活発な，落ち着かない，生き生きとした	暗い，おとなしい

出典：文献10)より筆者作成

紫は得点に高低差があまり見られない。橙は得点の高低差が大きく，感情の生起が著しいことがわかる。情熱的で活発な感じがする「赤」色は服飾の世界だけではなく，多くの商品に使用されている。例えば，冬になると売れ行きがよくなる大きめのマグカップでも赤色は定番の色である。このように色と感情は密接な関係があり，色は消費者心理を刺激するために商品の売れ行きに重要な要素となる*11。毎年その年の流行色が国際流行色委員会(International Study Commission for Color)から発表される。この組織は1963年に発足した。この会に加盟している国々が約2年前から流行色を選定する*12。

❸ デザインと流行　先に述べたように，商品には定番と流行がある。製品は同じ機能を有していてもモデルチェンジとしてデザインを変えて売り出される。特に，ファッション・マーケティングでは製品のデザインは色と同様に売上に大きく影響する要因となる。例えば，パン

＊10　色彩の感情効果：感情は色彩にも影響がある。赤色や黄色の暖色系は進出色で楽しい気分になり，茶色や深い青緑色は落ち着いた気分になるといわれてきた。これがすべてに当てはまるわけではないが，色彩と感情を利用した販売促進は数多くある。例えば，赤ちょうちんは夜に目立つだけではなく，赤色が食欲を増進するのである。青には鎮静作用があり，睡眠用品には最適である。

＊11　売れ行きに重要な要素：マーケティング活動の基本要素という。製品(product)，プロモーション(promotion)，流通(place)，価格(price)の4つの政策で，これを4Pという。

＊12　国際流行色委員会：インターカラー(Intercolor)ともいい，2016年12月現在では加盟している国は16か国。アメリカ，イギリス，イタリア，韓国，スイス，スペイン，タイ，中国，デンマーク，ドイツ，トルコ，日本，ハンガリー，フィンランド，フランス，ポルトガルである。なお，ここでは五十音順に記した。

ツの種類はスラックス，カーゴ，チノパン，デニム，ワイルド，デーパード，バギー，コーデュロイ，スウェット，ジャージ，スキニーなどがすぐに思い浮かぶ。パンツの丈で分類しても，ショートパンツ，バミューダパンツ(膝丈)，カプリパンツ(6～7分丈)，ガウチョパンツ(7分丈)，クロップパンツ(6～9分丈)，サブリナパンツ(7～9分丈)などがあげられる。

ガウチョパンツが2015年ごろに流行したが，そのときもベージュ，ブラウン，ブルーなど特定の色が売れた。よって，デザインだけが流行を支えるわけではなく，配色も重要である。例えば，同系の配色は，まとまりやすく安定感があるといわれている。また色のもつトーンでまとめるとイメージしやすくなる。あわいピンク色にミントグリーンなどを配すると「かわいい」，「やさしい」，「女子らしい」というイメージになるといわれている。対照系の配色を用いるとコントラストがつく。黄色のセーターに青色や黒色のスラックスなどは目に焼きついて印象深くなる。このように配色によってイメージが異なる。イメージは時代に影響を受ける。だからこそ時代に合致したファッションが生み出され，人々がそのデザインや色を受け入れることによって流行が広まる。

(2)　広告と消費者の心理

1)　メディアの効果

どのような企業でも自社製品をいかに消費者に正しくそのよさを伝えることが可能であるのかを考えている。昭和時代ではテレビ広告が重要なメディアであった。1980年代では多くの企業が60秒のテレビ広告を放映していた。スポンサーとして番組を支える代わりに広告の枠を取っていたのである。現在では多くは15秒となった。あるいはもっと短い広告もある。

現在もテレビ，新聞，ラジオなどを媒体とした広告は健在である。しかし，それらにも増してインターネットの普及は大きい。消費者は携帯電話からインターネットに接続すれば簡単にさまざまな情報を手に入れることが可能である。企業から情報を得るだけではなく，最近はブログ，ツイッター，インスタグラムなどで自身の意見や感想を発信することもできる。そのブログが人気になれば，アクセス数も増える。気がつかなかった情報や有意義な情報が得られることが評判になり，多くの支持者ができる。

コラム5　フェイスブックの利用

「フェイスブック」を活用する大学生たちが増加しているという。フェイスブックが従来のミクシーなどと異なる大きな点は，匿名ではなく，実名であることである。つまり，個人のプロフィールを明確にするのである。実名を明確にして自分の正体を明らかにすることによって，フェイスブックは大学生たちの就職活動にも活用されている。フェイスブックは人とのつながりから，さまざまな情報を得ることができるからである。仲間をひとり見つけると，その人につながりをもつ他の人にもアクセスが可能になる。実名であるので，情報内容も信頼がおかれるのである。これは学生間でのやりとりもあるが，企業に勤務している現役の社会人とのやりとりにも活用されている。学生たちが希望をする業種に勤務している人からの情報が，会社選びをしている学生たちにとっては有益な情報になるからである。そこでは，企業のホームページには記載されていない日常業務レベルの内容が明示されることもあり，就労経験のない学生たちには参考になる役に立つ情報である。

インターネットは国を超えて同時に大量の情報を発信することも可能である。企業と消費者とを結びつけるだけではなく，ブログやツイッターのように消費者間での情報のやり取りができる。最近は，企業からの広告よりもブログやツイッターやインスタグラムをみて商品の善し悪しを判断する消費者もいる。ツイッターは短い文章で個人が事象に対して，主観的な感想を述べる場である。また，しっかりと情報を伝えたり，意見を伝えたりするものにはブロクが使用される。「インスタ映え」という言葉があるようにインスタグラムは写真をインターネットに掲載することである。ブログは個人使用ばかりではない。企業もブログを有している。ただし，メディアの活用が幅広く，自由になるにつれ，不具合も生じてくる。例えば，2ちゃんねるというような裏話的な話題を掲載しているものや，ブログ内での発言に対して，一斉に意見を出すとブログがパンクするブログ炎上という状態も起こる。また，業者が個人に依頼をして，ひいきのある情報をツイッターやブログで流すこともあり，情報活用において問題が残る部分がある。

2）広告とファッション心理

広告媒体にはさまざまなものがある。紙媒体では，新聞，折り込みチラシ，配付チラシなどがあげられる。電車やバスなどの吊り広告もかつては紙であったが，最近は画像になっている車両もある。街中の看板，ポスターも紙媒体であるが，これも最近は電飾看板などに代わってきている。映像ではテレビ広告やインターネットでの広告も盛んに行われている。携帯電話への広告も珍しくはない。広告は商品を消費者に理解してもらうためのツールである。また，企業からの情報発信でもある。

消費者は広告を見て，商品への興味や関心を示すのである。消費者が商品を購入する段階を示すものに，アイドマ（AIDMA）の法則がある。これはAttention（注意）→Interest（興味）→Desire（欲求）→Memory（記憶）→Action（行為）という一連の流れを示す。それぞれの頭文字をとってアイドマ（AIDMA）とよんでいる。広告はまさにAttention（注意）の段階で，いかにアピールをして次のInterest（興味）に消費者の心をつなぐのかが重要になる。日本の戦後の映像広告は，製品を告知する映像広告→商品特性を説明する映像広告→モノに即したイメージを訴求する映像広告→モノから離れ，コトを訴求する映像広告→映像文化の一部として消費される映像広告という道筋をたどって推移してきたという。

かつてカタログを中心に通信販売がなされたように，インターネットを活用して，商品販売もなされている。Tシャツやタンクトップなどはインターネットを利用して販売することが多い品目である。その際，サイズが明記されていることは当然であるが，画像によって色やデザインも把握しやすい。また，その品目のおすすめポイントなどのコメントもつけられていることが多いので，品目の特徴がわかりやすい。まさに製品を告知する映像広告といえよう。画像を見て「ほしい」と思う，「着てみたい」と思うことが喚起される広告が売上の勝敗を決めるのである。消費者の心に残る広告が求められ，人々の関心が評判をよぶ。

さて，レナウンのテレビ広告が斬新であると評判になったことがある。昭和のレトロブームが起きたときのことである。広告内容は，レナウン娘とよばれる女性たちが，テンポの速い音楽にのせて，さまざまなファッションアイテムを披露するのである。音と映像がセットになり，覚えやすく，またインパクトも強い広告で心にも残るものであった。これはモノに即したイメージを訴求する映像広告である。ファッションはこれらの筋道の先にある人目をひくアート性にも富んだ広告の素材にもなりうるのである。人の目をひくものには，映像だけではなく何かのシンボルも目を引くことがある。だからこそ，企業は商品のロゴやマークなどのデザインを重視する。あるいはマスコットを開発したりする。コラム6ではマスコットがいかに大きな宣伝力になるのかを説明する。マスコットは最近ではキャラクターとよばれ，地域活性化にも大いに役にたっている。それらは「ご当地キャラクター」ともよばれている。色彩鮮やかでファッショナブルなキャラクターもいれば，愛らしいキャラクターもおり，地域ごとに工夫がなされている。

3）　コミュニケーションの効果

現在は，コミュニケーション力の時代である。この力が優れている学生は，氷河期である就職難の時代においても企業からの内定をとってくる。

さて，「ファッションは「テイスト(taste)」や「フィーリング(feeling)」が共有されたコミュニティが成立し，そしてそれらがスタイルとして示されることであると解釈できる」とカント(kant)は述べている。ファッションも他者とのコミュニケーションのツールである。ペアルックが流行した時代には，「おそろい」の服を着ることで，着装者間には一体感があった。それを見ている他者も，彼らが親しい間柄であることは理解できた。衣服は人間関係を表示できるのである。もちろん，ペアルックだけではない。大学生などは友人のグループになると，そのなかでのファッションは同じようなスタイルになる。この現象は友人になったから，互いの好みが反映し合うのか，あるいは似たような服装から親近感を抱き，声をかけやすかったから友人となったのかがわからないが，いずれにしても，衣服や持ち物は外観から判断できる情報である。外観からその人となりを想像できる。これはその個人の好みや考え方などがファッションを媒体として，情報発信されていることになる。

さて，店舗のディスプレイもコミュニケーションである。街ゆく人々に，店内に置いてある衣服や小物を想起させているのである。人々に商品のよさをかたりかけているのがディスプレ

コラム6　キャラクターマーケティング

Tシャツにキャラクターがあしらわれている商品は，かなり昔から目にするものである。特に珍しいものではなく，例えば子供服にはアンパンマンやキティちゃんがついている。2000年後半からは地域ブランドを広告するために，ご当地キャラクターが次々に地域に生まれてきた。代表例としては，滋賀県の「ひこにゃん」，熊本県の「くまモン」，奈良県の「せんとくん」があげられる。最近は人気のあるキャラクターグッズとしてくまモンがよく見られる。文房具，洋服，菓子類のパッケージにも採用され，日用品のなかにしっかりと根づいている。くまモンは熊本県に多大な経済効果を及ぼしている。また地方の物産に通じるキャラクターも生まれた。このようなキャラクターをつくり，商品や地域などを広告することは，キャラクターマーケティングの一つである。ロゴは文字や模様が多いが，キャラクターは動物系，植物系，人型系など手や足や顔があって，愛くるしいものが多い。その愛らしさとネーミング(名前)で，インパクトを与え，他府県との差別化を図っているのである。企業が有するキャラクターは当然のことだが，その企業を代表する。不二家のペコちゃんがその例である。不二家が不祥事を起こしたときも，「ペコちゃんが泣いている」という表現をした新聞記事もあった。その後，不二家が再開したときも世間は不二家＝ペコちゃんとして許した感もある。キャラクターはときには愛らしさで商品をより身近に感じさせ,. ときには企業を救うこともある。

イである。また，店員が顧客に対応することもコミュニケーションである。一般的には接客とよばれているが，ここでもお客様と会話をすることによって，より正確に商品の情報を与えることができる。

3．災害時の消費者行動とマーケティング

1）災害時の消費者心理

災害時に何が必要かといえば，前述したように確かな情報である。それと同時に，食料や水も必要になる。2011年3月11日の東日本をおそった地震と津波は，広い範囲での地震もともなった。消費者心理としては「何が起こったのか」を正確に知りたいと思うところである。TV，ラジオ，インターネット検索などで，情報を把握しようとするであろう。もちろん，速報が流れたとしても正確な情報であるか否かは定かではない。被害の状況も一部しかわからないであろう。状況が把握できなければできないほど「品物がなくならないか」という不安がよぎる。さらに「今のうちに買っておいた方がよい」と買い占めという行動にもなる。もちろん，「助け合わなければならない」という気持ちも持ち合わせている。ただ，確保できる食料や飲料は「今のうちに」と思ってしまうのである。このように揺れる心理状態が災害時の特徴である。その根元には不安がある。情報不足と疑心暗鬼は不安をかき立てる。疑心暗鬼は災害時よりも日常行動に起因する。政府がどれだけ国民に信用されているのかも大きな要因である。政府が発表するニュースや速報を見て，日頃から信頼がある政府であれば，不安がおさまり冷静な行動をとることが可能になる。

災害時に重要なことは安全である。その次には安心を提供しなければならない。普段から，防災用袋を設置して，そのなかに下着や靴下などの最低限の衣料や食料，飲料，薬品，小銭，懐中電灯，使い捨てカイロ，軍手などを入れて備えておかなくてはならない。それらの備品が手元にあるか否かでも心が落ち着くか否かの分かれ道になる。

災害時には，より多くの物品を手元に確保しようとする心理が生じるが，物品よりも正しい情報を得たうえで，対処すべきことは何なのかを知ることを優先すべきである。

2）災害後の消費者行動と企業対応

2011年3月11日東京では地震のために，地下鉄などの電車が止まった。そのことによって，多くの人々が仕事場から自宅へ戻れなくなってしまったのである。これを帰宅難民とよんだ。その後，人々の購買行動には変化が見られるようになった。帰宅難民になった人々のなかには，いざというときには，交通機関はあてにならないので，自転車での通勤に切り替えた人がいた。そのことによって，自転車の販売数が伸びた。また，ウォーキングシューズが着目されるようになった。会社ではヒールのある靴に履きかえるが，通勤時には歩きやすいウォーキングシューズを履く女性就労者が増えた。これもいざというときには歩いて帰るためである。2011年8月22日付日本経済新聞（夕刊）11面には以下のような記事が掲載された。

「スニーカーのような履き心地で長時間履いても疲れにくいウォーキングシューズ。最近は機能だけでなく，色やデザインの種類も増え，街着や通勤服に合わせやすいおしゃれなものも登場。東日本大震災を契機に，関西でも『歩いて帰宅できる靴』として注目され，パンプスタイプのウォーキングシューズを品定めする若い女性やビジネススーツ用を買い求める男性が増

えている。(中略)」

また，服装だけではなく，住宅内においても，たんすや本棚を固定するための金具の売れ行きが伸びた。これは地震対策で，災害がおこる前から販売がなされていたが，震災後には購入する消費者が増えたということである。阪神淡路大震災のときも，たんすや本棚の下敷きになって被害にあった人々は多かった。家具も固定できるものは固定して，室内の安全を確保した。食料においては，非常食や常備食が見直されている。貴重品入れなども同様である。通帳，印鑑，住宅の権利証，保険証書などをまとめ，災害時には持ち出せるようにしておくことの重要性を再認識した。

災害後の消費者行動のなかで，衣類についての調査結果は以下のとおりであった。これは，関西圏に在住する女子大学生240人を対象に2011年5月中旬に実施した。

災害後に買った衣類について，従来とは異なる品目や種類を購入したかという質問に対して，YESが44%，NOが40%，この期間にはまだ新しく何も購入していないという回答が16%となった。YESと回答した大学生たちに，具体的に異なる種類について記述を求めたところ，次のような事例がわかった。スカート丈やズボンの丈が従来よりも短くなったり長くなったりと個人差が出た。靴のヒールの高さが低くなる傾向があった。セーターに関してはV首よりも丸首にして少しでも暖かさを保つようにしたいという回答もあった。また，ソックスは丈を長目のものにしたという回答を得た。品目を記入してもらった結果の一例を表2-3にまとめた。

表2-3で示されたとおり，いざというときにということを念頭にして，それまでの品目ではないものを購入している。ただし，日常的にすぐに使用するというよりも，購入する必要があるならば，ヒールの靴よりもスニーカーを一足もっておこうという感覚である。スニーカーを購入したという回答は調査対象の中では1位であった。

表2－3　震災前と震災後の購入品目比較

震災前	震災後	理　由
ヒール	スニーカー	一足ぐらいは楽に走れたり歩けたりする靴が必要だと思った
ベスト	ジャケット	いざというときには袖がついているほうがよいと判断した
帽　子	ニット帽子	型崩れが少ないニット帽は鞄に入れてもスペースをとらない
手　袋	カラー軍手	日常的に使用するなら軍手でもよいし，いざというときを考えた
シャツ	Tシャツ	下着よりもTシャツにしておいた。下着としても活用できる
パジャマ	スエット	スエットのほうが外着としても活用できる
スカート	ジーパン	ジーパンのほうが丈夫で動きやすい。一着ぐらいは必要だと思う

震災後の企業の行動としては，現在も続いている節電対策などから，無駄をなくすという意識に基づいた商品開発を試みている。「無駄なく楽しく」ということが理想で，多くの節約型商品もすでに販売されている。例えば，使い捨てカイロも冬場には売れているが，繰り返し使用できるカイロも売れている。湯たんぽなども復活した。いずれも若者向けに，デザインを新しくしたり，カラフルなものにしたりと従来のイメージを一新している。暖房の設定温度が低くされているのでオフィスなどでは，からだが冷えることを避けるために，膝掛けも普及している。膝掛けに加えて肌触りのよいクッションも開発され人気をよんでいる。

エネルギーをいかに使用せずに快適に過ごすかを衣食住のすべての面から企業も考え直しは

じめている。また，リサイクル商品の普及やごみの分別回収も，日常生活のなかで定着しつつある。原発問題が解決されない限り，節約傾向に基づく消費者行動は続くと考えられる。そのなかでファッションがより快適に楽しく，発展していくためには，多くの企業からの知恵が必要なのである。

〈参考文献〉

1）城一夫：「日本のファッション」p. 126，青幻舎（2007）
2）ジョージナ・オハラ，深井晃子訳：「ファッション事典」p. 52，平凡社（1988）
3）東伸一他：「消費社会とマーケティング」嵯峨野書院，p. 103 - 105（2007）
4）日本マーケティング・リサーチ協会編：「マーケティング・リサーチ用語辞典」p. 16，p. 34～38，同友館（1995）
5）日本経済新聞（夕刊）2011年8月22日：「らいふプラス」より引用（2011）
6）小林茂雄他：「衣生活論」アイ・ケイコーポレーション，p. 21～29（2008）
7）石井淳蔵：「マーケティングを学ぶ」ちくま新書，p. 145～150（2010）
8）三家英治：「図説インダストリアル・マーケティング」ミネルヴァ書房，p. 44, 45（1996）
9）小林茂雄：「装いの心理」アイ・ケイコーポレーション，p. 11～13（2003）
10）藤原康晴他：「服飾と心理」日本放送出版協会，p. 64, 65（2005）

3章　衣服の素材と加工

私たちは，衣服を身にまとったときに，さまざまな観点で衣服の性質を感じとっている。したがって，その感覚に基づく衣服に対する要求も多岐にわたる。その要求を満足するための性質は，衣服の素材によって決まり，衣服の性質と素材の関係を理解することは豊かな衣生活を送るために必要なことである。衣服の素材である布には，さまざまな階層構造がある(図3-1)。例えば，繊維を構成している分子の構造は，衣服の基本的な性質を決定する重要な要素であるが，同じ分子構造の繊維であっても，繊維の微細構造が変わると吸湿性などが変化し，繊維を束ねた糸の形態(例：合糸数や撚り数)が変われば，衣服の温熱感や肌触りが変わる。さらに同じ糸を使っても，織組織の違いによって見かけだけでなく触感や温熱感も変わってくる。

衣服は，使用目的に応じて適切な繊維・糸・織組織・編組織・染色・加工を選択し設計されており，そのバリエーションはきわめて多く，すべてを理解することは容易ではないが，第一歩として本章では，繊維，糸，織物，編物，加工の基本を要素ごとに学びながら，布の階層構造は常に意識してほしい。

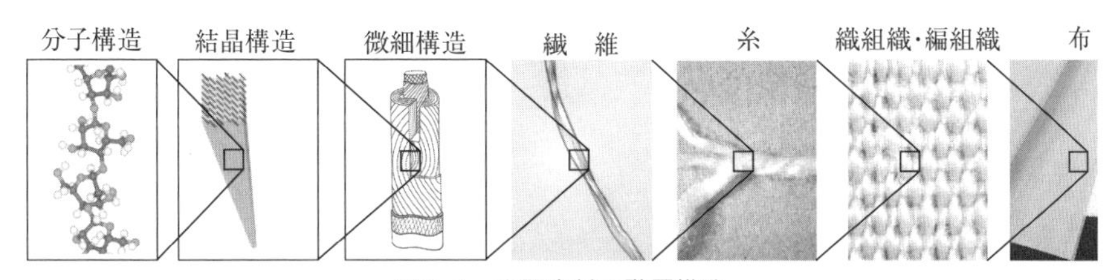

図3-1　衣服素材の階層構造

1. 衣服の素材

(1)　繊維(fiber)

1)　繊維とは

繊維は「糸，織物などの構成単位で，太さに比して十分の長さをもつ，細くてたわみやすいもの」とされている(日本工業規格　JIS L 0204-3)。太さは直径10～数10 μm 程度の大変細いものである(1 μm は1/1000 mm)。そして，この細い繊維を束ねたものが糸である。繊維にはさまざまな種類があるが，大きく分けて2種類の形態に分類することができる。それは長繊維(フィラメント)と短繊維(ステープル)である。長繊維は，ずっと連続してつながっている繊維であり，短繊維は数cmから十数cmの短い繊維である。この短繊維から糸をつくる方法は紡績といい後述する。

2)　繊維の種類

主な繊維の分類・名称を図3-2に示す。天然繊維は，動物の体毛や昆虫の繭，植物の組織から採取した繊維である。化学繊維は，木材のパルプや石油などの原料を化学的に(すなわち人為的に)変化させた材料を繊維にしたものである。無機繊維には，ガラス繊維もあるが，衣服には，ほとんど用いられない。

繊維製品の表示ラベルに記載できる繊維の名称は家庭用品品質表示法という法律で定められている。例えば，綿は日常的には「木綿」とよばれることもあるが，表示ラベルに記載できるのは，「綿」，「コットン」，「COTTON」の３種類だけである。

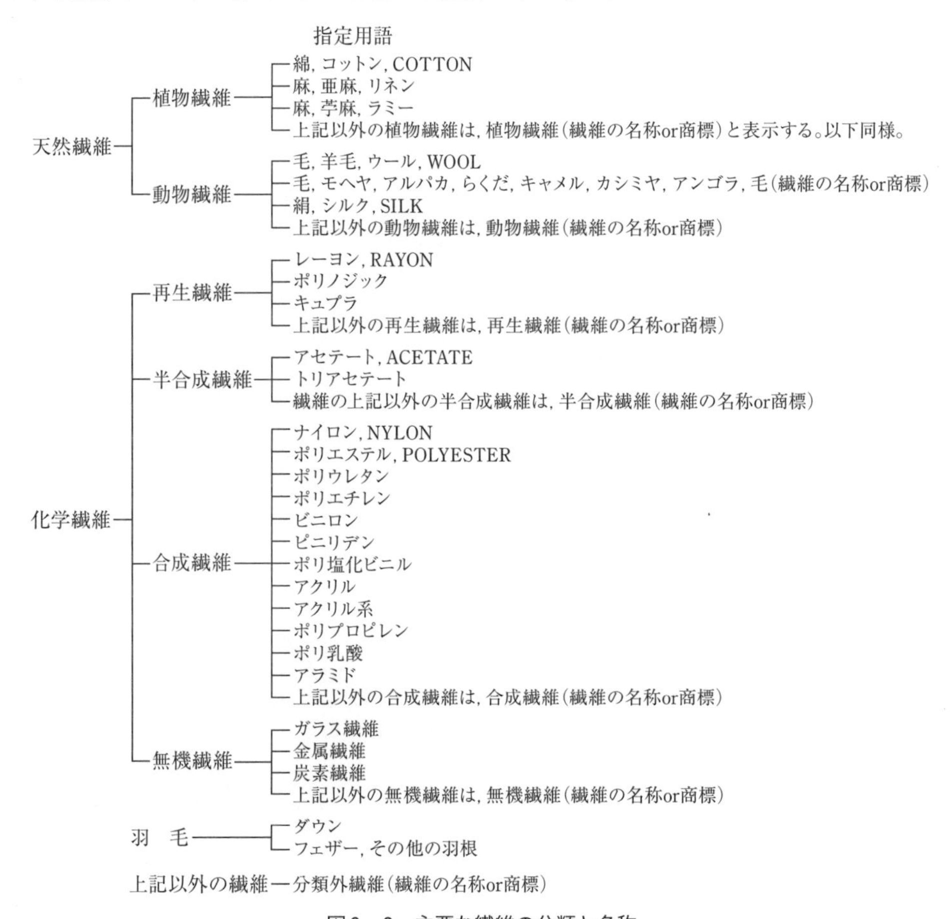

図3－2　主要な繊維の分類と名称
（家庭用品品質表示法における繊維名称の指定用語）

3）天然繊維

天然繊維は，植物や動物から繊維の形態で得られる。綿，麻，羊毛，絹は四大天然繊維といわれており，歴史上長く用いられてきた。綿は古代インドやペルー，麻はエジプト，羊毛はメソポタミア，絹は中国で衣服の素材として利用されはじめて，文明の発達とともに広く用いられるようになった。

❶ 植物繊維

● **綿(cotton)**　　綿（めん）は，着心地のよさから，種々の衣料品やタオル，寝具などに多く使用される。原料の綿花は，かつては日本国内でも栽培されていたが，現在はアメリカ，ブラジル，オーストラリアなどから輸入されている。綿は，アオイ科ワタ属の植物の種子に生えている長さ1cm 以上の繊維であるリントから糸をつくったものである。1cm 以下の繊維であるリンターは，後述する再生繊維キュプラの原料にする。長さが約3.5cm 以上の超長綿（海島綿など）は細くしなやかで光沢もあり，品質がよい。布団わたには太く短い品種が使われる。

綿繊維の断面はそら豆形でストローのように中空部があり，側面から見るとよじれがある。よじれがあると繊維同士がからみあって糸にしやすい。主成分はセルロースという高分子であり，その他はペクチンなどである(p. 29コラム1参照)。セルロースは分子中に親水基である水酸基(－OH)を有するため，吸湿性がよい(図3-3)。ただし，収穫したばかりの綿の繊維は，表面に水を弾く成分(ろう質)が付着しているため撥水性である。精練・漂白により表面層の成分が除去されたガーゼ，脱脂綿などの綿製品は吸水性に優れる。

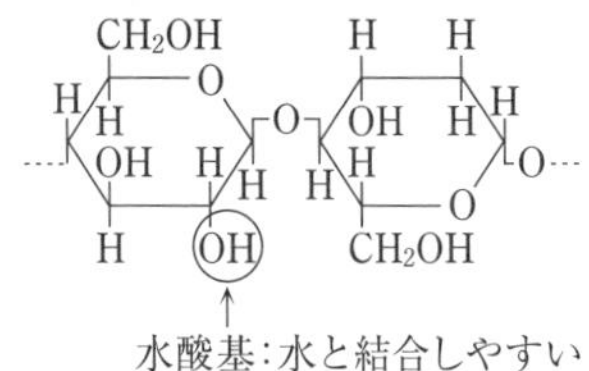

図3－3　綿花とセルロース分子

綿は引張りに強く，濡れるとさらに強くなる珍しい性質をもつ。一方，引張ったときの伸び量や弾性(変形した後に歪みが回復する性質)は低く，しわになりやすいのが欠点である。光や熱，アルカリ性にかなり耐え，洗濯しやすい。合成繊維との混紡による改質，防縮・防しわ加工が行われ，欠点を改善する工夫が多く検討されている。

● **麻**　麻は，丈夫で繊維を取り出しやすいため，古くから利用された＊1。綿に比較してかたくシャリ感がある。この性質は夏用衣料やシーツに向いており，高温多湿の日本の夏季に適した繊維である。衣料用には亜麻(linen)と苧麻(ちょま)(ramie)が使用され，中国，ベルギー，フランスなどから輸入される。

亜麻，苧麻は茎の表皮のすぐ内側にある繊維束(靭皮(じんぴ))をほぐして使う。麻繊維の断面は多角形や楕円形で中心に中空部があり，側面は平滑で縦筋や節がある。主成分は綿と同じくセルロースである。

麻繊維は，強くて張りがあり，綿よりも伸びにくくて弾性も低いため，綿よりもさらにしわになりやすい。綿と同じく濡れると強さを増し，吸湿性，吸水性がよい。

❷ 動物繊維

● **羊毛(wool)**　動物の体毛のなかで羊毛は軟毛で品質がよく，スーツ，セーター，毛布などに使われる。国内で得られる量はわずかでオーストラリア，ニュージーランドなどから輸入される。羊一頭から3～5kgの毛が得られ，脂つき羊毛を洗い，洗い上がりを梳いて用いる。

羊毛繊維の断面はほぼ円形で，側面を覆う表皮(cuticle)は，うろこ状のスケール(scale)が積み重なっている。スケールがあるため，フェルト化しやすく，不用意な家庭洗濯で縮んでしまう原因となっている。

毛繊維の主成分はケラチンというたんぱく質である。分子中に親水基(アミノ基，カルボキシ基)を豊富に含み，天然繊維のなかで最も吸湿性が高い。一方，表皮の最外層は疎水性の成分で覆われており，水をはじく。一見矛盾する性質のように見えるが，気体の水はスケールの隙間を通じて内部に拡散できるが，液体の水は表面疎水層のために濡れることができないためである。

羊毛は綿に比較して引張られると切れやすいが，伸びやすいためしわがつきにくい。繊維には縮れ(クリンプ)があって糸に紡ぎやすく，縮れのおかげで糸の内部に空気をたくさん含むた

＊1　麻：エジプトでは紀元前数千年前から使用されていた。日本では北海道(亜麻)，九州(苧麻)などで栽培され衣類に使われた。近年は，越後上布(じょうふ)，近江上布，宮古上布，八重山上布などが伝統的工芸品に指定されている。日本では苧麻を古くから「からむし」とよんだ。

め，保温性に富んだ製品ができる。アルカリ性には最も弱く，紫外線により黄変しやすいため，洗濯・乾燥には注意を要する。虫害を受けやすい(p. 98参照)。

スケールの先端を除いたり樹脂でおおったりしたウォッシャブル・ウールなど，新技術によって特性を高めたり付加したりした製品がつくられている。

● **絹(silk)**　絹は，優雅な感触と光沢をもち，和服，婦人服，スカーフ，ネクタイなどに使用される。消費量は他国に比べてやや多く，中国などから繭や生糸・真わたを輸入している[*2]。絹は，蚕の繭から繊維をくり出し，数本合わせて生糸（きいと）にする。繭1個から1,000～1,700 mほどの生糸が得られる。生糸の断面を観察すると，2つの異なる性質をもつ成分でできていることがわかる。すなわちフィブロイン繊維2本がセリシンで包まれている。フィブロイン繊維の断面は三角形で側面は平滑である。フィブロインとセリシンはたんぱく質であるが成分が異なり，セリシンは親水基が多く，熱水に溶ける。フィブロインは側鎖の小さいアミノ酸が多いため，分子の配列がよく，結晶部分が多い。フィブロインも親水基を有しており，吸湿性，吸水性が高い。生糸を弱アルカリ性の液で煮沸し，セリシンを除去する操作を精練（せいれん）といい，精錬後の糸を練糸（ねりいと）という。生糸は光沢がなくやや硬いが，練糸は光沢があり柔らかい。生糸を精練してから織る練（ねり）織物(タフタ，銘仙など)と，生糸を織ってから精練する生織物（きおりもの）(羽二重，縮緬（ちりめん）)がある。絹同士を摩擦すると独特の音が発生し，これを「絹鳴り」という。

絹は細くしなやかで，摩擦に弱く擦り切れやすいが，綿・麻に比べてしわになりにくい。アルカリ性に弱く，紫外線により黄変し，強度も低下する。毛ほどではないが，虫害を受ける。合成繊維との複合により耐洗濯性・耐摩耗性を向上させたハイブリッドシルクや，家庭で洗いやすいタイプもつくられている。

4）化学繊維

絹への憧れから19世紀後半に化学繊維が発明され，日本では1918年にレーヨンが製造されて，現在は多種多様な開発が進んでいる。

❶ **再生繊維**　再生繊維は，天然のセルロースを薬品で可溶化し，この溶液をノズルから押し出して固め，繊維状に再生した繊維である。主成分が同じであるため，綿や麻と共通した性質をもつが，異なる面も多い。

● **レーヨン(rayon)**　木材パルプを主な原料にして，水酸化ナトリウムや二硫化炭素で溶解し，酸性の凝固液に押し出す湿式紡糸によってつくられる(p. 31コラム2参照)。繊維の断面には凹凸があり，側面には筋が見られる。

製造工程でセルロースの重合度が低下し，非結晶部分が増えるため，綿に比べて弱く，濡れると強度の低下や収縮が著しい。吸湿性や伸びは綿より高い。光沢があり，肌触りがよい。

● **キュプラ(cupra)**　リンター(綿花の短い繊維)を主な原料にし，酸化銅アンモニア液に溶解して，温水中に押し出して得る。繊維断面は円形で細い。性質はレーヨンに似ているが，レーヨンよりもやや強く耐摩耗性もよい。静電気を帯びにくく，肌触りがよいので肌着や裏地に用いられる。

＊2　絹：家蚕が一般的であるが，天蚕やサク蚕などの野蚕も利用される。昭和初期，日本は生糸輸出国であったが，現在の生産量は極めて少ない。皇室では小石丸(繭が小振りで繊維が繊細)という品種がつくられており，正倉院の染織品の復元などにも使用されている。

● **リヨセル(lyocell)**　木材パルプを原料とし，有機溶剤(アミンオキサイド水溶液)に溶解して紡糸する。重合度の低下が少ないため，強度面で優れる。吸湿性，吸水性はレーヨンと同程度である。強度はポリエステル並みに高く，光沢がある。摩擦により繊維が細く裂けて毛羽立ち(フィブリル化)，白っぽくなる。やわらかいが，濡れるとかたくなる。紡糸に用いた溶剤を回収・再使用でき，計画植林されたユーカリから原料パルプを得るなどから，環境に配慮した製造法とされる。家庭用品品質表示法では再生繊維(リヨセル)などと表示される。

❷ 半合成繊維　セルロースなどの天然の高分子を原料とし，その化学構造を変化させた繊維で，天然繊維と合成繊維の中間的な性質をもつ。絹に似た光沢，ドレープ性，清涼感のある感触から，婦人服，和装品，ランジェリーなどに使われる。

● **アセテート(acetate)**　木材パルプのセルロースに無水酢酸を反応させて酢酸セルロースにし，アセトンに溶かして乾式紡糸でつくる(p. 31コラム2参照)。セルロースの水酸基(－OH)の水素原子が70～80％アセチル基(－CO・CH_3)で置換されており，側鎖が大きいため分子の配列はよくない。繊維の断面はクローバー形，側面は平滑である。

水酸基の減少により，吸湿性は再生繊維より低い。天然繊維や再生繊維と異なり，融点(アセテート200℃，トリアセテート250℃)をもち，熱可塑性(物質を特定の温度以上に加熱するとやわらかくなり流動性を示す性質)を示す。再生繊維に比べて，伸び・弾性はやや高く，弱い力ではしわになりにくいが，強い力や熱水中では永久しわを生じやすい。トリアセテートは，アセテートよりアセチル基の割合が多い(全水酸基の92％以上がアセチル化されている)ため，吸湿性は低下するが，防しわ性や耐熱性は高い。アセテート・トリアセテートはマニキュアの除光液など有機溶剤を含む液体に溶けるので注意が必要である。

上記のアセテート，トリアセテートのほかに，牛乳のたんぱく質を原料としたプロミックス

コラム 1　**高分子とは**

衣服の繊維はすべて高分子でできている(高分子は，分子量が大きな分子の総称である。(a)に代表例としてポリエチレンの分子式を示す。この例のように，高分子は［　］内の基本分子が多数結合した分子である。nは基本分子の繰り返しの数で，通常は数百以上の値である。)高分子は，(b)に例示する紐のような形態をもつ。(b)中の拡大図のように炭素と炭素の結合が自由に回転できるため，高分子は糸鞠状のさまざまな形態をとることができる。このように紐のような高分子は，繊維中では(c)に示すような構造をとると考えられている。多くの分子は折りたたまれた形態をとり，一部の分子は規則正しく配列して結晶となっている。(c)では結晶部分を灰色で示した。その他の部分は，分子が不規則に集合した非結晶(非晶ともいう)状態となる。水分や，染料は主に非結晶に分布するため，非結晶の量や質は，繊維の性質に大きな影響を与える。

$$\left[\begin{array}{cc} H & H \\ | & | \\ -C- & C- \\ | & | \\ H & H \end{array}\right]_n$$

(a)ポリエチレンの分子式

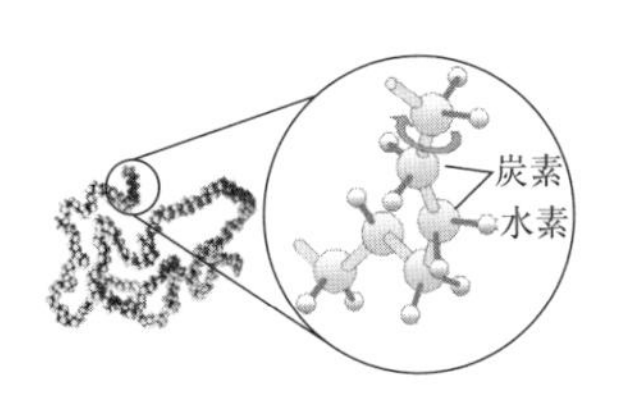

(b)ポリエチレン分子の模式図

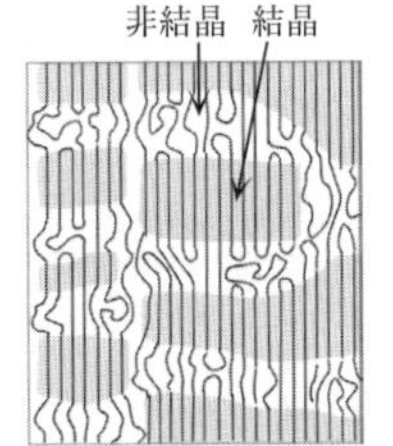

(c)繊維中の高分子集合構造のモデル

繊維が半合成繊維に分類されていたが，現在は生産されていないため家庭用品品質表示法の分類からは除外された。

❸ 合成繊維　単量体を重合*3して鎖状高分子を合成し，これを紡糸して繊維状にしたものが合成繊維である。衣料用にはポリエステルの生産量が多く，世界の全繊維生産量の半分以上を占める。ナイロン，アクリルが続き，これらを三大合成繊維という。高度な技術により新しい風合いや特殊な機能をもつ繊維が開発されている。

• ナイロン(nylon)*4　単量体の種類により複数種類があり，一般衣料にはナイロン6，ナイロン66が使用される。ナイロン6はε-カプロラクタムを，ナイロン66はヘキサメチレンジアミンとアジピン酸を重合した高分子である*5。日本国内の衣料用途はナイロン6が多い。溶融紡糸(p. 31コラム2参照)により得られ，断面は円形，側面は平滑が基本であるが，特殊な紡糸ノズルを用いて作製した異型断面糸も実用化されている。断面形状を特殊な形状にすることで汗をすばやく吸い上げ，衣服外に放出する性能を高めた吸水速乾素材に用いられている(p. 43コラム2参照)。ポリエステルに比較して伸長しやすいので外衣にはあまり用いられないが，伸びやすいが切れにくく摩擦にも強い特性を生かして，ストッキング，水着，インナーなどに用いられる。また，衣服以外にも摩擦に強い性質を生かして鞄用途にも多用される。自動車の乗員を事故から守るエアーバッグはナイロン66の織物である。

アミド基(－NH・CO－)を多く含み，合成繊維のなかでは吸湿性がある。軽くて強く，柔軟で伸びやすいが，張りがない。耐熱性は，ナイロン6はポリエステルより低く，ナイロン66は少し高い。紫外線に弱く黄変しやすい。

• ポリエステル(polyester)　ポリエステルは，エステル結合をもつ鎖状高分子の総称である。ポリエチレンテレフタレート(PET)は，エチレングリコールとテレフタル酸を重合した高分子であり*6，一般にポリエステル繊維とよばれているのはPET繊維である。ポリエステル繊維は，価格と性能のバランスが優れているため世界で最も多く生産されている繊維である。ポリエステル繊維単独で用いられるだけでなく，綿・麻・毛・レーヨンなどと混紡されてYシャツ，ブラウス，スーツなど，また，中わたにも使われる。

吸湿性がほとんどないため，濡れても性質が変わらず，乾きが速い。強度が高く弾性に優れ，張りがあり，しわになりにくい。耐光性，耐薬品性，耐熱性がある。熱可塑性をもつため加熱プレスすることで容易にプリーツ加工ができ，プリーツの保持性も高い。溶融紡糸で生産され，ナイロンと同様に異形断面糸を作製することも可能である。着用によって静電気や毛玉が生じやすく洗濯による再汚染でくすみやすい。吸汗性のよいタイプも開発されている。

• アクリル，アクリル系(acrylic fiber)　分子中のアクリロニトリルの質量が85％以上のアクリルと，85％未満のアクリル系に分けられ，単量体の種類*7や紡糸法が異なる。

＊3　重合：重合には，二重結合などが開いて単量体が連なる付加重合(アクリル，ポリ塩化ビニルなど)，単量体が結合するときに水などが脱離する縮重合(ポリエステル，ナイロンなど)，2種類以上の単量体を重合する共重合(ポリウレタン)などがある。

＊4　実用的な合成繊維：第1号として，ナイロン66がカローザス(米)により1935年に発明された。「石炭・空気・水からつくられ，鋼鉄のように強く，くもの糸よりも細く，絹より弾性があり，輝く繊維」のキャッチフレーズで発表された。ナイロンはデュポン社の商標であったが，現在はポリアミド繊維の総称である。

＊5　分子構造：ナイロン66が $[-NH-(CH_2)_6-NH\cdot CO-(CH_2)_4-CO-]_n$，ナイロン6が $[-NH\cdot CO-(CH_2)_5-]_n$ である。名称の数字は単量体の炭素原子の数を示す。

＊6　ポリエステル(PET)：分子構造は $[-O-(CH_2)_2-O-CO-$ベンゼン環$-CO-]_n$ である。

＊7　アクリル：酢酸ビニル，アクリル系：塩化ビニルとの共重合が多い。

縮れを与えて嵩高くしたステープルは毛に似た感触があり，ニット衣料や毛布などに，絹に似た感触のフィラメントは婦人服などに用いられる。アクリル系はやや難燃性で，寝衣や敷物，カーテンにも使われる。繊維断面はアクリルが円形，アクリル系は馬蹄形が多い。アクリルとアクリル系は性質に共通性があり，吸湿性が低く，乾燥が早い。軽く弾性があり，しわになりにくいが，毛玉を生じやすい。耐熱性は低く，湿熱処理で硬化する。耐光性は最も優れ，染色性もよい。多孔性で吸水性のあるアクリルも生産されている。

● **ポリウレタン（polyurethane）**　ゴムのような高い伸縮性を有する弾性繊維である。ゴムより軽くて強く，耐久性があり，老化しにくい。しかし，ゴムほどではないが，紫外線の影響を受けて劣化する。ポリウレタンフィラメントを芯にして，他の繊維（ナイロンなど）でカバリングしたストレッチ素材がサポーター，ストッキング，靴下，水着，スポーツウェアなどに使用される。

❹ 無機繊維　無機繊維はガラス，炭素，金属からなり，衣料用としての使用は少ない。ガラス繊維は特殊なガラスを原料にし，不燃性で熱・電気・音の遮断性がよく，防火布やカーテンなどに使用される。炭素繊維はアクリルなどを高温で焼成・炭化させてつくり，高強度・高弾性の特性から，人工骨・義足などの医療用，ヘルメット，スポーツ用具，航空機材料にも使われる。金属繊維は，導電性・耐熱性を活かして，無塵衣や帯電防止素材に使用される。

以上で説明した繊維の一部は，日本化学繊維協会のホームページ[1)]で断面や側面の形状を参照することができるので参考にしてほしい（右にQRコードを示す）。

日本化学繊維協会：http://www.jcfa.gr.jp/

コラム2　化学繊維の製法：紡糸の種類

化学繊維は紡糸という方法でつくられる。紡糸は，液体状の原料を直径0.5mmほどの小さな孔が開いたノズルから押し出して，その液体を固化させて繊維にする方法である。用いる液体の種類と，固化の方法で下図のように分類される。

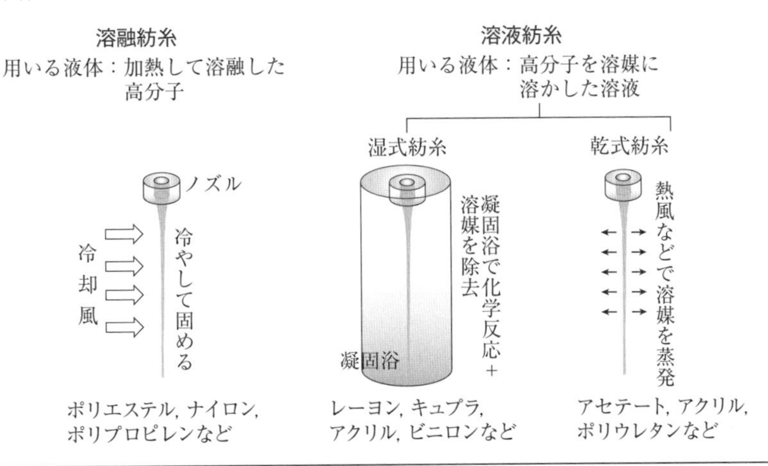

(2)　糸(yarn)

1)　紡績糸とフィラメント糸

短繊維から糸をつくる工程を紡績といい，表面に毛羽のある嵩高い紡績糸(spun yarn)が得られる。長繊維からは表面が平滑で光沢のあるフィラメント糸(filament yarn)が得られる。

2)　糸の撚り(twist)

撚りは，引きそろえた繊維を糸にまとめる効果がある。撚りの強弱は糸の強さ，布の性質(保温性や感触など)や外観に影響する(図3-4)。撚りの強弱は単位長(1 m)当たりの撚り数で表す。一般的な綿糸は，1 m 当たり 300～1000 回の撚り回数である(並撚糸)。これよりも撚り回数が少ない糸を弱撚糸もしくは甘撚糸とよび，撚り回数の多い糸を，強撚糸とよぶ。また，同じ撚り回数でも，糸が太いほど強く撚りの効果が現れるため，太さで規格化した撚り定数で比較することもある。撚り方向にはS(右)撚りとZ(左)撚りがあり[*8]，糸にあらわれる斜線の向きで判別できる(図3-5)。

←弱撚糸	並撚糸	強撚糸→
やわらかい糸	←――→	硬い糸
含気性　高	←――→	含気性　低
保温性　高	←――→	保温性　低

図3－4　糸の撚りと性質

3)　糸の太さ

糸は，断面形状が不均一で変形しやすく，その太さは直径や周径では表しにくい。糸の太さは長さと質量の関係で表され，単位は番手，デニール(denier)，テックス(tex)が使われる。
紡績糸の太さは恒重式の番手で表され，番手数が増すほど細い糸になる。フィラメント糸の太さは恒長式のデニール(denier)やテックス(tex)で表され，数値が増すほど太い糸になる。
太さ表示が繊維の種類によって異なり複雑なため[*9]，すべての糸や繊維を同一単位で表すテックスが国際標準化機構(International Organization for Standardization；ISO)により提案され，日本工業規格でも使用されている。

4)　糸の種類

繊維の長さ，糸の撚り数，太さによる種類のほか，種々の分類がある。糸の構成では，2種類以上の短繊維を混ぜた混紡糸，2種類以上の長繊維を混合した混繊糸，異種の糸を撚り合せた交撚糸，ポリウレタンフィラメントなどに他の繊維を巻きつけたコアヤーン，カバードヤーンなどがある(図3-5)。

繊維を組み合わせることで，それぞれの繊維の短所が補われ，吸湿性，伸縮性，耐久性などの長所が生かされ，感触のよい糸も得られる。

特殊な飾り糸，金糸，ラメ糸などもある。用途により，手縫糸・ミシン糸，織糸・編糸，レース糸・手編糸などに分けられる。

＊8　糸の撚り：ミシンは縫い目をつくるときに，糸に左方向の撚りがかかる構造になっているため，ミシン糸は左撚りである。ミシンで右撚りの糸を使ったり，返し縫いを長く連続させたりすると，撚りが戻って糸が割れ，糸切れの原因になる。手縫糸は右撚りである。右利きの場合，手縫い動作によって糸に右方向の撚りがかかり，糸の撚りが戻らない。

＊9　太さ表示：綿糸453.59 g(1ポンド)が768.1 m(840ヤード)で1番手，768.1×2＝1536.2 m で2番手。麻糸は453.59 g(1ポンド)が274.32 m(300ヤード)で1番手。9000 m で1 g の糸は1デニール。1000 m で1 g の糸は1テックス。また，綿ミシン糸は，原糸番手の3倍を合糸数(撚り合せた糸の本数)で除したカタン番手で太さが表示される。

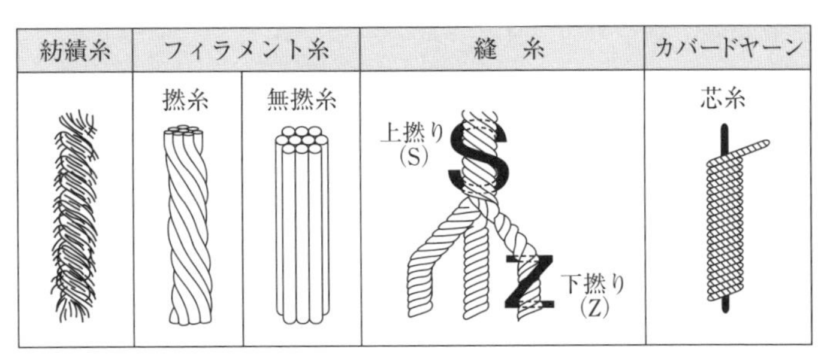

図3－5　糸のいろいろ[2)]

(3)　布(fabric)

布は衣服の主な材料であり，JIS L 0206 繊維用語(織物部門)では「シート状の繊維製品で，織物，ニット，不織布などの総称」と定義されている。布は表3-1のように分類され，衣服には織物と編物が多く利用される。布はやわらかく丈夫で，さまざまに動く曲面をもった人体を被うのに適している。

表3－1　布の種類[2)]

布のつくり方	布の種類
天然のままを利用した布	毛皮，皮革，樹皮布
繊維から直接つくった布	フェルト，不織布，紙衣
繊維を糸にしてつくった布	織物，編物，レース，網，紙布
その他の布(二次加工布)	接着布，人工皮革，キルティング，ビニールシート

1)　織物(woven fabric)

❶ 織物の組織　織物は，基本的にたて・よこ二方向の糸が直交して形成されており，糸の交わり方を織物組織という。

織物組織の基本は平織，斜文織(綾織)，朱子織である。この3種類の基本組織を三原組織といい，それぞれの構造を示す組織図と特徴を表3-2に示す。組織図は，たて糸がよこ糸の上になる部分を■，よこ糸がたて糸の上になる部分を□で表している。この三原組織には，さまざまな変化組織があることに加えて，重ね組織やパイル組織などの異なる織組織がある。

表3－2　織物の三原組織[2)]

種　類	組織図	織り方と布の特徴	織物名(例)
平　織		・たて糸とよこ糸が交互に交差し，表裏の組織が同じである ・糸がずれにくく，丈夫で実用的なものが多い ・目の透いた布にできる	綿：ガーゼ，ギンガム，ブロード 毛：モスリン，ポーラ 絹：タフタ，縮緬
斜文織 (綾織)		・斜めに綾(斜文線)があらわれる。普通，たて糸がよこ糸より多く現れている面が表である ・平織よりやや光沢，柔軟性がある ・密度を高めると，目のつまった布になる	綿：デニム，ギャバジン 毛：サージ，ツイード 絹：綾羽二重
朱子織		・たて，または，よこの糸が表面に長く浮く ・糸がずれやすく，丈夫ではない ・表面がなめらかでやわらかく，光沢に優れる	綿：綿サテン 毛：ドスキン 絹：綸子，サテン

代表的な織物組織を図3-6に示す。タオル，コール天，ビロードなどはパイル織物といい，地組織のほかに，ループや毛羽用の糸が織り込まれている。組織は織物の力学的性能，風合い，外観に影響し，糸の種類や密度を変えると違った織物になる。

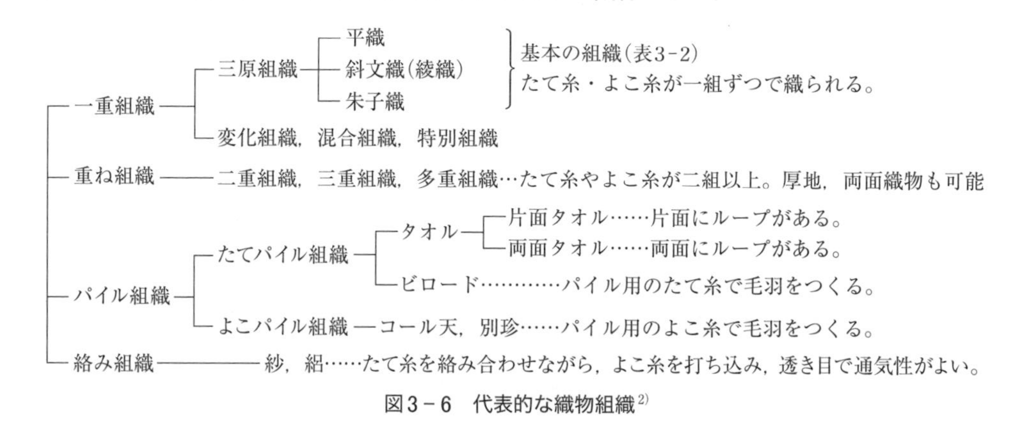

図3－6　代表的な織物組織[2)]

❷ **織物の種類**　織物は繊維や糸の種類，糸密度や組織以外にも，染色・加工，色・織柄(縞，格子など)，布幅・厚さ，用途(服地，カーテン地など)や産地による分け方がある。素材，組織，模様のパターンから布に名称がつけられ，名称から織物のイメージを把握できる。

2） 編物(ニット，knitted fabric)

❶ **編物の組織**　編物(ニット)は糸のループを連結させてつくる布の総称で，類似の名称にメリヤス，ジャージがある*10。ループの絡む方向に応じて，よこ編とたて編があり，それぞれに基本組織と変化組織がある(図3-7)。同じ糸でも，編組織や編目の密度により編地の性能が変わる。

コラム3　いろいろな織物[2)]

ガーゼ：綿の撚りの少ない細い単糸を用いた粗い平織。衣類用(二重織)や医療用がある。
ギンガム：白糸と色糸による格子柄の平織
ブロード：たて糸密度をよこ糸の約2倍にした細い糸による平織
よこ方向に畝があり緻密で丈夫
モスリン：細い単糸の梳毛糸による織目の粗い平織
ポーラ：撚りの強い梳毛糸を用いた粗い平織。手触りが硬くシャリ感のある夏用服地
タフタ：撚りの少ない糸，または，撚りのない糸を用いた，密度のやや緻密な平織
縮緬：よこ糸に絹の強い撚糸を用いた平織。よこ糸の撚り方向を1段ごとに変え，布表面にしぼ状の凹凸を出す
デニム：たてに色糸，よこに白糸を用いた斜文織。丈夫なジーンズなどに用いる。
ギャバジン：斜文線の傾きが急で，たて糸密度が高く丈夫。毛や綿のものが多い。
サージ：斜文線の傾きが45°の梳毛織物。綿や絹などのサージもある。
ツイード：撚りの少ない太い毛の糸を用いた平織や斜文織の毛織物。地厚で手触りが粗い感じ。秋冬用織物

*10　メリヤス：ニットと同義語で，狭義には下着用編地。ジャージは外衣用編地。メリヤスはスペイン語の medias，ポルトガル語の meias が語源とされ，サイズの融通性により，莫大(めり)小(やす)（大小なし）の文字を当てたという説がある。カットソー(cut & sew)は，機械編地を裁断・縫製した製品の呼称

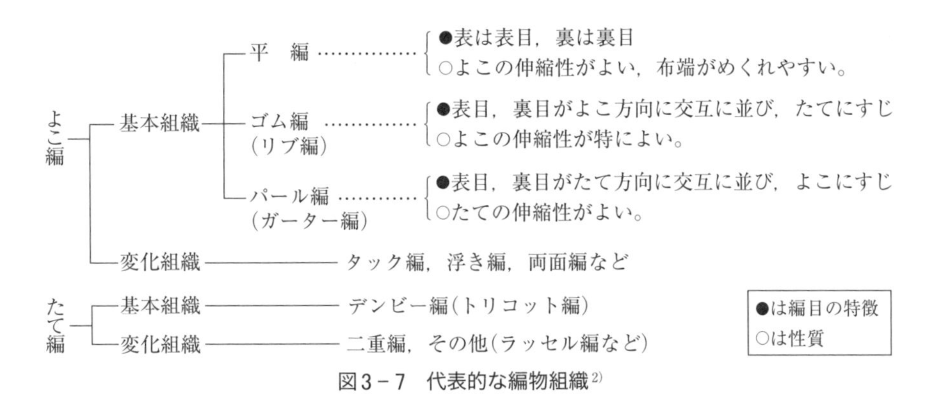

図3－7　代表的な編物組織[2)]

Tシャツやセーター，靴下はよこ編である。よこ編は，棒針による手編みのように，1本の糸がよこ方向にループをつくりながら編まれ，たて方向にループの段が連なる。伸縮性はよいが，形崩れしやすく，糸が切れるとラン(伝線)が生じやすい。

外衣やランジェリーは，たて編が多い。たて編は，たてに並んだ多数の糸が左右のループと連結しながら，たて方向に編み進む(図3-8)。伸縮性はよこ編より劣るが，表面がなめらかでやや張りがある。編目の密度は，単位長さ当たりのよこに並んだ編目の列(コース)数，たてに連続した編目の列(ウェール)数，あるいはゲージ(編機の針の密度の指標。2.54 cm の幅にある針の数)で表される。

名　称	よこ編			たて編
	平　編		ゴム編	ダブルデンビー編
構造図	表　目 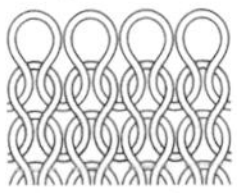	裏　目 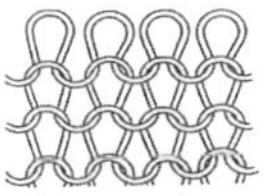	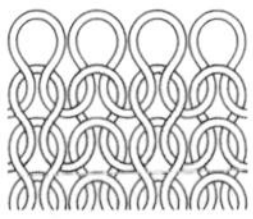	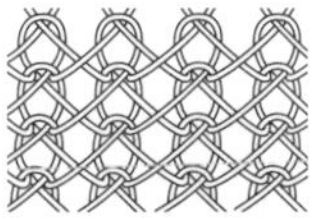
写　真	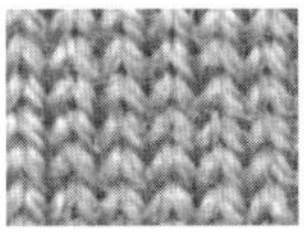	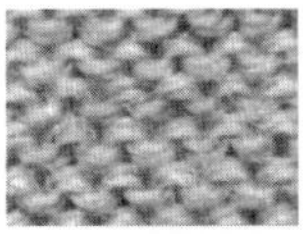	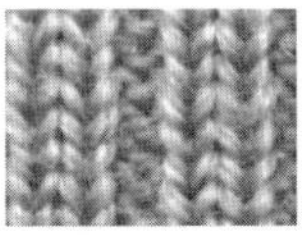	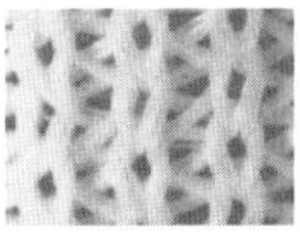

図3－8　編物の基本組織[2)]

❷ 編物の特徴

繊維や糸の種類，編目の密度と編組織などにより多様な編物が生産され，肌着，セーター，靴下，水着，スポーツウェア，さらにスーツ，コートなど用途が拡大している。

同じ糸を用いても，編物と織物とでは，布の力学的性能が異なる。一般に編物は含気量が多く保温性が高いが，編目が大きすぎると保温性が低下し，通気性が増す。

3） その他の素材

❶ レース(lace)　レースは透かし模様があり，通気性がよい。糸を結び合わせたり(リバーレースなど)，布に刺繍したり(エンブロイダリーレースなど)，布の一部を溶解したり(ケミカルレース)して得られ，ほとんどが機械レースである。綿，絹，レーヨン，ナイロンなどで婦人服，ショール，ランジェリーの装飾，カーテンなどのインテリア製品がつくられる。

❷　フェルト・不織布(felt, nonwoven fabric)　フェルトや不織布は，糸を織ったり編んだりせずに，繊維から直接，布をつくる。

フェルトは，毛の縮充(しゅくじゅう)性を利用して繊維同士を絡み合わせ，厚めのシート状にしたものである。保温性や圧縮弾性に優れ，帽子やスリッパ，手芸品，習字の下敷き，防音材などに使われる。織物のように布端から糸がほつれることがなく，縫い代の始末が不要である。毛とレーヨンを混ぜたもの，水洗いで収縮しないポリエステル素材もある。

不織布は，主に化学繊維を薄いシート状にし，熱による融着や接着剤などで繊維を固定してつくる。織物などに比べて弱いが，軽く嵩高いことから，芯地やパッド，おむつ，人工皮革の基布，使い捨てマスクなどに使われる。

2. 衣服素材の基本性能

衣服の素材には，着心地に関わる熱と物質(特に水と空気)の移動特性，活動に関わる力学的性能，取扱い・管理に関わる性能が必要である。素材に求められる性能とその必要度は，衣服の種類や用途によって異なる。衣服素材の性能には，繊維の種類または素材の構造で決まるものと，両者が関係するものがある。

(1)　熱と物質の移動特性

衣服は，身体から発散される水分や熱などを吸収・放散させ，衣服内気候を快適に保つための性能が必要とされる。

1）　水分の移動特性

❶　吸湿性，透湿性　衣服素材には，身体から発散される水蒸気を吸収する吸湿性が必要である(後述する吸水性が液体の水を吸収する性質であるのに対して，気体の水を吸収するのが吸湿性である点に注意)。吸湿性は，ある一定の温度・湿度条件(20℃，相対湿度65％がよく用いられる)での水分率で比較することができ，繊維の種類によって異なる(表3-3)。繊維は細長く，空気と接する表面積が大きいため，環境の温湿度変化に敏感に対応して，水分率が増減する。吸湿性は，親水基や非結晶部分の多い繊維で高く，親水基や非結晶部分の少ない繊維で低い。透湿性は水蒸気を透過する性能のことであり，親水性繊維では，水蒸気は，糸間や繊維間の隙間だけでなく，繊維内部を通って低湿度の外部に放湿される。疎水性繊維では糸や繊維の透き間のみが透湿経路であり，目の緻密な素材では透湿が抑制されて蒸れる。

❷　吸水性，はっ水性，乾燥性　衣服素材が汗や水を吸収するには，糸や繊維の透き間に液体が毛細管現象で浸透する性質(吸水性)が必要である。吸水速度や吸水量は繊維の種類，素材の構造，加工の影響を受ける。

吸湿性の高い繊維は吸水性もよいが，毛は繊維表面が撥水性のため，吸水性が低い。ポリエステルなどの合成繊維は吸湿性が低いが，吸水性を高める工夫が施されている(p. 43参照)。樹脂加工布や仕上げ剤の付着する新品の布は吸水性がやや低い。濡れた衣服素材の乾燥は，疎水性繊維は速いが，繊維内部に水が吸着している親水性繊維は遅い。また，吸湿や吸水により，衣服素材の保温性や強度など多くの性能が影響を受ける。

表3－3　各種繊維の主な性能

繊　維	比　重	水分率注〕1		強　度 (cN/dtex)	伸び率 (%)	乾湿強度比 (%)
		標準注〕2	公定注〕3			
綿	1.54	7	8.5	2.6～4.3	3～7	102～110
麻	1.50	7～10	12	4.9～5.6	1.5～2.3	108～118
羊　毛	1.32	16	15	0.9～1.5	25～35	76～96
絹	1.33	9	11	2.6～3.5	15～25	70
レーヨン	1.50～1.52	12.0～14.0	11	1.5～2.0	18～24	45～55
キュプラ	1.50	10.5～12.5	11	1.6～2.4	10～17	55～70
アセテート	1.32	6.0～7.0	6.5	1.1～1.2	25～35	60～64
ナイロン	1.14	3.5～5.0	4.5	4.2～5.7	25～38	90～95
ポリエステル	1.38	0.4～0.5	0.4	3.8～5.3	20～40	100
アクリル	1.14～1.17	1.2～2.0	2.0	3.1～4.9	12～20	90～100
ポリウレタン	1.0～1.3	0.4～1.3	1.0	0.5～1.1	450～800	100

注〕1　水分率(%)＝100×(吸湿時の質量－乾燥時の質量)÷乾燥時の質量
　　2　標準状態(温度20℃，相対湿度65%)における水分率
　　3　公定水分率は，質量で取引される素材に含まれる水分量として国際的に定められている。

出典：繊維学会編「繊維便覧　第三版」，丸善(2004)を改変

2）　空気の移動特性

❶　保温性　　寒冷環境で身体の熱を外気に逃がさないためには衣服素材に保温性が必要である。表3-4に示すように，空気の熱伝導率(熱の伝わりやすさの指標。値が大きいほど熱が伝わりやすくなる)は，繊維のそれよりも小さいため，衣服素材の保温性は，繊維の種類よりも布に含まれる空気量に左右される。布には繊維や糸の間に多量の空気が含まれ，体積に占める割合は50～85%のものが多い。

表3－4　各種物質の熱伝導性[2)]

材　料	熱伝導率比*
空　気	1
綿	2.2
羊　毛	1.6
ポリエステル	1.7
水	23.4
ステンレス	580
銅	15,700

*空気を基準にした熱伝導率の尺度

厚地で毛羽のある嵩高い布，例えば，フリースやダウンジャケットは軽く温かい。静止している空気量が多いほど保温性が大きい。風が吹く環境では，布に含まれる空気が流動し，保温性は低下する。水は熱伝導率が高いため，布が汗や雨で濡れると保温性は低下する。保温性には素材の色や平滑性も関係し，表面が平滑でなく，赤外線の吸収がよい濃色の素材は保温性が高い。

❷　通気性　　身体から発散される熱や水蒸気が外部へ放散されないと，不快感が高まる。したがって，衣服素材には適度な通気性が必要である。通気性は繊維の種類よりも，素材の構造・組織，糸の撚り・密度などに左右される。通気性が大きいと涼しいが，季節によっては保温性が妨げられる。

(2)　力学的な性能

衣服は着用や取扱いの間に，引張りや摩擦など複雑な作用を受け，これらへの耐久性が求められる。

1）変形と回復の特性

衣服は，複雑に変形する人体を包んでおり，身体の動きにより，引張り，剪断，曲げ，圧縮，摩擦などの外力を受ける。布はこれらの外力に対して，ある程度の抵抗力を備えている必要があり，伸びや曲げなどの変形から回復し，元の形に戻る形態安定性も求められる。

❶ 引張り特性(強度・伸び)　繊維や布は引張られると伸び，さらに力が加わると切断する。主な繊維の標準状態における切断時の強度と伸び率などの値を表3-3に示した。

厚さと糸密度が同程度の綿，毛，ナイロンの平織の布の，引張り変形時における切断に至るまでの発生力の変化を図3-9に示す。綿は引き伸ばしにくく，硬く張りがある。毛やナイロンの素材は伸ばしやすく，やわらかくしなやかである。同じ繊維でも布の構造により，強さ・伸び率が異なる。引張り強さと伸びは布の方向も関係し，織物の斜め(バイヤス)方向は伸びが大きく弱い。初期の引張りに対する抵抗性が着用感に関係する。

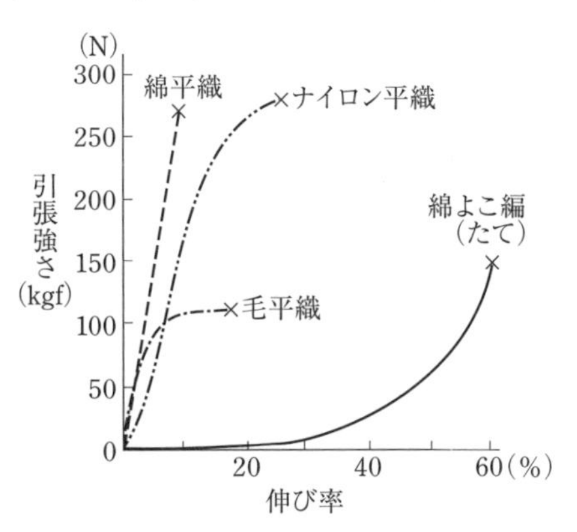

図3－9　布の強度と伸び率[2)]

❷ 剪断特性　布はたて糸とよこ糸の交差角度の変化や編目の傾斜により，平行四辺形にずれる剪断変形を起こす(図3-10)。平面的な布で，曲面をもった衣服を構成できるのはこの特性による。

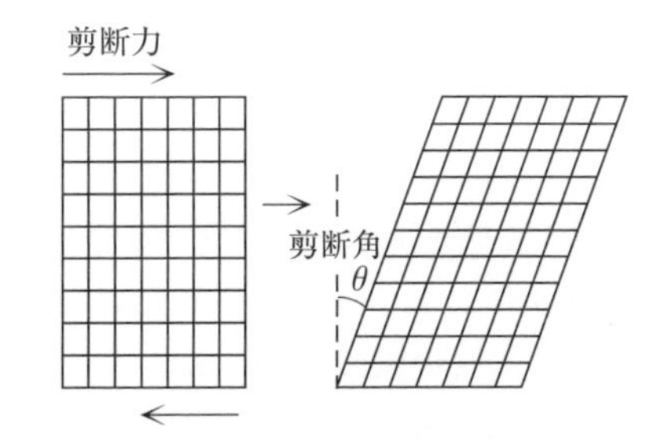

図3－10　布の剪断変形[2)]

❸ 曲げ特性，しわ特性　布は曲がりやすさによって，人体をやわらかく包み，その動作を妨げない。曲げに対する抵抗性によって布の剛軟性が決まる。折り曲げから元に戻るには弾性が必要であり，素材の弾性が高いほどしわがつきにくく，しわの回復が速く，防しわ性がよい。

❹ ドレープ性　布が自重によって垂れ下がる状態をドレープという(図3-11)。フレアスカートなどのように，外観上の重要な要素となる。やわらかく剪断変形しやすい素材はドレープ性に富むが，やわらかすぎると美しさが低下する。適度なハリも必要である。

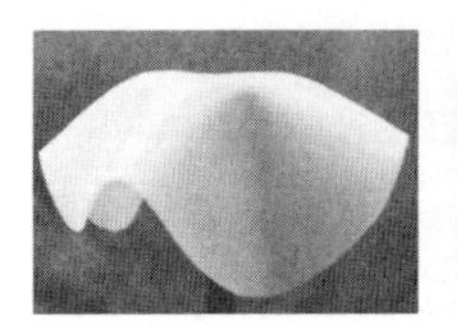
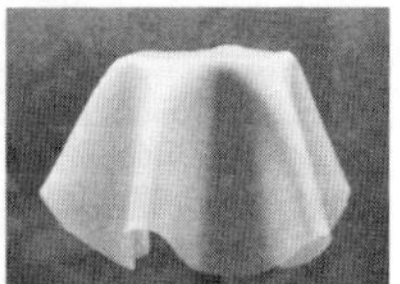

図3－11　布のドレープ形状[2)]

❺ 圧縮特性　フリースやキルティング，寝具や敷物には，布の厚さ方向の圧縮変形に対する弾性が必要である。衣服素材の圧縮特性は，手や肌で触れたときのかたさややわらかさの感覚にも関係する。

2）破壊特性

❶ 引き裂き特性　引き裂き特性はかぎ裂きに関係しており，布構造がゆるく，糸が動きやすく，伸びやすいものは引き裂きに対して強い。例えば，ブロードのような織物生地は，はさみを少し入れると，手で簡単に引き裂くことができるが，ニット生地は引き裂きにくい。

❷ 摩耗特性，ピリング性　袖口やズボンのひざ，靴下のかかとなどでは着用中の摩擦によ

り，布が毛羽立ち，摩擦で弱くなった繊維が脱落し，布が損傷していく。これを摩耗という。布の摩耗特性には繊維の強さと布の構造が関係する。糸が太く撚りが強い，織・編の密度が高い，パイル組織などの布は摩耗しにくい。

摩擦で毛羽だった繊維は絡まり合い，小さな毛玉（ピル）が生じる。編物は織物に比べて組織が粗く，撚りの甘い糸が使用されているため，繊維が引き出されて毛玉が生じやすい。繊維強度の大きいポリエステルやアクリルは毛玉が布表面から脱落しにくく，外観がわるくなる。

また，毛は摩擦により繊維表面のスケールが摩滅し，織物表面が平滑になって「てかり」が生じる。てかりは毛以外にも，アイロンがけで表面が平滑になった布でも見られる。

3）風合い

触感覚を中心とした人間の感覚で評価する素材の特性を風合いという。布をなでる，つかむ，押すなどして，布のかたさややわらかさ，伸びやすさや戻りやすさ，反発性などを総合的に捉え，言葉によって表現する。代表的な風合い用語と意味を表3-5に示す。

布の風合いを判断することは熟練者でも難しく，人に代わる客観的評価法として，機器による風合いの計測が行われる。布の力学的特性，厚さ，重さから風合いを定量化するKES（Kawabata Evaluation System）が開発され広く利用されている。

表3－5　風合い用語と意味[2)]

用　語	意　味
こ　し	反発力，弾性のある布の感覚
は　り	曲げかたさからもたらされる布が張る感覚
ぬめり	滑らかさ，しなやかさ，やわらかさが複合された布の感覚
ふくらみ	嵩高でふくよかな，圧縮弾性と温かみを伴う布の感覚
しゃり	粗くかたい繊維や強撚糸によってもたらされる布の感覚
きしみ	絹繊維のきしむ感覚
しなやかさ	やわらかく，なめらかな，ドレープ性のある布の感覚
ソフトさ	やわらかさ，なめらかさ，嵩高さが複合された布の感覚

(3)　取扱いに関わる性能

衣服は着用や洗濯の繰り返しによって多様な作用を受け，これらへの耐久性と手入れのしやすさ（イージーケア性）が求められる。

1）形態安定性

衣服は日常の取扱いにおいて，形態や寸法の安定性が必要であるが，繊維や素材構造など，いくつかの原因により収縮する。疎水性繊維では水の影響は少ないが，親水性繊維は洗濯などの湿潤・乾燥過程で収縮が生じる。繊維は水を吸収すると，短くなることが多い。これは，非結晶部分で分子鎖の再配列が生じるためと考えられている。そして，乾燥にともない，収縮が進み，糸のたわみも増して，波状のしわが布面に残留する。織物は張力をかけて織るため，濡れると緩和されて元に戻る傾向があり，製織時の張力が強いたて方向で収縮が大きい。

布のたてとよこ，表地と裏地，布と縫糸で収縮率が異なると，形崩れや縫いつれ，スカートの裾から裏地がはみ出るなどの現象が生じ，外観を損ねることになる。

2）帯電性

物体を摩擦すると静電気が発生し，導電性の小さい物体は静電気が消えにくく，帯電する。繊維による帯電性の違いを図3-12に示す。水はイオン性物質を溶解しており，導電性があるため，繊維表面の吸湿性が高いほど，環境の湿度が高いほど，素材は帯電しにくい。合成繊維は帯電しやすく，スカートや下着のまつわりつき，ほこりや花粉の吸着による汚れ，着脱時の放電による刺傷，放電時の火花による引火・爆発などが発生する。

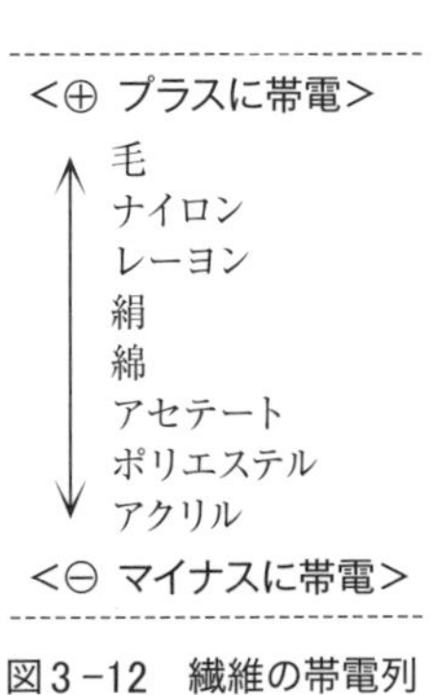

図3-12　繊維の帯電列

3）光・天候に対する性質

繊維は光や風雨，高温・高湿，空気中のガスなどに曝されると，強度の低下や黄変などを起こす。紫外線や水は繊維高分子を分解し，窒素や硫黄の酸化物ガスは酸性条件をつくり出して，繊維の分解を促進する。これらの環境要因に対する抵抗性を耐候性，とくに光(紫外線)に対する抵抗性を耐光性という。

紫外線を吸収しないアクリルは耐光性に優れ，強度もほとんど低下しない。絹はフィブロインを構成するチロシンなどのアミノ酸が紫外線を吸収して，次第に黄変して劣化する。毛，ナイロン，ポリウレタンも紫外線の影響を受けやすい(図3-13)。耐光性・耐候性の低い素材は直射日光を避けた陰干しが望ましい。

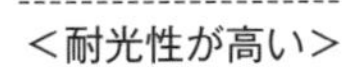

アクリル
ポリエステル，麻
綿
レーヨン，キュプラ
ポリウレタン
毛，ナイロン
絹
<耐光性が低い>

図3-13　繊維の耐光性

4）熱・炎に対する性質

衣服やインテリア用品には熱や火炎に耐える性能が必要である。耐熱性や防炎性は繊維の化学構造や加工に関係する。

繊維をある温度以上に熱すると，非結晶部分の分子鎖が熱運動をはじめ，かたいガラス状態からやわらかいゴム状態に変化する。ゴム状態で繊維に形を与え，温度を下げると，そのままの形が固定される。これをヒートセットといい，ポリエステルのプリーツ加工などに利用される。高温で加熱すると，結晶部分でも分子鎖が運動をはじめ，繊維が融ける。天然繊維では融ける前に高分子の分解が生じるため，繊維は融けず，黄変などの焦げが生じる。

衣服素材には安全面から燃えにくさも求められる。繊維は易燃性(セルロース繊維，アセテート)，可燃性(ポリエステル，ナイロン)，準難燃性(毛，絹)，難燃性(アクリル系，ポリ塩化ビニル)，不燃性(炭素繊維，ガラス繊維)に分類される。繊維の燃え方(臭い，融け方，煙や灰)には特徴があり，燃焼性から繊維の種類を見分けることができる*11。

＊11　防炎性：公共の建物では，消防法で定められた防炎性能を有するカーテンや敷物などの使用が義務づけられている。衣服や寝具などを燃えにくく改良して一定の基準を満たしたものには「防炎製品ラベル」が付けられる。

3. 衣服素材の仕上げ加工と高機能化

(1) 仕上げ加工

織りや編みの工程を経た布は外観・寸法・風合いを整え，また，特殊仕上げや染色の前処理として一般仕上げ加工を施す(表3-6)。布の種類や用途に応じていくつかを組み合わせる。

布の風合いや取扱い易さを改善するために，さらに特殊仕上げ加工が行われる(表3-7)。

表3－6　主な一般仕上げ加工

毛焼き	綿織物などの表面の短い毛羽を，電熱やガス火などで焼いて除去し，布の光沢や外観をよくしたり，染色効果を高めたりする。
精練	紡績や製織準備工程で付着した糊や油剤を界面活性剤などによって除去する。布の風合いを向上させ，染色や加工のむらを防ぐ。
漂白	精練で除去できない有色の不純物や汚れを漂白剤で分解・脱色する。白物の白度を高め，染色布を鮮明な色にするために行う。
起毛，剪毛	紡毛織物などの布表面を毛羽立たせ(起毛)，毛羽を一定の長さに刈り取る(剪毛)。
煮絨(しゃじゅう)	梳毛織物を緊張状態で熱湯に浸し，冷却して織物を緻密にし，寸法安定性を高める。
ヒートセット	合成繊維の布を縦横に引っ張った状態で加熱後，冷却し，布の形態を安定させる。
縮充(しゅくじゅう)	毛の布を石けん液中で揉んでフェルト化し，毛特有の弾力性や外観を与える。

表3－7　繊維製品の特殊仕上げ加工

防縮加工	綿などには，非結晶部分の高分子鎖を樹脂や薬剤で架橋して動きにくくする樹脂加工，蒸気をあてて生地を収縮させるサンフォライズ加工がある。毛の縮充防止には，塩素化合物でスケールの先端を除去する方法や樹脂で表面を覆う方法がある。
防しわ加工	湿潤状態の綿に樹脂液を浸み込ませて熱処理し，しわを防ぐ。W＆W(ウオッシュアンドウェア)加工ともいう。洗濯してもアイロンがけ不要という意味が込められている。
形態安定加工	織物に液体アンモニア処理を施した後に樹脂をしみ込ませ，縫製後に熱処理して樹脂を固める方法(ポストキュア法)や，気体のホルムアルデヒドで架橋反応を行う(VP法)などがある。縫製後に処理を完結させるので，防縮・防しわ効果だけでなく，折り目やひだ，縫い目を固定する効果が得られる。
シロセット加工	毛のケラチン分子はシスチン結合の架橋により安定な構造を保持している。還元剤によってシスチン結合を切断し，変形を与えた状態で，酸化剤によってシスチン結合を再結合させることにより，毛製品に耐久性のある折り目をつける。
マーセル化加工	綿布に張力をかけて濃いアルカリ液で処理すると，繊維が膨潤して断面が円形になり，撚りがとれて表面が平滑になり，布の光沢が増す。絹のような光沢と風合いが得られることから，シルケット加工ともいわれる。

(2)　高機能素材

新しい機能や感性をもった衣服素材として，快適性や安全性を追求したもの，清潔・健康指向を反映したもの，新しい風合いを有するものなどが開発されている。

1）　清潔・健康のための素材

近年の清潔・健康指向を背景に，衛生機能を付与した素材が多く開発されている(表3-8)。

表3－8　清潔・健康素材

抗菌防臭	汗や皮脂は細菌の栄養源となり，分解されてアンモニアなどを発生する。抗菌剤は細菌の増殖を抑え臭気の発生を防ぐ。銀イオンを利用する化合物，陽イオン界面活性剤の1つである第4級アンモニウム塩，天然のカテキン・キトサンなどが靴下，肌着，寝装品などに使われている。繊維評価技術協議会の基準に適合する製品には性能認証ラベル(SEKマーク，p.48参照)が付けられている。
制　菌	抗菌剤を繊維中や繊維表面に付与し，繊維に付着した病原性細菌(黄色ブドウ球菌など)の増殖を抑える素材である。SEKマークでは，家庭で使われる繊維製品を対象とする一般用途，医療機関や介護施設で使用される白衣やシーツなどを対象とする特定用途に分けられる。対象となる菌の種類は，一般用途では黄色ブドウ球菌と肺炎桿菌だが，特定用途ではさらにMRSAに対する効果も必要となる。臭いの発生のみを考慮した抗菌防臭とは異なり，上記の特定の細菌の増殖を抑制することに主眼を置いた素材である。
消　臭	多孔性のゼオライトなどを繊維に混ぜ，その表面に臭いを吸着させる方法，消臭剤を繊維表面に付与し，悪臭物質を臭わない他の物質に化学変化させる方法がある。酸化チタンなどの光触媒を繊維に付与し，光・水・酸素の複合作用で臭いを分解する素材も開発されている。アンモニア(汗，尿)，イソ吉草酸(汗)，メルカプタンなどの悪臭を消し，不快感や健康への悪影響を防ぐ。
保　湿	保湿性の天然由来添加物を繊維に混ぜ込んだ保湿繊維が実用化されている。その他，ビタミン前駆体や，アンチエイジングに効果が期待できる抗酸化剤を配合した繊維も開発・販売されている。
pH調整	健康な皮膚の常在菌は弱酸性を好むため，リンゴ酸などの弱酸性成分を配合した繊維が開発されている。インナーに用いることで，発汗時や乾燥時にアルカリ性に傾きやすい肌を常に弱酸性に保つ効果があると期待されている。繊維製品でありながら化粧品として認可された製品も登場している。

2）　快適性を高めた素材

衣服の大きな役割は，環境変化に対応して熱や水分の移動を調節し，快適な環境をつくることである。最近では，省電力の観点から夏期や冬期の室内温度をそれぞれ高め，低めに設定することが求められている。このような環境下で少しでも快適に過ごせるようにクールビズ素材やウォームビズ素材が開発されている(表3-9)。

3）　身体を守る素材

衣服には環境変化やその悪影響から人体を保護することが求められる。火災から身体を守る難燃素材，紫外線や電磁波を遮蔽する素材が開発されている(表3-10)。

4）　風合い指向素材

天然繊維の形態や構造を模倣してその風合いや質感を再現した素材，天然にはない風合いや感性をもつ新素材が合成繊維を用いてつくられている(表3-11)。

表3－9　快適素材

吸水速乾	合成繊維の多孔化，断面の異形化，側面の溝などにより，毛細管現象を利用して吸水性を向上させる。濡れたシャツが肌に張りつく不快感が少なく，汗などの乾きが速く，水分蒸発による冷えも軽減される。親水性繊維と疎水性繊維を組み合わせて糸や布を多層構造にし，汗の吸収と放散を促進する素材もある。肌着，スポーツウェアに用いられる。  ①　扁平の繊維で毛細管現象による吸水性を高めている。 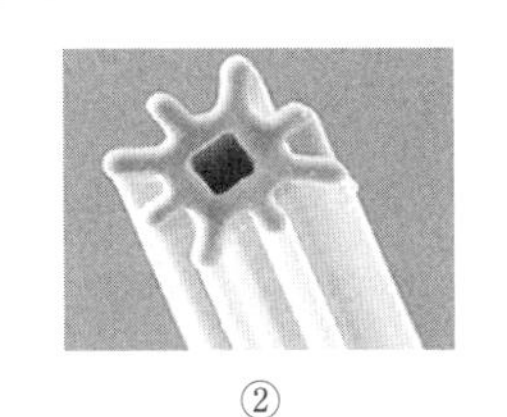 ②　特殊な形状で，軽量化と吸水性を高めている。 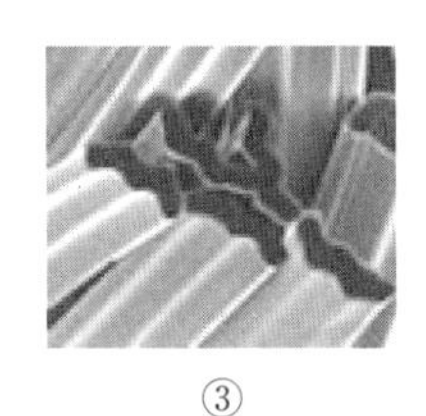 ③　W 型の形状で吸水性を高め，やわらかな肌触りを実現している。
透湿防水	人体からの水蒸気(直径約4×10^{-7}mm)を衣服外へ放散する透湿性と，雨滴(直径約0.1～0.3 mm)の浸透を防ぐ防水性を兼ね備える。多孔性のフッ素系樹脂フィルムやポリウレタン樹脂を織編物と合わせる素材，極細繊維の織編物を20～30％収縮させた高密度素材がある。布表面はシリコンやフッ素の樹脂ではっ水加工する。スキーウェア，レインコート，登山服などに用いられる。 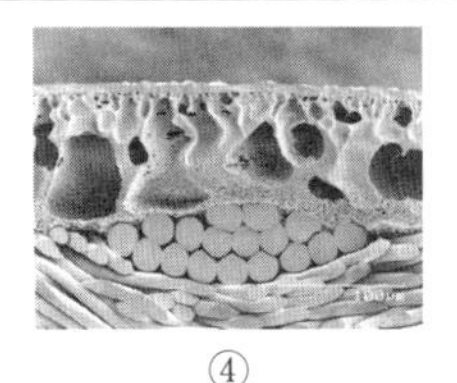 ④
保温蓄熱	中空繊維を用いた軽量・保温素材，太陽光を吸収して熱に変換する物質を繊維に練り込んだ蓄熱素材，金属粒子を布にコーティングして人体の輻射熱を反射させる素材などがある。繊維に練り込んだパラフィンが周りの温度変化に対応して熱を吸収・放出する温度調整素材も登場している。これらの保温・蓄熱素材はウォームビズ対応衣料に使用されている。 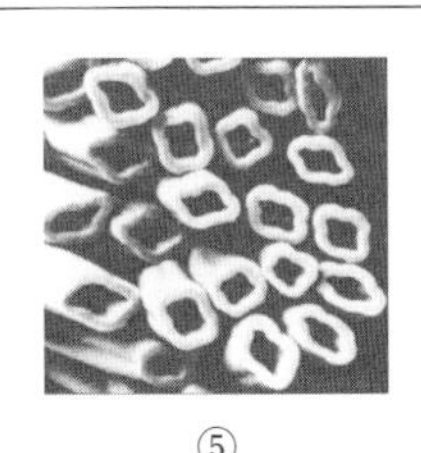 ⑤　中空構造で空気を含み保温性を高める 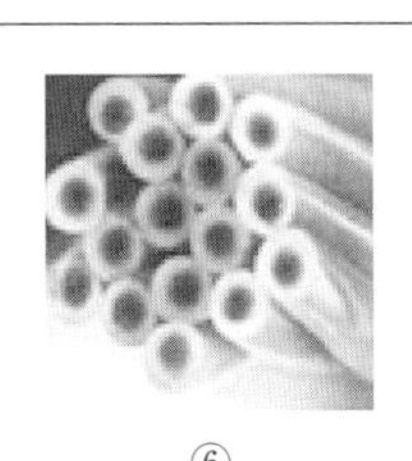 ⑥　吸光熱変換セラミックを含む
吸湿発熱	大気中の水分を吸着する時に発生する吸着熱によって繊維自身が発熱する現象を吸湿発熱という。発熱の程度は，繊維の吸湿性が高いほど大きくなる。気温20℃，相対湿度65％の環境下で，40％の高吸湿性を示すアクリレート繊維が開発されており，高い吸湿発熱性を発現するため冬の肌着などに用いられる。
清涼感	繊維表面に熱伝導性の高い成分を付与し，触ったときに冷やっとする接触冷感を付与した素材，湿度が高くなると糸の縮れが減り，生地の通気性がよくなる素材などが開発され，クールビズ対応衣料に用いられている。写真の繊維では，ポリエステルの芯にエバールという高分子が鞘になっている。エバールは親水性の水酸基を多く含むため水となじみがよく，着用時にひんやりとした清涼感を与える。また，超高分子量ポリエチレン繊維は金属に匹敵する高い熱伝導性を示すため，高い接触冷感を発揮する夏場の寝具などに応用されている。  ⑦

写真提供：①：東洋紡(株)ドライアイス®，②：帝人フロンティア(株)オクタ®，③：旭化成(株)テクノファイン®，④：東レ(株)エントラント®，⑤：帝人フロンティア(株)エアロカプセル®，⑥：ユニチカ(株)サーモトロン®，⑦：(株)クラレ ソフィスタ®

表3－10　身体を守る素材

難燃	難燃剤(リンやハロゲンの化合物)は，高温で融けて不燃性の保護膜をつくり，熱分解して発生した不燃性ガスが空気を遮断して，素材の着火や延焼を防ぐ。寝装品，カーテン，緞帳などの難燃加工に使用される。消防服にはアラミドなどの高耐熱性・難燃性繊維が用いられる。
制電	合成繊維の帯電を防止するために，導電性のよい金属やカーボンを繊維に練り込んだり，界面活性剤や親水性高分子で繊維表面を親水化したりする。クリーンルーム用作業服，ランジェリーや裏地などにも用いられる。写真①の繊維では，導電性カーボンを練り込んだ樹脂を内部に配置している繊維(黒い部分が導電性を示す)。　①
紫外線遮蔽	紫外線を吸収・拡散するセラミックスをポリエステルに練り込み，紫外線吸収剤を用いて織編物を後加工する。太陽光に含まれるA波(波長320～400 nm，皮膚の色素沈着を起こす)とB波(波長290～320 nm，皮膚が赤くなる紅斑現象を起こす)を遮蔽し，UVカット素材という。戸外で着用するスポーツウェア，日傘，帽子，カーテンに利用される。厚手，濃色，高密度の布には紫外線を遮る性質があるが，通気性や熱放散の面から，夏物衣料には適さない。
電磁波遮蔽	コンピュータなどから発生する電磁波による身体への悪影響を懸念する声がある。ポリエステルやナイロン繊維に金属(銅，ニッケルなど)をメッキ加工または蒸着した素材，金属繊維と複合した素材が，オフィス用作業服，電子医療機器のカバーなどに用いられている。
透け防止	繊維に無機粒子を多量に添加すると光が散乱されて透けにくくなるが，粒子によって繊維表面に凹凸が発生して製織などの工程で悪影響を及ぼすので，添加量に限界があった。写真のような芯鞘タイプの複合紡糸繊維によって内部には多量の無機粒子を含み，鞘には粒子を含まない層を配置することで，透けにくく取り扱いやすい繊維素材が開発されて，透けない白い水着などで実用化されている。　②

写真提供：①：(株)クラレ　クラカーボ®，②：東レ(株)ボディシェルドライ®

表3－11　風合い指向素材

シルクライク	三角断面，アルカリ減量*12，異収縮混繊糸*13の組合せにより，光沢や風合いを絹に近づけた布がブラウスや和服に用いられる。アルカリ減量時にミクロクレーター表面となり発色性・風合いを改善した素材も開発されている。また，極細繊維を用いてさらにしなやかな風合いを付与したニューシルキー素材も開発されている。簡単に水洗いできる利点がある。　①　20 μm
レザーライク	ポリウレタン樹脂を含浸させた不織布や，織編物に繊維を絡ませた布の表面を起毛して，スエードタイプをつくる。いずれも極細繊維(0.2～0.001 デシテックス)*14が用いられる。銀面タイプは布表面にポリウレタンなどの薄膜を形成させる。天然皮革より薄くて軽く，洗濯もできる。　②　③
スパンライク	繊維の捲縮，糸の多層化，適度な毛羽の付与などを組み合わせて，毛や綿，麻などの天然繊維の風合いを模したポリエステルやアクリルの布がつくられている。ウールライク素材は毛の嵩高さと腰・張り，リネンライク素材は麻のしゃり感・張りがある。水洗いできるスーツなどに多用されている。

写真提供：①三角断面系：東レ(株)シルックロイヤル®S，②海島タイプ：東レ(株)エクセーヌ®C，③分割タイプ：KBセーレン(株)ベリーマ®X

＊12　アルカリ減量：ポリエステルを水酸化ナトリウムの濃厚液で処理すると，繊維表面が加水分解して凹凸が生じ，10～30％減量する。
＊13　異収縮混繊糸：熱収縮性の異なる繊維を合わせて熱処理で繊維長に差が生じ，糸に膨らみが生じ，布に凹凸ができる。
＊14　2種類の高分子を組合せた複合繊維：複合繊維を紡糸し，布にしてから一方を溶解・除去したり(海島タイプ)，収縮性の違いを利用して分割(分割タイプ)したりする。眼鏡ふき，洗顔クロスなどに用いられる。

5） 環境対応素材

人間の産業活動による二酸化炭素の増加が地球温暖化をもたらしている可能性が指摘されている。石油を原料に用いた材料は燃焼させると二酸化炭素増加をもたらすが，天然物を原料に用いると二酸化炭素は増えない（天然物は大気中の二酸化炭素を原料としているため）。従来は石油由来であった合成繊維の原料を天然物由来にする試みが活発化している（表3-12）。

表3－12　環境対応素材

ポリ乳酸繊維	ポリ乳酸は，ポリエステルの一種である。とうもろこしやサトウキビの成分（でんぷんやしょ糖）を原料にして発酵により得た乳酸を重合したものである。原料が天然物由来であるため，燃焼させても地球温暖化の原因となる二酸化炭素の増加につながらない環境対応材料として注目されている。また，自然界で微生物によって分解されて，水と二酸化炭素に戻る生分解性をもつことも特徴である。
バイオ由来PET	ポリエステル繊維はポリエチレンテレフタレート（PET）という高分子でできている。PETは，石油由来のエチレングリコールとテレフタル酸を重合して得られる。PETにおいても天然物由来のエチレングリコールを用いた製品が登場した。質量の約3分の1が天然物由来であるため，焼却時の二酸化炭素の増加量を抑制できる。さらにテレフタル酸も天然物由来とする100%バイオ由来PETの実用化も検討されている。
リサイクルPET	PETボトルを回収して，それを原料に繊維にリサイクルすることも省資源および地球温暖化対策として試みられている。回収したPETボトルを砕いて加熱溶融して繊維化するマテリアルリサイクルと，化学的に分解した後に再度PETを重合するケミカルリサイクルの2種類がある。現状ではPETボトルの回収コスト等のために石油から製造するよりも高価格となるが，環境対策をアピールしたい企業の制服などに使用されている。

6） ナノテクノロジー素材

繊維は細いことが特徴であるが，その直径をnmレベル（1nmは1/1000 μm）まで低減した繊維が開発されて応用研究が進められている（表3-13）。

表3－13　ナノテクノロジー素材

ナノファイバー	1mmの1000分の1の長さを1μm（マイクロメートル）といい，1μmの1000分の1を1nm（ナノメートル）という。表3-11のレザーライク素材に用いられる繊維はμmレベルの太さなのでマイクロファイバーとよばれることがある。さらに細くnmレベルの繊維をナノファイバーとよぶ。繊維の太さがnmレベルになると，表面積の増大，摩擦係数の増大，気体透過時の抵抗の低減など特殊な効果が現れる。荷電紡糸と呼ばれる方法でナノファイバーの膜状体を作製する方法や，複合紡糸の技術を発展させてポリエステルなど汎用高分子でナノファイバーを作製する方法があり，実用化がはじまっている。 ① 汎用ポリエステル繊維と複合化したナノファイバーの断面顕微鏡写真[3]
セルロースナノファイバー	植物の細胞壁中にあるセルロース結晶は，直径が数nmの天然のナノファイバーである。その引張り強度は鋼鉄よりも高いといわれており，しかも天然物であるため二酸化炭素増加の原因にならない高性能の環境対応材料として注目されている。特殊な触媒を用いる方法，機械的にすりつぶす方法，高圧水流を利用する方法などでセルロースナノファイバーを製造する技術が確立されて工業生産もはじまっている。衣服の材料としての検討は少ないが，自動車用樹脂複合材など産業用途での応用が先行している。

写真提供：①文献3）より，帝人フロンティア（株）ナノフロント®

7）繊維製品に関わる法規制

健康や環境を意識してオーガニック・コットンや天然染料などに関心が寄せられている。繊維製品の加工や染色に使用される物質には，人体や環境に悪影響を及ぼさないことが求められ，有害性の確認された物質は使用が規制されている。

ホルマリンは1960年代に，製品に残留したものが遊離し，悪臭や眼への刺激，体質によっては皮膚炎を起こすことが問題になった。「有害物質を含有する家庭用品の規制に関する法律」が制定され，乳幼児（24か月以下）用衣料からは16 ppm 以下，肌に直接触れる衣料は75 ppm 以下と規制されている（1 ppm は0.0001％）。その他の有害物質の規制例を表3-14に示す。

最近では，2016年4月よりアゾ染料の一部（化学的変化により容易に24種の特定芳香族アミンを生成するものに限る）が規制対象に加わった。

表3－14　衣料品に対する有害物質の規制例

有害物質	用途	対象家庭用品	基　準	有害性	法令制定時期
ホルムアルデヒド（ホルマリン）	樹脂加工剤	①乳幼児用下着，寝衣，寝具など ②下着，寝衣，手袋，靴下など	①16 ppm 以下 ②75 ppm 以下	粘膜刺激 皮膚アレルギー	昭和50年10月
ヘキサクロルエポキシオクタヒドロキシジメタナフタリン（デイルドリン）	防虫加工剤	おしめカバー，下着，寝衣，手袋，靴下，中衣，外衣，帽子，寝具，床敷物，家庭用毛糸	30 ppm 以下	肝機能障害 中枢神経障害 （経皮吸収，体内蓄積）	昭和53年10月
トリブチル錫化合物	防菌防カビ剤	下着，衛生パンツ，衛生バンド，よだれ掛け，おしめ，おしめカバー，手袋，靴下	錫として，1 ppm 以下	皮膚刺激性 急性毒性（経皮・経口）	昭和55年4月
ビス（2, 3-ジブロムプロピル）ホスフェイト化合物	防炎加工剤	寝衣，寝具，カーテン，床敷物	検出せず	発がん性	昭和56年9月
アゾ染料（24種）	染　料	①アゾ化合物を含有する染料が使用されている繊維製品のうち，おむつ，おむつカバー，下着，寝衣，手袋，くつした，中衣，外衣，帽子，寝具，床敷物，テーブル掛け，えり飾り，ハンカチーフ並びにタオル，バスマット及び関連製品 ②アゾ化合物を含有する染料が使用されている革製品（毛皮製品を含む。）のうち，下着，手袋，中衣，外衣，帽子及び床敷物	試料1 g 当たり30 μg 以下	発がん性	平成28年4月

コラム4　スーパー繊維

繊維には，衣服に使われるものだけでなく，ロープなどに用いられる産業用繊維もある。これらの産業用繊維のなかでも引張り強度が特に高いものを，スーパー繊維とよんでいる。例えば，PBO 繊維というスーパー繊維は，衣料用ポリエステル繊維の10倍以上の強度を誇る。同じ直径1 mm の繊維ならば，ポリエステル繊維は40 kg 程度しか吊り下げられないのに対して，PBO 繊維は460 kg まで吊り下げることができる。

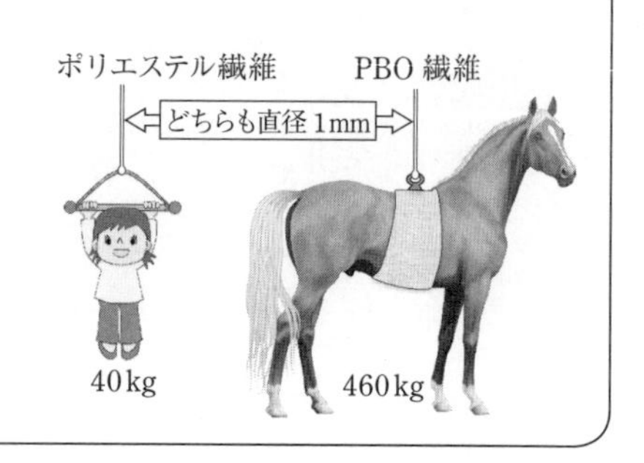

近年，安全な繊維製品の提供を目的に，法律よりも多くの物質を対象にして人体と環境に対する規制をすすめる規格が登場した。欧州ではじまったエコテックス規格100では表3-15のような規制値を定め，基準を満たした製品に認証ラベルをつけている[4]。また，化学物質の登録・評価・認可・制限を世界中で一つに統合して管理するREACHという規制案も提案されている。法律だけでなく自主規制も，加工剤による障害の排除に大きな役割を果たす。

表3－15　エコテックス100の規制値の例

製品分類	乳幼児用	肌に直接触れるもの	肌に直接触れないもの	装飾用素材など
ホルムアルデヒド(ppm)	16	75	300	300
抽出可能重金属(ppm)　クロム	1.0	2.0	2.0	2.0
農薬(ppm)天然繊維	0.5	10	1.0	1.0
有機錫化合物(ppm)　トリブチル錫	0.5	1.0	1.0	1.0
染料(芳香族アミン24種，発癌性物質24種，アレルギー誘発物質)	芳香族アミン20 ppm，発癌性50 ppm，アレルギー性50 ppm			
揮発性有機化合物 VOC 合計(mg/m^3)	0.5	0.5	0.5	0.5

出典：文献4)より筆者作成

http://nissenken.or.jp/service/oeko.html

4. 繊維製品の品質表示

衣服などの生産に要するエネルギー，原料資源の消費，環境への影響を低減するには，繊維製品の品質保持が重要である。そのためには，繊維製品に付けられている表示の意味を理解し，選択や手入れに活かすことが求められる。繊維製品には，法律に基づく表示と，商品情報の伝達や販売促進を目的とした業界団体などによる任意表示が付けられている。

(1)　法定表示

1)　家庭用品品質表示法(経済産業省，消費者庁)

繊維製品について，表示の対象となる38品目と表示事項が定められている。糸，生地，靴下，手袋，帯などは繊維組成，上衣，ズボン，スカートなどは繊維組成と家庭洗濯等取扱い方法，コートは繊維組成，家庭洗濯等取扱い方法，はっ水性の3項目を表示する。

組成表示は，繊維の名称を指定用語で，繊維の混用率を割合の大きい順に示す。指定用語のない繊維は「分類外繊維(竹)」のように表示する。混用率には許容範囲が定められている。表地と裏地，身頃とレース飾りのように部位により異なる繊維が使われている場合，それぞれについて表示する。

取扱い絵表示は，家庭および商業洗濯における繊維製品の手入れの仕方について，JIS 規格(JIS L 0001)で定めた絵柄(記号)を用いて表示する。国際化の進展に対応して，ISO(International Standard Organization)による表示記号の統一が図られ，2015年3月に法改正が行われた。タンブル乾燥や酸素系漂白剤などの新しい記号が追加され，適用温度がこれまでより細かく設定されたことなどにより，洗濯記号の種類が従来の22種類から41種類に増えた。

2）不当景品および不当表示防止法に基づく表示（消費者庁）

消費者の利益保護を目的にした法律のなかに原産国表示が規定されている。原産国とは，商品の内容について実質的な変更をもたらす行為が行われた国である。衣料品は縫製，靴下は編み立て，織編物は製編織，後染物は染色が行われた国となる。

(2)　自主表示

製品の品質や性能などを総合的に評価し，業界の基準を満たしていることを保証する品質マーク（表3-16）が付けられている。また，製品の短所や限界，取扱い方を表示する「注意表示」や「デメリット表示」も行われている。

(3)　既製衣料品のサイズ表示

衣料品のサイズ表示は法律では義務づけられていない。衣料品メーカーなどがJIS規格に基づいたサイズを自主的に表示している。着用者の区分は少年用，少女用，成人男子用，成人女子用であり，高齢者については定められていない。

表3－16　品質マークの例

ウールマーク	ジャパン・コットンマーク	麻マーク	SEKマーク	SIFマーク
PURE NEW WOOL	JAPAN COTTON Pure Cotton		抗菌防臭加工	
新しい羊毛を100％用い，品質検査に合格した羊毛製品につけられる。新羊毛と他の繊維をブレンドしたものに対するマークもある。	日本国内で製造した綿素材（原糸・生地）を使用した二次製品，手芸用加工糸などにつけられる。	麻の製品を安心して購入できるように品質保証の証としてつけられる。	機能加工繊維製品の性能認証マークである。抗菌防臭加工，制菌加工，防カビ加工などの各種機能加工が一定の基準を満たした性能をもつことを保証する。	確実な品質システムによって管理し，信頼できる繊維製品を取り扱う事業者が表示できる認証マーク。
認定団体 ザ・ウールマーク・カンパニー	日本紡績協会	日本麻紡績協会	繊維評価技術協議会	日本繊維製品品質技術センター

〈参考文献〉

1）日本化学繊維協会ホームページ　http：//www.jcfa.gr.jp/fiber/shape
2）山口庸子，生野晴美編：「新版　衣生活論」アイ・ケイコーポレーション（2012）
3）堀川直幹他：繊維学会誌　Vol. 65 (9)，p. 341 (2009)
4）（一財）ニッセンケン品質評価センターホームページ
http：//nissenken.or.jp/service/oeko_standard 100. html

4章　衣服の製造と着装(装い)

この章ではアパレルの購入に着目して，アパレル*1産業の概要から生産の流れ，基本的なサイズ表示(体型変化，海外のサイズ表示)までを理解する。また衣生活だけでなく，現代の生活に大きく影響を及ぼしているネットワーク環境，情報機器がどのように衣生活と関わっているかについても理解を深める。さらに着装場面やライフステージに適した衣服の選択について学び，心身ともに快適な装いについて考える。

1. 衣服の製造とアパレル産業

第二次世界大戦後，切符制で配給されていた衣料品は，1950年の切符制廃止後，高度経済成長期には，男性の衣服はテーラーで，女性や子どもの衣服は，洋装店か家庭縫製という方法で仕立てられていた。1960年代には百貨店や量販店の台頭もあり，既製服の比率は紳士背広で4割を超え，70年代には，婦人スーツも6割を超えた[1)]。このように商品として製造された既製服を購入して着用する衣生活が定着した。1990年代以降には，衣服の単価も低下し，安価な既製服が市場に流通するようになった。2000年代になり，産業の発展に伴って，地球温暖化，大気汚染などの環境問題が表面化してきた。そのため環境に配慮した衣生活に対する取り組みが，行政，企業，消費者に求められるようになった。

衣服の製造は，不特定多数の消費者のために既製服として大量生産される場合と，特定の消費者もしくは自分や家族などのために自家生産や個別注文，生産する場合がある。現在のアパレル産業の多くは，大量生産型の既製服を中心とした製造を行っているが，IoT(Internet of Things)などのデジタルツールが活用されることによって，個別の企画，注文，生産型の製造が行われるようになってきている。

(1)　既製服

1)既製服の製造

図4-1は既製服が製造される工程を示している。図のように，商品企画から設計，裁断，縫製，仕上げまで，さまざまな製造工程を経て製品となる[2)]。設計工程には，CAD(Computer Aided Design)，裁断・縫製工程にCAM(Computer Aided Machine)が導入されるなど生産工程においては，情報機器が活用された生産システムが用いられている[3)]。

2)　アパレル産業

❶　わが国のアパレル産業　　図4-2にアパレルの生産流通経路を示す。アパレルの流通は，川の流れにたとえられ，繊維素材業界・テキスタイル業界を「川上」，アパレル産業を「川中」，

＊1　アパレル(apparel)：衣服，衣料の意。アメリカで衣料全般を指す用語として使われ，日本では既製服，既製服メーカーを指すことが多い。アパレル産業は，主に製造と流通に関わる業界を指している。

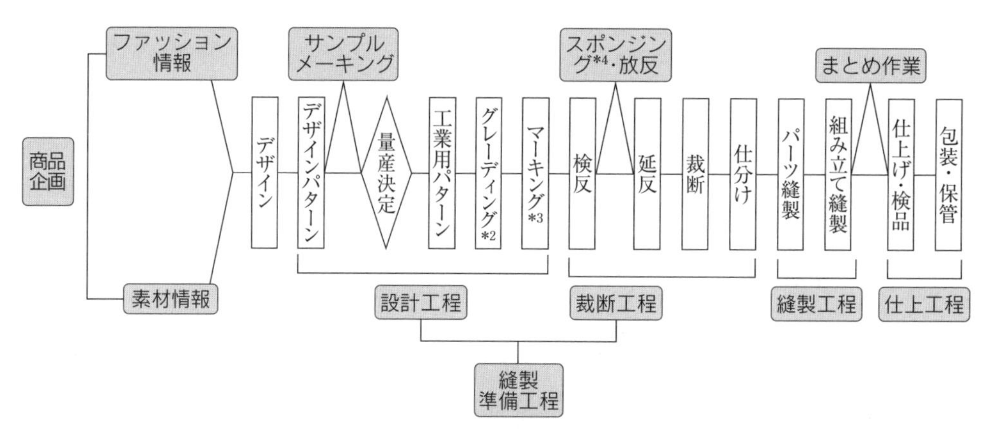

図4－1　既製服の製造工程[4)]

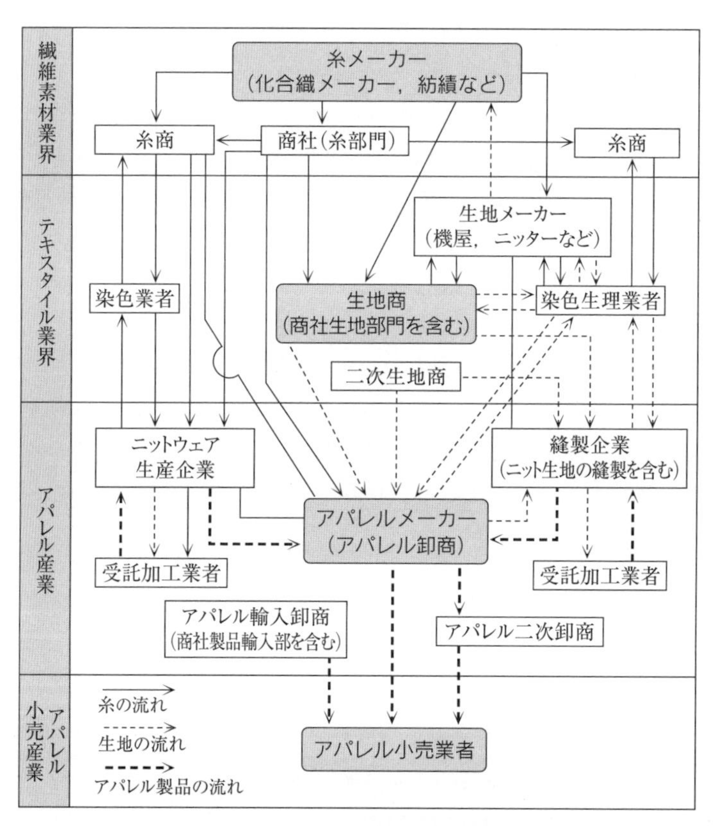

図4－2　アパレルの製造と流通経路[3)]

アパレル小売産業を「川下」とよんでいる。日本の近代化を支えてきた繊維産業であるが，戦後は紡績を中核とした「川上」が業界をリードした。1970年代に入り，アパレルメーカーが急成長をとげた後，1990年代になると，アパレル小売産業にさまざまな業態が登場する。図4-3

＊2　グレーディング：量産用の基本パターンをもとに，サイズ別パターンを作成すること。
＊3　マーキング：きまった大きさの布地上に必要なパーツのパターンをむだな布地がでないように配置すること。
＊4　スポンジング：裁断前に生地のしわや寸法を安定させるために水分と熱を加えて地のし(地直し)をすること。

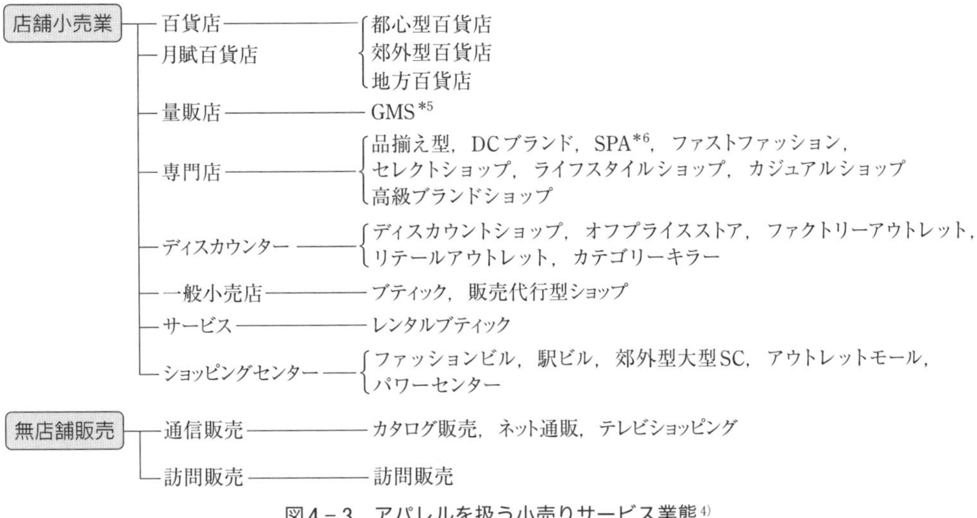

図4－3　アパレルを扱う小売りサービス業態[4)]

にアパレル製品を扱う小売業態を示す。現在の日本のアパレル小売産業は，店舗小売業だけでなく，無店舗販売の販売方法も含めると多様な業態がみられる。

❷ アパレル製品の輸出・輸入　戦後，日本の産業の発展に繊維産業は大きく貢献してきた。図4-4にアパレル製品の輸出・輸入の推移を示す。1985年までは輸出額のほうが多かったが，それ以降輸入が急増した。特に2010年から2015年にかけて急増している。輸入の内容をみると，最終製品の輸入比率が増えている。

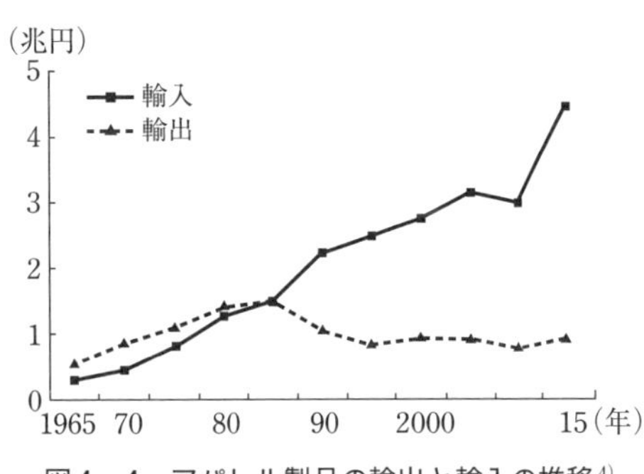

図4－4　アパレル製品の輸出と輸入の推移[4)]

(出典)財務省：貿易統計

(2)　注文服(オーダーメイド)

アパレルメーカーが企画し，規定されたサイズで大量生産された既製服に対して，着装者個人を対象として，個別注文，生産された服のことを注文服，オーダーメイド服という。顧客のために製作されたオートクチュール(高級注文服)のような注文服もあれば，家族のために家人が製作する自家製の服もある。

個別に製作される注文服製作のプロセスを図4-5に示す[6)]。特定個人の注文服は，着用者のライフスタイルを重視し，着用目的，季節，着用者の好み，体形，予算など着用者の欲求が満たされるように配慮がなされる。予算も配慮すべき条件の一つとなるため，その予算に応じた生地，生地に適したデザインが選定される。注文服に限らず，個人が製作する自家生産の衣服

＊5　GMS (General Merchandise Store)：ゼネラルマーチャンダイズストア。日常品を中心として総合的に商品を扱う，大規模な小売業態を指し，イトーヨーカドーのような総合大型小売店がこれにあたる。

＊6　SPA (Specialty Store Retailer of Private Label Apparel)製造小売業：企画・生産・販売を一貫して行うアパレル事業形態のこと。製造直売型専門店とも表現される[5)](p. 7参照)。

も同様のプロセスで製作される。

衣服製作の工程ではパターン(型紙)を使用する。パターン作成の方法には平面製図法と立体裁断法がある。立体裁断法は人台に布をあてて裁断し，パターンを作成する方法であり，平面製図法は着用者の身体寸法サイズをもとに原型を基本型として，さまざまなデザインにパターン展開する方法である。

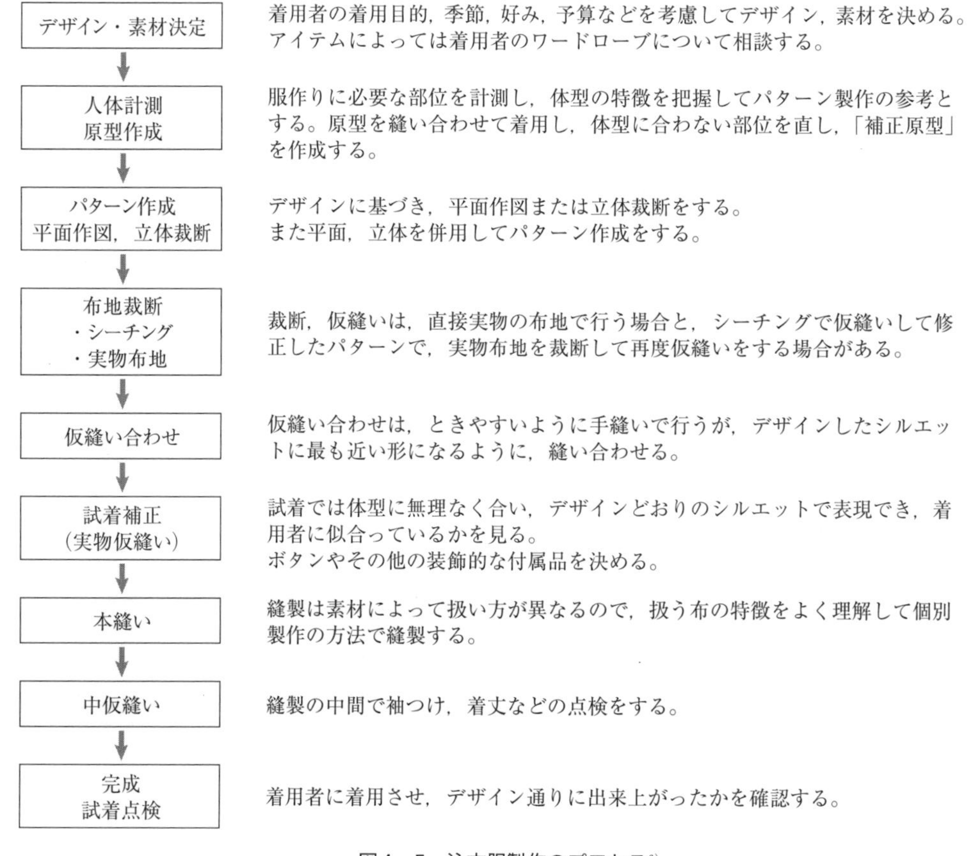

図4－5　注文服製作のプロセス[6)]

2. 既製服のサイズ表示

(1)　サイズの表示

アパレル産業の発展に伴って既製服は生活のなかに定着した。生産者が消費者に合った衣服を市場に提供し，また消費者も求めるものを的確に選択購入できるようにするため，既製服には統一されたサイズ表示が不可欠であった。日本では，JIS(日本工業規格：Japanese Industrial Standards)によって，ISO(国際標準化機構：International Organization for Standardization)との整合性が図られ，適合度の高いサイズ設定が検討されJIS規定された。JIS規格は，日本人の体格調査に基づき基本身体寸法が設定され，その後日本人の体格の変化に応じて改訂されてきた[7)]。

主なしくみは，①着用者を年齢層や男女別(乳幼児・少年・少女・成人男子・成人女子)に区分して，各区分に応じた表示方法がなされる。②服種を全身用，上半身用，下半身用のように身体部位に分けて，フィット性を必要とするものとあまり必要としないものによって表す。③既製服に表示されているサイズは，身体寸法を示しており，既製服の出来上がり寸法ではない。服種に応じた基本身体寸法が用いられる。また，特定の既製服によっては，特定部位の実寸法を付加して表示される。これを特定衣料寸法という。身体を包む衣服は，ほかの生活商品の寸法表示と同類には扱えない。④サイズの表し方は，体型区分表示，単数表示，範囲表示が用いられ，寸法列記法と絵表示(ピクトグラム)で示される。

現在，既製服のサイズは，L 4001～L 4005の着用対象者[8)～12)]，L 4006ファンデーション[13)]，L 4007靴下類，S 5037靴[14)]について規定されている。

1）成人女子用衣料(L 4005)

成人女子の基本身体寸法として，バスト，ウエスト，ヒップ，身長が用いられる。また成人とは成長の停止によって定義されている。表4-1(1)に示すように，衣類のフィット性の程度によってサイズの表し方は異なる。

成人女子の体型は表4-1(2)に示すように，身長とバストの組み合わせにおいて出現率が最も高くなるヒップサイズをA体型として，A体型よりもヒップサイズの4cm小さいY体型，4cm大きいAB体型，8cm大きいB体型に区分している。すなわち，ヒップサイズによって体型を4つに表している。身長は表4-1(3)に示すように，R(Regular)，P(Petite)，PP(Petite Petite)，T(Tall)の4つに分けている。また，バストは表4-1(4)に示すように号数で示され，3号～15号までは3cm間隔で，15号以上は4cm間隔で区分している。特定衣料寸法として，また下丈，スリップ丈およびペチコート丈がある。

コラム 1　Eコマースの拡大

アパレル業界において，Eコマース(電子商取引，Electronic Commerce)* が浸透し，今後もさらにEコマース市場は拡大すると見込まれている。衣料品のEコマースには，リユース，レンタルのサービスも含まれる。特に不要になった服や雑貨などを出品し，売り手と買い手が直接取引できるリユースマーケットのサービス，また会費を支払い，利用回数・返却期間の制限のなか，新しいファッションをレンタルできるサービスも普及している。今後は利用者のファッションセンスを学習できる人工知能(AI)を搭載したアプリによって，利用者の好みを学習させることで自動的に商品を推薦するサービスも充実すると考えられ，さらに個人のデータが製品，サービスに反映された生産・流通システムが展開されると思われる。

出典：経済産業省，電子商取引に関する市場調査

衣類・服飾雑貨等のEC市場規模及びEC化率

＊Eコマース：インターネットなどコンピュータネットワーク上での電子的な情報通信によって商品やサービスを売買したり分配したりすること。

出典：経済産業省製造産業局生活製品課：「繊維産業の現状と課題」(2018)

表4－1 (1)　服種別サイズの表し方(成人女子)

<table>
<tr><th colspan="2" rowspan="2">服種および着用区分</th><th rowspan="2">表示区分</th><th colspan="3">表示部位および順位</th></tr>
<tr><th>1</th><th>2</th><th>3</th></tr>
<tr><td rowspan="2">フィット性を必要とするもの</td><td>コート類
ドレス類
上衣類</td><td>体型区分</td><td>バスト</td><td>ヒップ</td><td>身長</td></tr>
<tr><td>スカート類
ズボン類(長ズボンですそ上げ完成品)
ズボン類(その他)</td><td>単数</td><td>ウエスト
ウエスト
ウエスト</td><td>ヒップ
ヒップ
ヒップ</td><td>—
また下丈
—</td></tr>
<tr><td rowspan="4">フィット性をあまり必要としないもの</td><td>コート類
ドレス類</td><td>範囲</td><td>バスト</td><td>身長</td><td>—</td></tr>
<tr><td>上衣類</td><td>単数・範囲</td><td>バスト</td><td>身長</td><td>—</td></tr>
<tr><td>事務服および作業服類 {全身用
上半身用</td><td>範囲</td><td>バスト</td><td>身長</td><td>—</td></tr>
<tr><td>スカート類
ズボン類(すそ上げ完成品)
ズボン類(その他)</td><td>
単数・範囲
単数・範囲</td><td>
ウエスト
ウエスト</td><td>—</td><td>—</td></tr>
<tr><td colspan="2">ブラウス類</td><td>単数</td><td>バスト</td><td>身長</td><td>—</td></tr>
<tr><td colspan="2">セーター，カーディガン，プルオーバーなどのセーター類</td><td>範囲</td><td>バスト</td><td>身長</td><td>—</td></tr>
</table>

表4－1 (2)　体型区分

体型区分の記号	意　味
A	日本人の成人女子の身長を142 cm，150 cm，158 cm および166 cm に区分し，更にバスト74～92 cm を3 cm 間隔で，92 から104 cm を4 cm 間隔で区分したとき，それぞれの身長とバストの組み合わせにおいて出現率が最も高くなるヒップのサイズで示される人の体型
Y	A 体型よりヒップが4 cm 小さい人の体型
AB	A 体型よりヒップが4 cm 大きい人の体型，ただし，バストは124 cm までとする
B	A 体型よりヒップが8 cm 大きい人の体型

表4－1 (3)　身長の記号と寸法

身長の記号	寸法
R	158 cm
P	150 cm
PP	142 cm
T	166 cm

表4－1 (4)　バストの号数と寸法

号　数	寸　法	号　数	寸　法
3	74 cm	13	89 cm
5	77 cm	15	92 cm
7	80 cm	17	96 cm
9	83 cm	19	100 cm
11	86 cm	21	104 cm

表4－1 (5)　体型区分別のサイズとよび方(A 体型，身長158 cm)　　(単位 cm)

<table>
<tr><th colspan="4">呼び方</th><th>3AR</th><th>5AR</th><th>7AR</th><th>9AR</th><th>11AR</th><th>13AR</th><th>15AR</th><th>17AR</th><th>19AR</th></tr>
<tr><td colspan="2" rowspan="3">基本身体寸法</td><td colspan="2">バスト</td><td>74</td><td>77</td><td>80</td><td>83</td><td>86</td><td>89</td><td>92</td><td>96</td><td>100</td></tr>
<tr><td colspan="2">ヒップ</td><td>85</td><td>87</td><td>89</td><td>91</td><td>93</td><td>95</td><td>97</td><td>99</td><td>101</td></tr>
<tr><td colspan="2">身　長</td><td colspan="9">158</td></tr>
<tr><td rowspan="7">参　考</td><td rowspan="7">ウエスト</td><td rowspan="7">年代区分</td><td>10</td><td rowspan="2">58</td><td rowspan="3">61</td><td rowspan="2">61</td><td rowspan="2">64</td><td rowspan="2">67</td><td rowspan="2">70</td><td rowspan="2">73</td><td rowspan="2">76</td><td rowspan="2">80</td></tr>
<tr><td>20</td></tr>
<tr><td>30</td><td rowspan="2">61</td><td rowspan="2">64</td><td rowspan="3">67</td><td rowspan="3">70</td><td rowspan="3">73</td><td rowspan="3">76</td><td rowspan="3">80</td><td rowspan="3">84</td></tr>
<tr><td>40</td><td rowspan="2">64</td></tr>
<tr><td>50</td><td>64</td><td rowspan="2">67</td></tr>
<tr><td>60</td><td rowspan="2">–</td><td rowspan="2">–</td><td>70</td><td>73</td><td rowspan="2">76</td><td rowspan="2">80</td><td rowspan="2">84</td><td>88</td></tr>
<tr><td>70</td><td>–</td><td>–</td><td>76</td><td>–</td></tr>
</table>

JISの成人女子用衣料サイズでは，1996年の改定に伴い，成人女性の加齢に伴う体型変化を考慮して，年代区分によるウエストサイズが追加された。表4-1(5)にA体型，身長158 cmの体型区分表示例を示す。同じサイズであっても，年齢層が高くなるにつれて，ウエストサイズが大きくなっている。JISではそれぞれの体型区分に対して，このような表が示され，年代別の特徴が既製服の製造に反映されている。

表4－1(6)　身長とバストによる範囲表示[12]

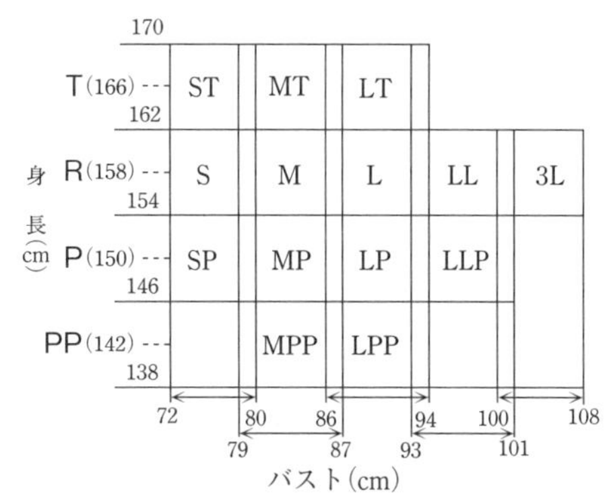

フィット性をあまり必要としない衣類には表4-1(6)のように，単数表示のほかに，バストと身長を組み合わせて表示するS，M，L，LL，3Lなどの範囲表示が用いられる。

2）成人男子用衣料(L 4004)

基本身体寸法として，表4-2(1)に示すように，チェスト，ウエスト，身長が用いられる。チェストは上部胸囲のことで，腕付根線の最下点の高さにおける体幹の周長である。

成人男子の体型はチェストとウエストとの寸法差(ドロップ)によって，表4-2(2)のように10区分され記号で表される。特定衣料寸法は，また下丈である。表4-2(3)に成人男子衣料の号数と身長寸法を示す。

表4－2(1)　服種別サイズの表し方(成人男子)[11]

服種および着用区分		表示区分	表示部位および順位		
			1	2	3
フィット性を必要とするもの	コート類 上衣類	体型区分	チェスト	ウエスト	身長
背広服類		体型区分	チェスト	ウエスト	身長
ズボン類(長ズボンで，すそ上げ完成品)		単数・範囲	ウエスト	また下丈	—
ズボン類(その他)		単数・範囲	ウエスト	—	—
フィット性をあまり必要としないもの	コート類 上衣類	単数・範囲	チェスト	身長	—
事務服および作業服類	全身用 上半身用	単数・範囲	チェスト	身長	—
	下半身用	単数・範囲	ウエスト	—	—
シャツ類		範囲	チェスト	—	—
セータ，カーディガン，プルオーバなどのセータ類		範囲	チェスト	身長	—

表4－2(2)　体型区分[11]

体型区分の記号	チェストとウエストとの寸法差	体型区分の記号	チェストとウエストとの寸法差
J	20 cm	AB	10 cm
JY	18 cm	B	8 cm
Y	16 cm	BB	6 cm
YA	14 cm	BE	4 cm
A	12 cm	E	なし

表4－2(3)　号数と身長寸法[11]

号　数	寸　法	号　数	寸　法
2	155 cm	6	175 cm
3	160 cm	7	180 cm
4	165 cm	8	185 cm
5	170 cm	9	190 cm

3）少年用衣料，少女用衣料(L 4002，L 4003)

少年および少女とは，身長の成長が止まっていない乳幼児以外の男子および女子と定義されている。少年用衣料，少女用衣料で共通したサイズ表示である。

服種，フィット性を必要とするかによって体型区分，単数表示，範囲表示が用いられる。フィット性をあまり必要としない衣類のサイズは，範囲表示で示される。基本身体寸法は，身長，胸囲および胴囲である(表4-3(1))。表4-3(2)に少年用衣料，少女用衣料の体型区分を示す。なお，身長サイズの対応は，少年用90～185 cm，少女用90～175 cm である。

表4－3(1)　服種別サイズの表し方(少年・少女)[9),10)]

服種及び着用区分	基本身体寸法及び表示順位
フィット性を必要とするコート類，上衣類	1. 身長　2. 胸囲
フィット性を必要とするズボン類，スカート類	1. 身長　2. 胴囲
上記以外の服種(全身用，上半身用，下半身)	1. 身長　1. 胸囲　1. 胴囲

寸法列記法の表示例

ジャケット サイズ 身　長 120 胸　囲 60
120 A

表4－3(2)　体型区分[9),10)]

体型区分	意　味
A	身長と胸囲または胴囲の出現率が高い，胸囲又は胴囲で示される体型
Y	A 体型より胸囲または胴囲が6 cm 小さい人の体型
B	A 体型より胸囲または胴囲が6 cm 大きい人の体型
E	A 体型より胸囲または胴囲が12 cm 大きい人の体型

4）乳幼児用衣料(L 4001)

乳幼児用衣料のサイズには，身長と体重の基本身体寸法を用いる。体重は身体寸法ではないが，乳幼児の身長は把握しにくく(特に乳児の身長は計測しにくい)，購入時の目安として補足されている。対象となる衣服の品目と表示順位を表4-4(1)に示す。また，下げ札の表示例を示す。呼び方は身長の数値を用いる。サイズ表示は，男児，女児で共通である(表4-4(2))。

表4－4(1)　服種別サイズの表し方(乳幼児)

品　目	基本身体寸法及び表示順位
外衣，セーター，カーディガン類，ブラウス，シャツ類，寝衣類，肌着類，水着類及び繊維製おむつカバー	1. 身長　2. 体重

寸法列記法の表示例

サイズ 身　長　70 体　重　9 kg
70

対応表

表4－4(2)　サイズの種類と呼び方[8)]

サイズの呼び方		50	60	70	80	90	100	75	85	95
基本身体寸法	身長(cm)	50	60	70	80	90	100	75	85	95
	体重(kg)	3	6	9	11	13	16	10	12	14

(2)　海外衣料のサイズ表示と規格

アパレル産業のグローバル化が進み，海外の高級ブランドものから低価格商品まで広く市場に出回り，購入できるようになった。また，情報機器，ネットワーク環境が整備され，個人で海外のインターネットサイトから購入することも容易になった。

国際化する市場にあって，各国の既製衣料の規格は，ISO（国際標準化機構）との整合性を図りながら制定されている。

1）海外衣料の表示

サイズの単位が，cm あるいは inch であるため表示の整合性は複雑であるが，主としてアメリカ（USA）表4-5，ヨーロッパ（EUR）表4-6の統一規格が反映されている[15)]。

表4－5　アメリカの成人女子（標準体型）の衣料サイズ

サイズ		2	4	6	8	10	12	14	16	18	20
バスト	(inch)	32	33	34	35	36	37 1/2	39	40 1/2	42 1/2	44 1/2
	(cm)	(81.3)	(83.8)	(86.4)	(89.0)	(91.4)	(95.2)	(99.1)	(102.9)	(107.9)	(113)
ウエスト	(inch)	24	25	26	27	28	29 1/2	31	32 1/2	34 1/2	36 1/2
	(cm)	(61.0)	(63.5)	(66.0)	(68.5)	(71.1)	(74.9)	(78.7)	(82.6)	(87.6)	(92.7)
ヒップ	(inch)	34 1/2	35 1/2	36 1/2	37 1/2	38 1/2	40	41 1/2	43	45	47
	(cm)	(86.4)	(90.2)	(92.7)	(95.2)	(97，8)	(101.6)	(105.4)	(109.2)	(114.3)	(119.4)
身長	(inch)	63 1/2	64	64 1/2	65	65 1/2	66	66 1/2	67	67 1/2	68
	(cm)	(161.3)	(162.6)	(163.8)	(165.1)	(166.4)	(167.6)	(169.0)	(170.2)	(171.5)	(172.7)

資料：American Society for Testingand Materials: "ASTMD 5585-95 (Reapproved 2001)：Standard Table of Body Measurements for Adult Female Misses Figure Type, Sizes 2-20" (1995)

表4－6　ヨーロッパの成人女子の衣料サイズ[15)]

バスト(cm)	←68	72	76	80	84	88	92	96	100	104	110	116	122	128	134	140→
範囲表示記号	←XXS		XS		S		M		L		XL		XXL		3XL →	
範囲(cm)	66-74		74-82		82-90		90-98		98-106		107-119		119-131		131-143	

出典：British Standard: "BS EN 13402-3: 2004: Size designation of clothes - Part 3: Measurements and htervds" (2004)

2）靴のサイズ表示（S 5037）

靴は既製服とは異なる部門の規格で，一般歩行用の靴のサイズとして規定している。なお，一般歩行用以外の靴についてもこの規格が準用されている。図4-7（1）～（3）に示すように，子供用（11歳以下の男児および女児），男子用，女子用に分けられる。

サイズは，足長と足囲または足長と足幅で表し，足長は寸法23，23.5 cm など5 mm 間隔で，足囲および足幅はE，EE などの記号で表される。それぞれの計測方法は，以下の通りである。

足長：かかとの後端から最も長い足指の先端までの長さ

足囲：第1指と第5指の付け根の周囲寸法

足幅：第1指と第5指の付け根に接する垂線間の水平長さ（下図参照）。

靴のサイズ表示もグローバル化が著しく，なかには数種の寸法表記がなされている。
例として，スポーツシューズ23 cm の各国のサイズ表示を示す。

国　名	USA	UK	EUR	JPN
サイズ表示	6	3.5	36	23

表4－7(1)　靴のサイズ(子ども用)　(単位 mm)

足長		足囲								
cm	mm	B (足囲)	C (足囲)	D (足囲)	E (足囲)	EE (足囲)	EEE (足囲)	EEEE (足囲)	F (足囲)	G (足囲)
$10\frac{1}{2}$	105	98	104	110	116	122	128	134	140	146
11	110	102	108	114	120	126	132	138	144	150
$11\frac{1}{2}$	115	106	112	118	124	130	136	142	148	154
12	120	110	116	122	128	134	140	146	152	158
$12\frac{1}{2}$	125	114	120	126	132	138	144	150	156	162
13	130	118	124	130	136	142	148	154	160	166
$13\frac{1}{2}$	135	122	128	134	140	146	152	158	164	170
14	140	126	132	138	144	150	156	162	168	174
$14\frac{1}{2}$	145	130	136	142	148	154	160	166	172	178
15	150	134	140	146	152	158	164	170	176	182
$15\frac{1}{2}$	155	138	144	150	156	162	168	174	180	188
16	160	142	148	154	160	166	172	178	184	190
$16\frac{1}{2}$	165	146	152	158	164	170	176	182	188	194
17	170	150	156	162	168	174	180	186	192	198
$17\frac{1}{2}$	175	154	160	166	172	178	184	190	196	202
18	180	158	164	170	176	182	188	194	200	206
$18\frac{1}{2}$	185	162	168	174	180	186	192	198	204	210
19	190	166	172	178	184	190	196	202	208	214
$19\frac{1}{2}$	195	170	176	182	188	194	200	206	212	218
20	200	174	180	186	192	198	204	210	216	222
$20\frac{1}{2}$	205	178	184	190	196	202	208	214	220	226
21	210	182	188	194	200	206	212	218	224	230
$21\frac{1}{2}$	215	186	192	198	204	210	216	222	228	234
22	220	190	196	202	208	214	220	226	232	238
$22\frac{1}{2}$	225	194	200	206	212	218	224	230	236	242
23	230	198	204	210	216	222	228	234	240	246
$23\frac{1}{2}$	235	202	208	214	220	226	232	238	244	250
24	240	206	212	218	224	230	236	242	248	254
$24\frac{1}{2}$	245	210	216	222	228	234	240	246	252	258
25	250	214	220	226	232	238	244	250	256	262
$25\frac{1}{2}$	255	218	224	230	236	242	248	254	260	266
26	260	222	228	234	240	246	252	258	264	270

出典：文献14)より筆者作成

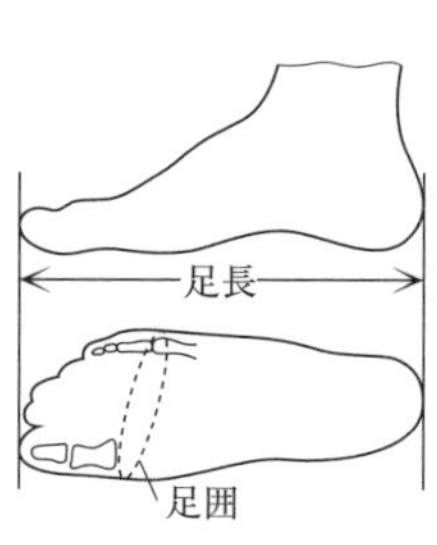

足長と足囲の計測部位

表4－7(2)　男子用(12歳以上の男子)[14]　(単位 mm)

足長		足囲・足幅																			
cm	mm	A		B		C		D		E		EE		EEE		EEEE		F		G	
		(足囲)	足幅	(足囲)	足幅	(足囲)	足幅	(足囲)	足幅	(足囲)	足幅	(足囲)	足幅	(足囲)	足幅	(足囲)	足幅	(足囲)	足幅	(足囲)	足幅
20	200	189	79	195	81	201	83	207	85	213	87	219	89	225	91	231	93	237	96	243	98
$20\frac{1}{2}$	205	192	81	198	83	204	85	210	87	216	89	222	91	228	93	234	95	240	97	246	99
21	210	195	82	201	84	207	86	213	88	219	90	225	92	231	94	237	96	243	98	249	100
$21\frac{1}{2}$	215	198	83	204	85	210	87	216	89	222	91	228	93	234	95	240	97	246	99	252	101
22	220	201	84	207	86	213	88	219	90	225	92	231	94	237	96	243	98	249	100	255	102
$22\frac{1}{2}$	225	204	85	210	87	216	89	222	92	228	94	234	96	240	98	246	100	252	102	258	104
23	230	207	87	213	89	219	91	225	93	231	95	237	97	243	94	249	101	255	103	261	105
$23\frac{1}{2}$	235	210	88	216	90	222	92	228	94	234	96	240	98	246	100	252	102	258	104	264	106
24	240	213	89	219	91	225	93	231	95	237	97	243	99	249	101	255	103	261	105	267	107
$24\frac{1}{2}$	245	216	90	222	92	228	94	234	96	240	98	246	100	252	103	258	105	264	107	270	109
25	250	219	92	225	94	231	96	237	98	243	100	249	102	255	104	261	106	267	108	273	110
$25\frac{1}{2}$	255	222	93	228	95	234	97	240	99	246	101	252	103	258	105	264	107	270	109	276	111
26	260	225	94	231	96	237	98	243	100	249	102	255	104	261	106	267	108	273	110	279	112
$26\frac{1}{2}$	265	228	95	234	97	240	99	246	101	252	103	258	105	264	107	270	109	276	111	282	114
27	270	231	96	237	99	243	101	249	103	255	105	261	107	267	109	273	111	279	113	285	115
$27\frac{1}{2}$	275	234	98	240	100	246	102	252	104	258	106	264	108	270	110	276	112	282	114	288	116
28	280	237	99	243	101	249	103	255	105	261	107	267	109	273	111	279	113	285	115	291	117
$28\frac{1}{2}$	285	240	100	246	102	252	104	258	106	264	108	270	110	276	112	282	114	288	116	294	118
29	290	243	101	249	103	255	105	261	107	267	110	273	112	279	114	285	116	291	118	297	120
$29\frac{1}{2}$	295	246	103	252	105	258	107	264	109	270	111	276	113	282	115	288	117	294	119	300	121
30	300	249	104	255	106	261	108	267	110	273	112	279	114	285	116	291	118	297	170	303	122

表4－7（3）　女子用（12歳以上の女子）[14]　（単位 mm）

足長		足囲・足幅																	
cm	mm	A		B		C		D		E		EE		EEE		EEEE		F	
		（足囲）	足幅	（足囲）	足幅	（足囲）	足幅	（足囲）	足幅	（足囲）	足幅	（足囲）	足幅	（足囲）	足幅	（足囲）	足幅	（足囲）	足幅
$19\frac{1}{2}$	195	183	76	189	78	195	81	201	83	207	85	213	87	219	89	225	91	231	93
20	200	186	78	192	80	198	82	204	84	210	86	216	88	222	90	228	92	234	94
$20\frac{1}{2}$	205	189	79	195	81	201	83	207	85	213	87	219	89	225	91	231	93	237	96
21	210	192	80	198	82	204	84	210	86	216	88	222	91	228	93	234	95	240	97
$21\frac{1}{2}$	215	195	81	201	83	207	86	213	88	219	90	225	92	231	94	237	96	243	98
22	220	198	83	204	85	210	87	216	89	222	91	228	93	234	95	240	97	246	99
$22\frac{1}{2}$	225	201	84	207	86	213	88	219	90	225	92	231	94	237	96	243	99	249	101
23	230	204	85	210	87	216	89	222	91	228	94	234	96	240	98	246	100	252	102
$23\frac{1}{2}$	235	207	86	213	89	219	91	225	93	231	95	237	97	243	99	249	101	255	103
24	240	210	88	216	90	222	92	228	94	234	96	240	98	246	100	252	102	258	104
$24\frac{1}{2}$	245	213	89	219	91	225	93	231	95	237	97	243	99	249	101	255	104	261	106
25	250	216	90	222	92	228	94	234	96	240	99	246	101	252	103	258	105	264	107
$25\frac{1}{2}$	255	219	91	225	94	231	96	237	98	243	100	249	102	255	104	261	106	267	108
26	260	222	93	228	95	234	97	241	99	246	101	252	103	258	105	264	107	270	109
$26\frac{1}{2}$	265	225	94	231	96	237	98	243	100	249	102	255	104	261	107	267	109	273	111
27	270	228	95	234	97	240	99	246	102	252	104	258	106	264	108	270	110	276	112

コラム2　サイズ体系の確立

昭和30年代の婦人服を大ざっぱにみると，当時のアメリカの百貨店では90%が既製服であるのに対し，日本ではまだ既製服が30%，イージーオーダー*が60%，オーダーが10%という状況であった。よい服をリーズナブルな価格で顧客に提供するためには，既製服をもっと充実させなくてはならない，と考えた伊勢丹は，既製服化に向けて衣服革新へのチャレンジを開始した。

32年に商品部内に設けられた服飾研究室は，サイズの研究を積み重ね，日本人女性の平均サイズを割り出し，標準パターンを定めた。

33年暮れには，この成果を伊勢丹のオリジナルサイズによる「100万人の既製服」として発表した。

39年3月，ついに5・7・9・11号という婦人服サイズの号数体系ができた。伊勢丹は商品化のために熱心に，精力的に業界の協力を求め続けた。また百貨店業界の働きかけも強力に行い，既製服化の未来を説き，統一的な精密なサイズ体系の必要性を主張した。高島屋，西武百貨店が伊勢丹のこの考えに同調し，38年にはアパレルメーカーおよび百貨店業界に協力者，共同推進者を得て，「婦人服サイズを，5・7・9・11・13・15号に統一する。」との記者発表を行った。

*イージーオーダー：あらかじめ用意されたスタイルや生地の中から好みのものを選び，細部のデザインを指定して，自分のサイズに合った服を作るシステム。

出典：創業100周年記念事業社史編纂実行委員会編：「新世紀への翔き：伊勢丹100年のあゆみ」（1986）
「朝日新聞　昭和39年3月10日付　広告」
吉村誠一著：「ファッション大辞典」繊研新聞社（2011）

3. 着装とライフステージ

人は生まれるとすぐに産着を着せられてから，生を終えるまで何らかの形で衣服を身に着けて生活している[16)]。衣生活においても例えば，乳児期，児童期，青年期，成人期，高齢期のように，それぞれのライフステージ*7に応じた衣服選択，着装が必要である。

(1)　衣服とTPO

衣服を選択するとき，着装時の着心地を考える。この着心地を高める要因には生理的・機能的要因だけでなく，社会的・心理的要因があげられる。生理的・機能的要因にはサイズとの適合性，素材の適合性があり，また社会的・心理的要因には環境適合性，デザイン適合性，視覚適合性などが含まれる[17)]。TPO (Time Place Occasion)に適した衣服の選択が，環境適合性に当たる。しかし近年，このTPOの概念に，「誰と」というPersonの視点を加えたTPPOという考え方が浸透してきている[18)]。すなわち，着心地を満足させる要素として，自己評価だけでなくTPOという場面に存在する他者(相手)による視覚適合性も重要であり，他者(相手)の視覚適合性評価を高めることが着装者(自己)の着心地も高めることにつながる。

着装時の視覚的適合性の判断基準となるのが，衣服の色・柄，素材による質感，シルエット，ギャザー，フリルなど構成技法によるデザインである。なかでも全体的な特徴を表現しているシルエット*8が印象形成に及ぼす影響は大きい。女性用衣服のスタイル画とそのシルエットの分類を図4-6に示す[19)]。女性用衣服は服種も多く，また上衣と下衣の組み合わせによって多くのシルエットができる。着装者の体形によってもシルエットは変化するため，体形や着装者が表現したいイメージに適したシルエットの衣服を選択することが望ましい。

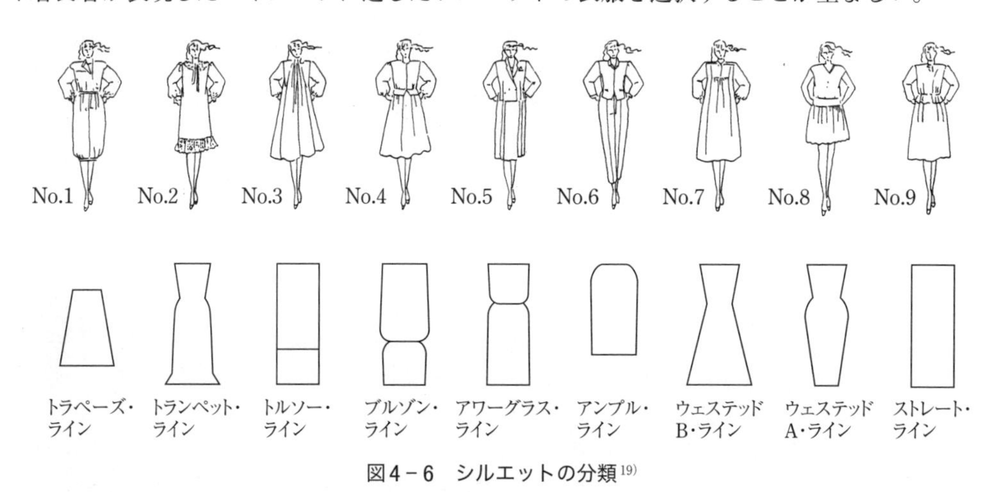

図4－6　シルエットの分類[19)]

(2)　衣服の配色

2色以上の色を組み合わせることを配色という。衣服のコーディネイト(着まわし)を考える

*7　ライフステージ(life stage)：人間の一生において節目となるいくつかの段階。さらには，入学，卒業，就職などの出来事によって区分される生活環境をいう。

*8　シルエット(仏語：silhouette)：着装時の衣服の輪郭線。衣服そのもののデザインをいうこともある。

上で配色効果を理解しておくことは重要である。ここでは配色の方法として，色相をもとにした配色とトーン*9をもとにした配色例をあげる。いずれも色相環を使った対比である。

❶ 色相をもとにした配色

・同一色相：同じ色を組み合わせる

・類似色相：色相が似ている色を組み合わせる

・対象色相：色相が対立している色を組み合わせる

❷ トーン*10をもとにした配色

衣服には，無地，柄(プリント柄，織柄)など多くの色が使われている。多色の組み合わせとして，トーンをもとにした配色例を示す。

・同一トーン：同じトーンの色同士を組み合わせる

・類似トーン：隣接したトーン同士を組み合わせる

・対象トーン：離れた位置のトーン同士を組み合わせる

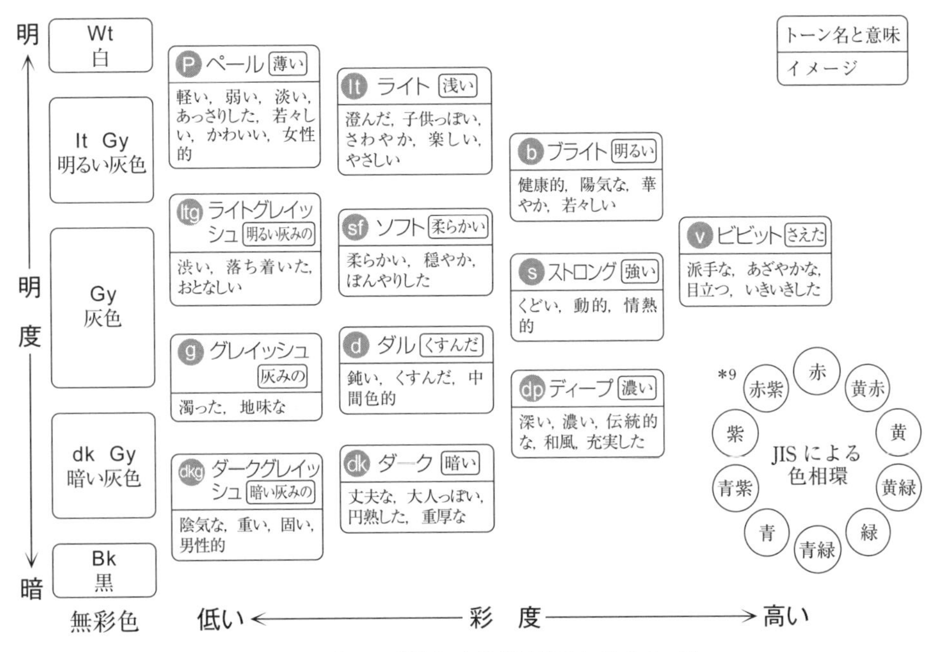

図4－7　トーン分類による位置関係と各イメージ

出典：文献20)，21)より筆者作成

(3) エージング*11と着装

加齢とともに体型の変化が表れる。形態や身体寸法上の男女差は乳幼児期からみられ，幼児期にはさらに差が大きくなるが，この時期には衣服において男児，女児に分けるほどの大差はみられない。その後，成長と共に性差が大きくなる。図4-8は，各ライフステージでの身体の

*10　トーン(tone)：明度と彩度を組み合わせた色の調子をいい，色の持つ印象をトーンによって分類したもの。例えば，同じ色相の色でも，白を混ぜると明るく，灰色や黒い色を混ぜると暗くなるように，明るい，暗い，強い，薄い，濃いなど，さまざまな調子の色を系統だてて示すこと。

*11　エージング(Aging 加齢)：この世に生まれ，死に至るまでの形態や機能の変化。着装時の衣服の輪郭線。衣服そのもののデザインをいうこともある。

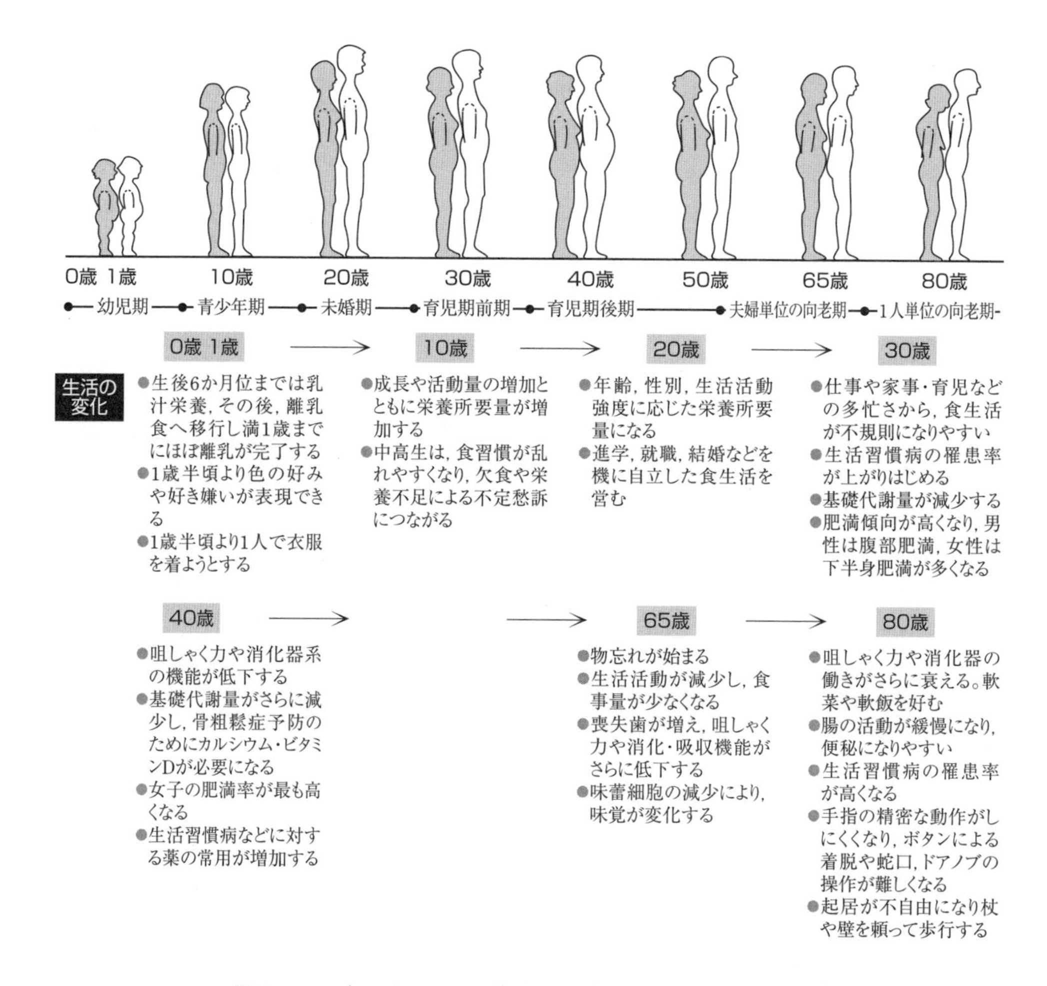

図4－8　各ライフステージにおける身体の変化と生活の変化[22]

変化と生活の変化を示している[22]。

①　乳幼児期の体形の変化と着衣　乳幼児期は，成人とは異なる子ども特有の体形をしている[23]。図4-9のように，出生時から成人に至るまでプロポーションは大きく変化する。出生時の頭高は身長の1/4であるが，成長するにつれて頭高比率は小さくなる。健康的で安全な乳幼児服の条件には，素材と副資材，デザインから考える必要がある。表4-8にその条件を示す[19]。

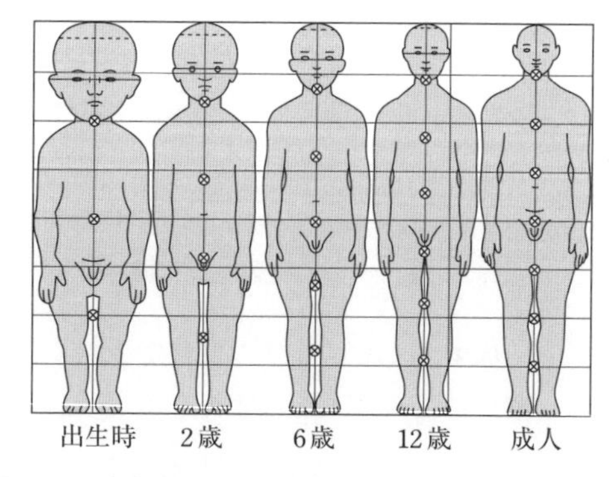

図4－9　出生時から成人までの頭身プロポーション[23]

乳児期の衣服は，子どもの身体の動きを妨げない，かつ保護者が着脱させやすい前開きで身幅がひろく，ゆとりのあるものが望ましい。また皮膚を刺激しない素材や縫製のものを選ぶようにする。

幼児期になると，自我が芽生え，独りで衣服の着脱を行ったり，たたんだりしようとする。自立する習慣を習得する機会として，衣生活においてこれらの行為の学習をすることは重要で

表4－8　健康的で安全な乳幼児服の条件[19)]

衣服	1. 自由な活動を妨げない •サイズが合っていること •装飾や付属品のすくないシンプルなデザイン •体を締めつけたり，圧迫したりしない 2. 着脱がしやすい •単純な衣服構造のもの •上下に分かれた前開きのもの •開閉具，留め具は使いなれたものが手の届きやすい，邪魔にならない位置についている 3. 体温調節がしやすい •組み合わせ自由な重ね着式 •そでなし胴着，ベストなど	衣服素材	4. 肌着類は吸湿，放熱性がよい中衣，外衣は通気性のよいもの 5. 軽くて伸縮性がある 6. 丈夫で，洗濯に耐え得る •汚れが目立ち，色落ちしない 7. 肌を刺激しない •生地表面が滑らか •安全な留め具，装飾品を使用 •有害な染料，加工処理剤，洗剤などが付着していない 8. 帯電怪が弱い 9. 難燃性である （現在，子ども用寝衣は燃焼性の品質規制対象とする国が増えた）

ある。

② **高齢期の体形の変化と着衣**　図4-8に示すように，高齢期の体形は成人期に比べて加齢とともに頸部が前傾し，顎が出て，肩が前に向き，背中が丸くなる。そのため，既製服の上衣の衿が，頸部から肩部にかけて合わなくなることもある。また腹部の突出，股関節や膝関節が曲がり，筋肉のハリもなくなるため，下衣もフィットしなくなる場合もある。さらには皮膚の弾性も減退し，しわが増え，皮膚感覚も鈍化し，暑さ，寒さなどに対する気候調節も難しくなる。握力も低下，手指の巧緻性が低下するため，ボタンや留め具などの工夫も必要になる。しかしこのような諸機能の低下があっても自分で衣服を着脱し，自分らしさを表現した着装を行うことで，精神的な満足が得られ，生活の刺激を得ることもできる。この時期の衣生活においては，個々の身体的な変化を受け入れ，その変化に適応した衣生活の営みを行うことが望ましい。

(4)　ユニバーサルデザインと衣服

1）　ユニバーサルデザインの衣服

ユニバーサルデザイン（Universal Design：UD）とは，アメリカのロナルド・メイス氏が提唱した「年齢や身体能力などに関わりなく，すべての生活者に対して適合するデザイン」をいう。この考え方をファッションに適用し，年齢，体型，障害，性別，国籍などに関わらず誰もが豊

コラム3　子どもの安全性に関する指針

子どもが生活を営むうえで関わる製品の設計・開発においては，次のような規格が規定されている。子ども，保護者ともに安心して衣生活が営める環境整備は重要である。

● 子どもの安全性：設計・開発のための一般原則（JIS Z 8150：2017）
子どもが死亡または重傷を負う可能性を，最小限に抑えることができるよう，製品を設計・開発するための一般原則として規定されている。

● 子ども用衣料の安全性：子ども用衣料に付属するひもの要求事項（JIS L 4129：2015）

● 子ども用衣料の安全性：子ども用衣料に付属するひもの安全性に関する手引（TS L 4128：2018）

● 安全側面：規格及びその他の仕様書における 子どもの安全の指針（JIS Z 8050：2016）

かなファッションを楽しめる社会を創ることを目指すことを理念とし,「ユニバーサルファッション」として,ファッション業界が協同して推進する活動が行われている[24]。

2）更衣動作の支援

出生時には保護者などにより援助をしてもらって更衣するが,発達・成長の段階を経て自立して更衣動作が行えるようになる。幼児期には,前開きのボタンのついたシャツやカーディガンを自分で着脱することによって,手指の巧緻性が鍛えられる。また,かぶるタイプのTシャツも前身頃と後身頃を理解して着る方法を習得することで,自立心を育むことにもなる。

高齢期になると,体形・姿勢による変化だけでなく視力,聴力,敏捷性にも変化がみられることから,日常生活動作のレベルに個人差が生じ,更衣動作においても支援や介護が必要となる。このようにライフステージに応じて,必要とされる衣生活の支援の内容は変化する。

高齢者の衣料品に関する配慮すべき事項として,衣服設計の視点から高齢者配慮設計指針がJISによって示されている[25]。加齢による体型の変化,運動機能の低下,感覚機能の低下,生理機能の低下,注意力の低下を補完するために以下の5項目が製品作りに反映されることが必要である。

① 体型の変化に対応したデザインおよび寸法
② 運動機能の低下に配慮した着用性
③ 安全性,衛生性及び取扱いに配慮した材料の使用
④ 行動意識および交通安全への配慮事項
⑤ 表示のわかりやすさ

特に高齢者が夜間や雨天時に着装する外衣においては,周囲の人にもその存在がわかりやすい視認性の高い明るい色,反射材を使用するといった配慮も必要である。

年齢を重ねても,自分の好きな衣服を自分らしく着装することは,情動の活性化にもなり,生活の質(Quality of Life：QOL)を向上させることにもつながる。高齢社会を迎えた現在,快適な衣生活の営みを通じて,生活の質の向上を実現することが望まれる。

コラム 4　ユニバーサルファッションとパーソナルファッション

不特定多数の人が着用する衣服設計において,できるだけ多くの人が公平に着用しやすい衣服を目指すことは重要である。しかし衣服は多様な人体形状,嗜好の人間が着用することから,一人ひとりの状況に適応することが望ましく,個別に設計することも必要である。特に身体に障害があったり,疾病などによって更衣動作を自立して行うことができない状況においては,個々のニーズに応じた衣生活支援が必要である。

このような支援に対する取り組みとしては,衣生活に関する研究を行っている人たちが連携し,教育研究機関や学会を拠点に情報発信する場もみられる。

例：平成29年度日本衣服学会,公開講演会,平成29年12月16日開催
「ファッションサポーターに求められるもの　－支援の心構えと視点を知る－」

〈参考文献〉

1) 繊研新聞社：「繊維・ファッションビジネスの60年」p. 103～109（2009）
2) 日本衣料管理協会：「改訂　衣生活のための消費科学」p. 75～79（2018）
3) 谷田貝麻美子・間瀬清美編著「衣生活の科学―健康的な衣の環境をめざして―」p. 185～188，アイ・ケイコーポレーション（2006）
4) 日本衣料管理協会：「衣生活のための消費化学」p. 88，92
5) 吉村誠一：「ファッション大辞典」繊研新聞社（2011）
6) 文化服装学院編：「文化ファッション大系服飾造形講座①服飾造形の基礎」p. 28～29（2009）
7) 祖父江茂登子他：「基礎被服構成学」p. 217～223，建帛社（2005）
8) 日本規格協会：JIS L 4001　乳幼児用衣料のサイズ（1998）
9) 日本規格協会：JIS L 4002　少年用衣料のサイズ（1997）
10) 日本規格協会：JIS L 4003　少女用衣料のサイズ（1997）
11) 日本規格協会：JIS L 4004　成人男子用衣料のサイズ（2001）
12) 日本規格協会：JIS L 4005　成人女子用衣料のサイズ（2001）
13) 日本規格協会：JIS L 4006　ファンデーションのサイズ（1998）
14) 日本規格協会：JIS S 5037　靴のサイズ（1998）
15) 岡田宣子編著：「ビジュアル衣生活論」p. 110，建帛社（2010）
16) 松山容子編著：「衣服製作の科学」p. 7～11，建帛社（2005）
17) 増田智恵編著：「ファッショナブル衣生活」p. 28～29，三重大学出版会（2014）
18) 「BAILA　1月号」オンライン版，集英社（2016）
19) 小林茂雄他：「改訂衣生活論　装いを科学する」p. 54～55，アイ・ケイコーポレーション（2008）
20) 日本規格協会：JIS 2 8102 物体色の色名（2001）
21) 日本色研事業（株）：「カラー＆ライフ」（2009）
22) 中川英子編著：「介護福祉のための家政学」viii - ix，p. 122，建帛社（2004）
23) 岡野雅子他：「新保育学」p. 88～92，南山堂（2008）
24) 特定非営利活動法人　ユニバーサルファッション協会　https://www.unifa.jp（2018年4月確認）
25) 日本規格協会：JIS S 0023（2002）高齢者配慮設計指針―衣料品

5章　衣服の機能と快適性

衣服には対自然環境的役割と対社会環境的役割がある。この章では，対自然環境的役割の一つである保健衛生上の役割について概説する。衣服による保健衛生上の役割としては，①体温調節，②皮膚の清潔，③身体活動への適応，④身体防護が挙げられる。ヒトの体温調節の仕組み，暑さ・寒さに対応するための衣服のあり方，衣服と快適性など，さまざまな機能をもった衣服について学ぶ。

1. 体温調節の仕組み

(1)　熱産生と熱放散

ヒトは恒温動物で，体温(中核温)は，37℃近辺に保たれる。一定の温度範囲になるように熱産生と熱放散を調整することを体温調節という[1]。熱産生量が熱放散量よりも上回る場合には体温は上昇し，熱産生量よりも熱放散量が上回る場合には体温は低下する(図5-1)。熱産生は主として自分自身の代謝活動によって生じる熱を利用して体温を維持すること，熱放散は体外に熱を放散することによって体温を維持することである。

熱産生は主に食物の摂取によって生じるため，化学的調節ということもある。おおよそ炭水化物4 kcal/g，たんぱく質4kcal/g，脂肪9kcal/gの熱産生量である[2]。化学的調節に対し，伝導，対流，放射といった物理的調節による熱の流入もあるが，これは環境温が体温よりも高い場合に限定され，負の熱放散として処理する。

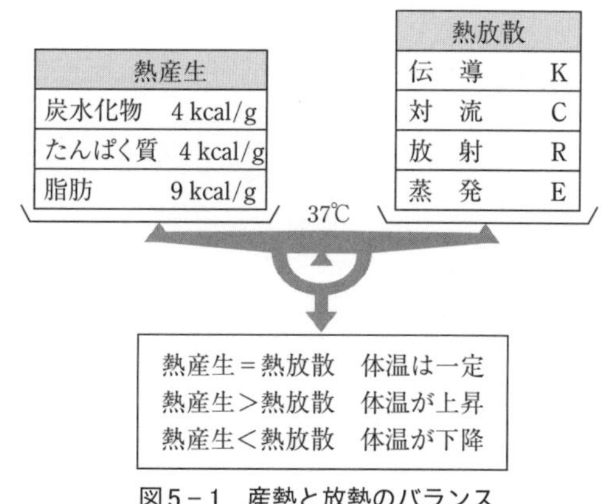

図5－1　産熱と放熱のバランス

熱放散には伝導，対流，放射による乾性熱放散と蒸発による湿性熱放散がある。熱エネルギーは，常に高いほうから低いほうに流れるので，伝導，対流，放射による体熱放散は，環境温が皮膚温よりも高い場合には起こらない。

1)　乾性熱放散

❶ 伝導(Conduction：K)　物質を介して熱が移動する現象である。金属では自由電子が熱を，繊維では分子の振動によって熱を，気体では分子の衝突や拡散によって熱をそれぞれ運搬するため，熱の伝えやすさの指標である熱伝導率は大きく異なる[3]。

教室に入り，誰も座っていない椅子の金属部分を触ったときと，布製の座面部分を触ったときでは，冷たさが異なって感じられる。これは，金属と布帛の熱伝導率が異なるためである。

冬季のホットカーペット，湯たんぽなど，接触によって暖をとる場合の熱の伝わり方は伝導である。

❷ 対流（Convection：C）　固体とその固体に接触する流体の移動によって熱を伝える現象である[3]。鍋でお湯を沸かす過程を考える。火にかけた鍋の底の部分の水が伝導によって温まり，膨張し軽くなりその水が鍋の上部に上がってくると，その部分に膨張していない重い低温の水が入り込み，伝導によって温まり膨張して軽くなり，また鍋の上部に上がる，という工程を繰り返す。これらの現象は重力の作用によって自然に起こるために，自然対流という。これに対して，おたまで鍋を混ぜて流体を移動させる場合を強制対流という。ヒトでは，皮膚とその皮膚に接触する空気や水が流体として移動する場合と，身体内部での血流量（身体を血液が流れる量）の大小によって移動する場合の両方が対流による熱放散として体温調節に寄与する。エアコンからの温風によって身体を温める方法が対流である。夏季の扇風機を使用して涼感を得ることも対流による熱放散の方法である。

❸ 放射（Radiation：R）　電磁波によって熱を伝える現象である。あらゆる物質はその温度に応じた電磁波を放出しているが，その電磁波による放射エネルギーは，主に0.78 μm 以上の赤外領域にあり，赤外線によって熱を伝えている[3]。この放射エネルギーはその物体や物体の表面の形状によって異なる。その物体と黒体（入射した光を完全に吸収する理想的な物体）との放射エネルギーの比率を放射率という。ヒトの皮膚の放射率は0.98～0.99とされている。また，放射による熱放散の量は，体表面積や姿勢によっても異なる。冬季の暖房であれば，こたつ，ストーブに手をかざして暖をとるなどが放射による熱移動の例である。

2）　湿性熱放散

❶ 蒸発（Evaporation：E）　主として気温が皮膚温よりも高い場合の熱放散の方法である。ヒトの蒸発による熱放散の方法としては，発汗と不感蒸泄がある[4]。不感蒸泄（insensible perspiration）には，表皮の水分が蒸発する皮膚からのものと呼吸気道からのものがある。1 g の液体水が蒸発して気体（水蒸気）になるときには，0.58 kcal（0.67W・時）の熱が必要であり，この蒸発熱を皮膚表面あるいは衣服表面から奪うことによって人体から放熱させようとする。したがって，発汗しても，その汗が滴り落ちる，タオルでぬぐってしまうなどして，その汗が蒸発されない場合には，熱放散の意味をなさない。ただし，かいた汗が蒸発されずに汗腺上でとどまっていると，これ以上汗腺から汗を拍出させない発汗漸減（Hidromeiosis：はっかんぜんげん）が起こってしまうため，皮膚表面の汗をぬぐうことには意味がある。

具体的なヒトの体温調節反応については，(3)自律性体温調節反応と行動性体温調節反応の項で解説する。

(2)　ネガティブフィードバックとフィードフォワード

熱産生と熱放散のバランスをとるために人体が反応することを体温調節反応というが，その反応経路にはネガティブフィードバック（負帰還）とフィードフォワード（予測制御）の2種類があることが知られている[5]。

ネガティブフィードバックは，身体の核心部の温度がある一定の値から変化したときに，それを打ち消し，もとの値に戻すような作用を行う機構を指す。例えば，運動による熱産生により体温が一定範囲内を超えそうになると蒸発による熱放散により体温を低下させて一定範囲内に維持しようとする働きである。ネガティブフィードバックは，変化が起こって初めて稼働する反応であるから時間的な遅れが生じる。

これに対して，フィードフォワードとは，このままだと一定範囲を超えてしまうかもしれないから，事前に対応しようとする反応経路のことである。具体的には，空調のよく効いた室内から外に出て35℃の暑熱環境に曝されるとあっという間に汗が噴き出してくるのは，このままだと核心部の温度が上昇することが予測できるから対処のために発汗して蒸発による熱放散を促そうとするフィードフォワード機構によるものである。ネガティブフィードバックは脳や腹部，骨などにある深部温度受容器からの信号が視索前野に送られることによって体温調節反応が起こり，フィードフォワードは皮膚温度受容器からの信号が視索前野に送られることによって体温調節反応が起こる。図5-2にネガティブフィードバックとフィードフォワードの機構を示す。

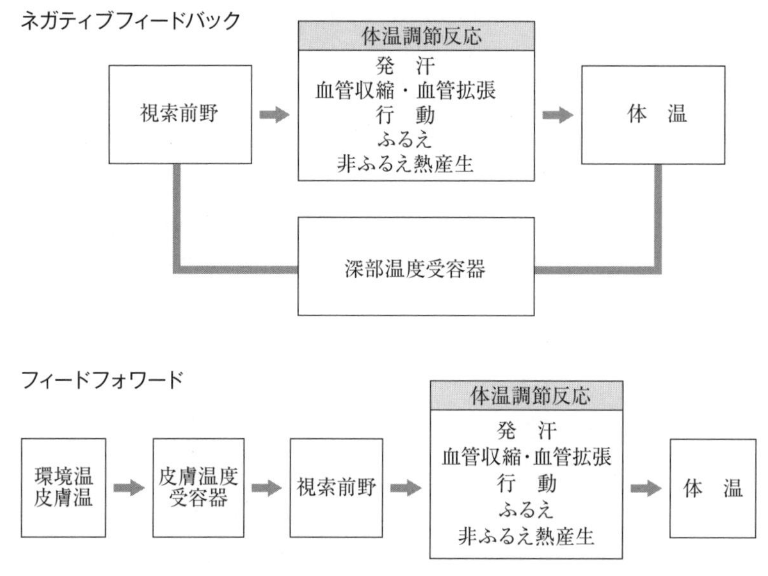

図5－2　ネガティブフィードバックとフィードフォワード[5)]

(3)　自律性体温調節反応と行動性体温調節反応

体温調節反応のなかで，自分の意思では反応を制御できない調節系のことを自律性体温調節反応(autonommous thermoregulation)といい，自分の意思で行う調節系のことを行動性体温調節反応(behavioral thermoregulation)という。表5-1に自律性体温調節反応と行動性体温調節反応を示す。自律性体温調節反応は，蒸発によって熱放散を促す蒸発調節域，血管を拡張または収縮させることによって血流量を調整し，対流・伝導による熱放散量を調節する血管調節域，熱放散を生じにくくする寒冷域に分けることができる。蒸発調節域では発汗と不感蒸泄によって蒸発による体温調節をする。血管調節域では，熱放散を増加させるために心臓から送り出される血液量を血管拡張させることによって増加させる。手足のような末端に流れる血流量を増やし，手足の皮膚温が高くなることにより環境温との差を広げて対流・伝導・放射による熱放散を促進させる。または血管収縮によって心臓から送り出される血液の量を減少させる。手足のような末端に流れる血流量を減少させ，手足の皮膚温を低くすることにより環境温との差を小さくして，対流・伝導・放射による熱放散を減少させる。寒冷域では，立毛によって身体の体表面積を小さくすることにより放射による熱放散を少なくさせ，筋肉の運動による，ふるえを起こして熱産生を促す。また非ふるえ熱産生は褐色脂肪組織の代謝による熱産生である。これらは，いずれの反応も意思とは関連なく起こる反応である。

行動性体温調節反応とは，日向・日陰に移動するといったような意思をもって体温調節しようとする反応のことを指す。日向に移動することは，寒さに対応するために放射によるエネルギーを外環境から受けようとするものである。身を寄せ合うことは体表面積を小さくして放射による熱放散を減少させる効果があり，運動をすることは熱産生量を多くすることである。温かい食物の摂取は体内での対流・伝導による負の熱放散につながり，冷たい食物の摂取は体内の対流・伝導による熱放散につながる。これらの行動性体温調節反応のうち，衣服の湿潤や着衣，脱衣はヒトのみが行う行動性体温調節反応である。衣服は，寒冷域での立毛，ふるえ，非ふるえ熱産生といった自律性体温調節反応を起こさないようにするものであり，血管調節域のみで体温調節できる生活圏を広げるために役立っているといえよう。

表5－1　自律性体温調節反応と行動性体温調節反応

<table>
<tr><th>調節域</th><th>自律性体温調節反応</th><th>物理的調節</th><th>行動性体温調節反応</th><th>物理的調節</th></tr>
<tr><td>蒸発調節域</td><td>発　汗
不感蒸泄
血管拡張</td><td>蒸　発
蒸　発
対流・伝導・放射</td><td rowspan="2">日陰に移動する
皮膚・衣服の湿潤
冷たい食物摂取
脱　衣</td><td rowspan="2">放　射
蒸　発
伝導・対流
伝導・対流・放射</td></tr>
<tr><td rowspan="2">血管調節域</td><td>血管拡張</td><td>対流・伝導・放射</td></tr>
<tr><td>血管収縮</td><td>対流・伝導・放射</td><td>日向に移動する</td><td>放　射</td></tr>
<tr><td>寒冷域</td><td>血管収縮
立　毛
非ふるえ熱産生
ふるえ</td><td>対流・伝導・放射
放　射
熱産生
熱産生</td><td>身を寄せ合う
運動をする
温かい食物摂理
着　衣</td><td>放　射
熱産生
伝導・対流
伝導・対流・放射</td></tr>
</table>

2. 体温調節反応と衣服

(1)　寒冷時の生理反応と衣服

寒冷時に温かく衣服を着用するためのコツは，身体の近くに動かない空気をまとうことである。表5-2に各種物質の熱伝導率を示す[6]。熱伝導率は，数字が大きければ温まりやすく冷めやすいことを示し，数字が小さければ温まりにくいが冷めにくいことを示す。空気を1とすると水は空気の約25倍の熱伝導率をもつ。沸騰した薬缶からお湯を注ぐときに，持ち手に乾いた布巾と濡れた布巾を巻く場合を想定すると，濡れた布巾を巻いたほうが冷たいように思えるが，濡れた布巾をもったときに冷たいと感じるのは，水を含んだ布巾の熱伝導率が乾いた布巾よりも大きいために皮膚の熱が濡れた布巾にすぐに伝わるためである。同様の伝導現象として沸騰したお湯が入った薬缶の持ち手の熱もすぐ濡れた布巾に伝わるから，沸騰した薬缶からお湯を注ぐときには，乾いた布巾で持ち手をもったほうが熱伝導率が小さいために，熱さが伝わりにくい。

表5-2に示すように，空気を含まない状態で測定した絹，哺乳動物の毛，木綿の熱伝導率は，木綿では水とほぼ変わらない熱伝導率であり，哺乳動物の毛でさえも空気の約8.5倍，熱が伝わりやすいことがわかる。しかし，やわらかいわた状にして熱伝導率を測定すると，絹わた，木綿わた，羽毛の熱伝導率は空気と同様の低い熱伝導率であり，わた状にして空気を含ま

表5－2　各種物質の熱伝導率[6)]

媒　体	cal/cm・sec・℃	状　態	比　重	空気を1としたときの熱伝導率比
空　気	0.000056		0.0013	1.00
水	0.001400		1.0000	25.00
絹	0.000887	空気を含まない		15.84
哺乳動物の毛	0.000479	空気を含まない		8.55
木　棉	0.001420	空気を含まない		25.36
絹わた	0.000064	やわらかいわた状	0.0380	1.14
羽　毛	0.000057	やわらかいわた状	0.0380	1.02
木綿わた	0.000061	やわらかいわた状	0.0380	1.09
毛フランネル	0.000065	織　物	0.1650	1.16
毛シャツ地	0.000068	織　物	0.1760	1.21
毛冬服地	0.000073	織　物	0.2390	1.31
絹シャツ地	0.000092	織　物	0.2190	1.64
綿シャツ地	0.000102	織　物	0.1990	1.82
麻シャツ地	0.000118	織　物	0.3020	2.11

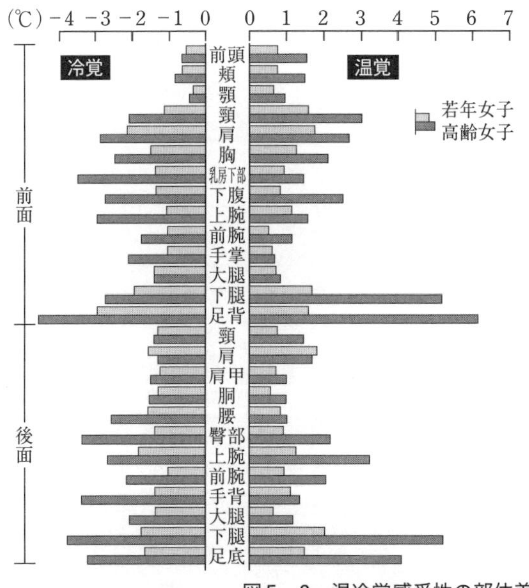

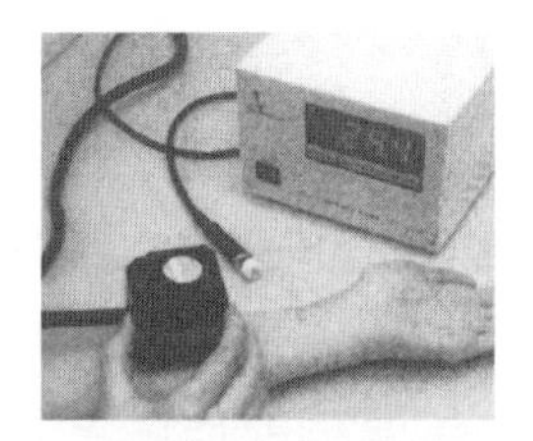

プローブの温度を皮膚温レベルから，ゆっくり上昇または下降させ，音覚または冷覚を感じたときにスイッチを押させる。その際の上昇または下降温度を温覚または冷覚**閾値**という。

図5－3　温冷覚感受性の部位差[7)]

せることにより，温まりにくいが冷めにくい状態となっていることがわかる。つまり衣服を着ることは，空気を着ると同じであると考えられる。

具体的な着用方法としては，熱は高いところから低いところに流れるため，熱伝導率の低い空気は身体になるべく近いところに保持されるべきである。したがって，温かく着るためには外衣に空気を多く含むものを着用するよりも内衣に空気を多く含むものを着用したほうがよい。また，衣服と皮膚の間，衣服と衣服の間にある空気が温まると軽くなって上昇するが，襟元をあけると温かい空気が抜けていくため，開口部は詰まったものにしなければならない。

また，ヒトの皮膚には皮膚温が上昇すると放電の頻度があがる温受容器と，皮膚温が低下すると放電の頻度が下がる冷受容器が存在し，これらの受容器に対応する皮膚表面には温点と冷点が分布する。温点・冷点の分布密度は身体部位によって異なることがわかっている。いずれの部位でも温点と冷点では冷点の分布密度が高く，下肢の冷点の分布密度が身体の他の部位と比較して低いことがわかっている。頸の後面は冷点が多く分布しており寒さを感じやすい部位である。これらが寒いときには三くび(首，手首，足首)を温めろといわれる所以である。

温覚，冷覚とは，皮膚に温度刺激が与えられたときに引き起こされる「温かい」，「冷たい」といった感覚をいう。図5-3は温冷覚の閾値を若年女子と高齢女子で比較したものである。ここでいう閾値(いきち：threshold)とは，皮膚感覚閾値メータを用いて，測定部位の皮膚との接触部の温度を皮膚温からゆっくりと上昇させたときに温かさを感じたところでスィッチを押させるが，そのときの上昇温度(温覚閾値)を指す。下降させて冷たさを感じてスィッチを押したときの下降温度は冷覚閾値である。高齢女子の足背では，温覚閾値が6℃，冷覚閾値が-4℃と温度変化が大きくならないと温かい，冷たいと認識されず，加齢に伴って感受性が鈍化していることがわかる。一方，顎，前頭などでは温覚閾値，冷覚閾値ともに加齢による鈍化はほとんど見られず，感受性が鋭敏な部位であることがわかる。

一方，皮膚を露出すれば放射による熱放散により放熱が促進されるから，衣服によって被覆される面積が多いほうが放熱を防ぐことができるが，身体のどの部位を被覆するかによって放熱は異なる。図5-4に被覆面積と熱抵抗(衣服の保温性)との関係を示す。図の縦軸はclo値を示し，値が大きければ熱抵抗値が高いことを示す。横軸は被覆面積(%)を示し，全身が衣服によってどの程度覆われているかを示す。図のそれぞれの●の近くに人のモデルが描かれているが，モデルの黒で塗りつぶされた部分が衣服によって被覆されている部分である。熱抵抗値(y)と被覆面積(x)を回帰直線で表すと，$y = 0.014x - 0.14$となり，身体を被覆する面積が多くなれば衣服の熱抵抗値は大きくなり，被覆面積と衣服の熱抵抗値は比例する。しかし，同程度の被覆面積であっても保温性が大きい着用方法と保温性が低くなる着用方法があることをこの図は示している。回帰直線よりも左上にあれば保温性が高い着用法，回帰直線よりも右下にあれば保温性が低い着用法である。保温性が高い着用方法は手や上腕・前腕を覆うことである。上腕や前腕，手などは，体積に比べて体表面積が大きい部位である。伝導，対流，放射のいずれの場合でも表面積が大きければ熱移動量は大きくなることから，体積に比して表面積が大きいこれらの部位を覆うことは熱放散量を制御するために有効である。

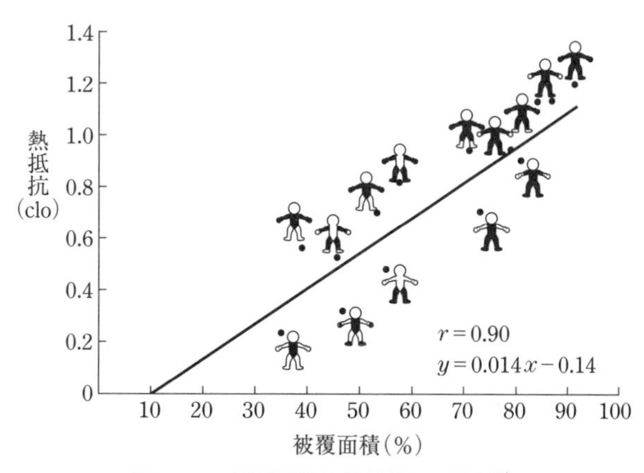

図5－4　被覆面積と熱抵抗との関係[7)]

図5-3によると肩や下腿，足背，上腕後面などは若年者でも冷覚閾値が負に大な部位であるため，これらの部位を露出しても冷たさを感じにくいと思われるが，図5-4からは体幹部のみを被覆した着用方法は熱抵抗が低いことがわかる。このように冷たく感じないから身体が保温されているというわけではなく，冷たさ，暖かさの感覚と実際の衣服の熱抵抗値とは必ずしも一致しない。ノースリーブのタートルネックを着用していると，首周りが覆われているため冷たさ・寒さを感じにくいが，上腕・前腕を露出しているため，放熱しやすい。自覚できない体温低下に注意しなければならない。

(2)　暑熱時の生理反応と衣服

暑熱時に涼しく衣服を着用するためのコツは，身体の近くにはできるだけ空気をまとわずに，そしてその空気が入れ替わるようにすることである。煙突効果が起こりやすいように開口部をあけ，身体下部から上昇してきた温まった空気が開口部から抜けるようにする[3)]。水の熱伝導率が高いことを利用するために衣服をびっしょりと濡らすことは急激な皮膚温の低下を招き，危険である。耐暑反応としては，血管拡張と発汗による蒸発以外の方法がないため，汗の蒸発を促進させる意味でも被覆面積は少ないほうがよく，特に保温性が低い着用方法は上腕，前腕，手，足といった体積に比較して表面積の大きい部位を露出することである。ただし，砂漠のような高温低湿な暑熱環境においては，汗はすぐに蒸発するために発汗しすぎて体液バランスが崩れてしまうこと，また，皮膚の露出は太陽の放射による負の熱放散によって体温上昇を起こしてしまうことから，身体から少し離れた所で放射熱を吸収させるような全身を覆うテント型の衣服(アバヤ，ブルカ，カンドゥーラなど)を着用することが多い。特に脳は脂肪や筋肉で覆われていないために放射熱から保護される必要がある。中近東の男性がターバンなどを頭部に巻くのは，宗教的・政治的な意味だけではなく，放射熱から頭部を保護するという役割を担っている。

(3)　子どもと高齢者の体温調節反応と衣服

全身に分布する汗腺数には，子どもと成人に差がないことがわかっている。汗腺は，全身に約200～500万個あるとされているが，すべての汗腺から発汗するわけではなく，発汗できる能動汗腺と発汗できない不能汗腺がある。皮膚にある汗腺が能動汗腺となるか不能汗腺となるかは2歳から3歳までに決定するといわれている。暑熱環境で生育されると能動汗腺が多く，寒冷環境で生育されると不能汗腺が多くなる。汗腺が発汗能力をもつかどうかは幼児期に決定してしまうが，発汗能力そのものは未発達であり，思春期以降に成人と同等の発汗能力をもつに至るとされている。子どもと若年成人に同程度の運動を負荷したときの発汗量を比較すると，最大酸素摂取量*1 の35％の運動強度(軽い運動負荷)では両者の発汗量に差がないが，最大酸素摂取量の50％，65％の運動強度(重い運動負荷)ではいくつかの身体部位で子どもの発汗量が若年成人の発汗量よりも少なかった[5)]。

このように思春期前の子どもは発汗能力が低く，蒸発による湿熱放散を期待できないが，頭

---

*1　最大酸素摂取量：運動中に体内に摂取される酸素の単位時間当たりの最大値。有酸素運動能力の指標である。

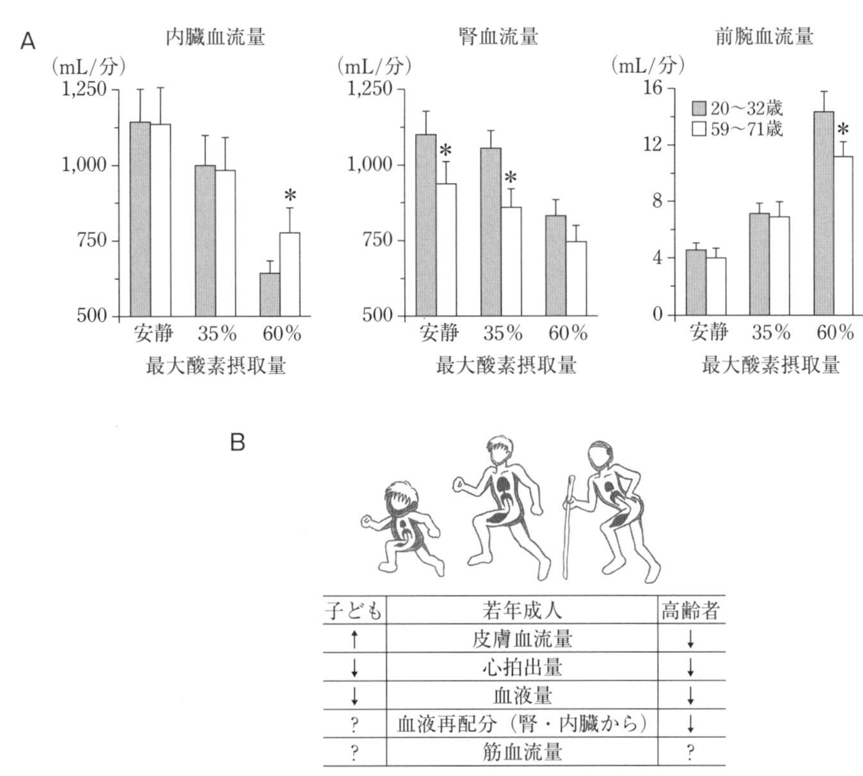

子ども	若年成人	高齢者
↑	皮膚血流量	↓
↓	心拍出量	↓
↓	血液量	↓
?	血液再配分（腎・内臓から）	↓
?	筋血流量	?

図5－5　子どもと若年成人，高齢者の体温調節反応の違い[5)]

部や体幹部の血管を拡張し皮膚血流量を増大させることによって乾熱放散を調節し体温調節を行っている。したがって，環境温が皮膚温よりも高い場合には思春期前の子どもは血管拡張だけでは熱放散ができずに深部体温が上昇する可能性が高く，熱中症*2の予防を心がけなければならない。図5-5Bに示すように，子どもと若年成人の体温調節反応を比較すると，子どもは熱負荷を与えられると，若年成人よりも皮膚血流量が増大(↑)するが，心拍出量，血液量は低下(↓)することがわかっている。子どもの場合は，発汗量が少なく，蒸発による熱放散が期待できないため，吸汗速乾素材を用いたとしても発汗を促すことによって体温を低下させる方法は期待できない。脇の下や頸部のような太い静脈が通る場所を保冷剤などで冷やすことによって積極的に深部体温を低下させるための対策をとる必要がある。

一方，高齢者では加齢に伴い，発汗機能が低下することがわかっている。図5-5Bより，高齢者では若年成人と比較して，皮膚血流量，心拍出量，血液量，血液再配分が低下(↓)することも知られており，図5-5Aに示すように最大酸素摂取量の60%に相当する運動負荷を行ったとき，若年成人よりも前腕の血流量が少なかった。このことは，高齢者では，蒸発による湿熱放散だけでなく，皮膚温上昇による乾熱放散も起こりにくいことを示すため，暑熱環境では特に熱中症の予防対策を取る必要がある。また，図5-3に示すように，高齢者では，温覚冷覚閾値が若年者に比べて大きく，感覚の鈍化が起こっている。よって，電気毛布の使用による低温火傷の可能性があることを理解しておかなければならない。

＊2　熱中症：暑熱環境下で身体適応障害によって起こる状態の総称である。

3. 衣服の快適性

快適性の定義は複雑であり，積極的な「快」を意味する pleasant，消極的な悪くない「適」を意味する comfort の2種類があるといわれている[7]。物理的な快適性を考える場合，衣服の着用快適感に影響を及ぼす要因は，①衣服気候，②衣服圧，③肌触りの3つに集約できる。

(1)　衣服気候

衣服気候とは，皮膚と最内衣服との間に構成される微少空間を指す。ネガティブフィードバックによって体温調節反応が行われているような状態で，胸部の衣服気候が32 ± 1℃，50% ± 10% RH，気流25 ± 15cm/sec の範囲にあるときには，快適な状態であるとされている（図5-6）[8]。これは原田らが，胸部の衣服気候と快適感を測定した多数の研究者による論文結果を基に作成した概念図である。フィードフォワードによって体温調節が行われるような動的な状態のときには，必ずしもこの範囲にとどまらない。

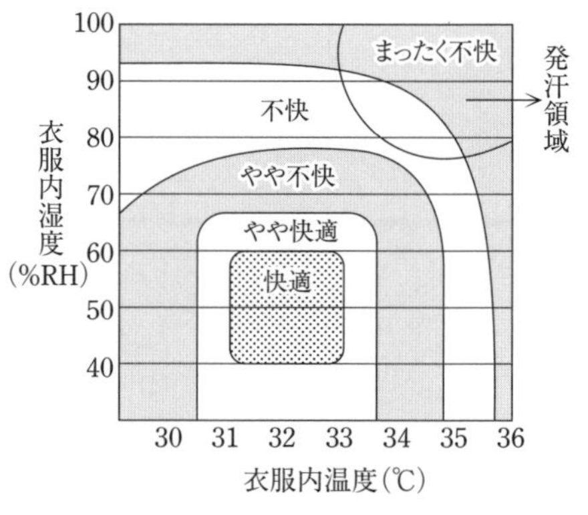

図5－6　衣服気候[8]

日本では，夏季と冬季で気温の差が40℃近くあり，季節による気温の差が大きい。このように環境温が大きく変化するにもかかわらず，われわれの体温は約37℃に保たれる。適切な衣服を選択することによって，衣服気候をほぼ一定の範囲にとどめるようにすれば快適な状態でいることができる。

(2)　衣服圧

衣服圧とは，衣服によってもたらされた身体を垂直方向に圧迫する力のことを指す。衣服圧が発生するのは，①衣服重量が肩や腰にかかる場合，②ガードル，ストッキングといった伸縮性のある素材が伸びようとして皮膚を圧迫する場合，③動作に伴い皮膚が変形して身体を圧迫する場合である。③の場合には，「皮膚の伸び = 衣服のゆとり量 + 素材の伸び + 衣服のずれと素材のすべり」であれば，衣服圧は発生しない。

衣服圧を皮膚の歪み量から直接計測する方法と間接的に測定する方法があり，間接的に測定する場合には Kirk の式を用いる[9]。

$$P = \frac{T_1}{r_1} + \frac{T_2}{r_2} \cdots\cdots\cdots\cdots\cdots\cdots \text{(式1)}$$

P は衣服圧（gf/cm^2），T_1 は布の長径方向の張力（gf/cm），r_1 は身体の長径方向の曲率半径（cm），T_2 は布の周径方向の張力（gf/cm），r_2 は，身体の周径方向の曲率半径（cm）を指す。ぴったりしたズボンを履いて立て膝をしたとき，臀部・膝では，長径・周径方向に布が伸びようとして衣服圧が発生し，大腿・ふくらはぎでは周径方向に布が伸びようとする衣服圧が発生する。それらの部位それぞれに異なる衣服圧がかかっている。それぞれの部位での曲率半径を求め，ズボン生地のたて・よこ，それぞれの伸長率での張力を測定しておけば，衣服圧を求めることができる。

適度な衣服圧をかけることは，筋ポンプ作用*3を促し，体形補正にもつながる。しかし，過度な衣服圧は，物理的な圧迫による体形変化，血流量低下，皮膚温低下を起こすだけでなく，消化機能や呼吸機能の低下，自律神経系への反応も引き起こすため，加圧時間が長かった日には夜間に必ずこれらの圧から解放する時間をとるなどして，調整するとよい。

(3) 肌触り

衣服と皮膚との接触によって生じるのが肌触りである。布の表面の形状や伸びやすさ，曲げやすさなどが関係する[8]。布をなでたり手で握ったりしたときの感覚を「風合い」というが，これを客観的に評価する方法としては，川端によるKES*4を用いた方法が知られている。こし，ぬめり，ふくらみ，しゃり，はり，きしみ，しなやかさ，ソフトさなどを布の物理量から算出し，これらの基本風合い値を用いて総合風合い値を算出するというものである。布の力学特性から判定される[9]。

一方，皮膚は図5-7に示すように角質層と基底層からなる表皮と真皮，皮下組織からなる。肌触りと関連する受容器としては，布が接触した瞬間をキャッチする，急速な順応に対応するPacini小体，皮膚と衣服が接触した後も動作によってこすれたりするような動いている状態をキャッチする受容器としてMeissner小体，皮膚が衣服によって圧迫され続けているような状態をキャッチする受容器としてRuffini終末, Merkel細胞などがある[10]。布をなでたり，布を手で握ったりしたときに，これらの受容器がそれぞれの刺激の強度や速度に対応して脳に信号を送っている。

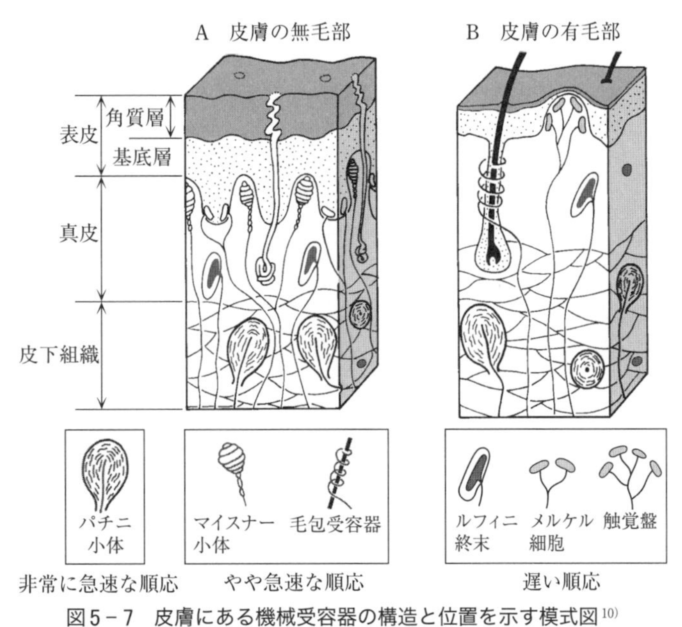

図5－7　皮膚にある機械受容器の構造と位置を示す模式図[10]

＊3　筋ポンプ作用：筋肉の収縮と弛緩によってポンプのように静脈血を心臓に戻そうとするはたらきのこと。

＊4　KES：KAWABATA Evaluation Systemの頭文字をとった，京都大学の川端氏によって開発された布帛の力学特性測定装置(p. 39参照)

(4)　衣服の保温力の指標

衣服素材の保温性は，糸や布帛にどの程度空気を含むかによって決定する。衣服の保温性は，衣服素材の保温性の大小も影響するが，それだけではなく，衣服の形が空気を含みやすいのか，重ね着によって空気層が変化するのかによっても変わってくる。そのため着衣状態での保温性に関する指標が必要であり，1941年米国のGagge（ギャッギ）により，衣服の熱抵抗値「クロー値（clo値）」が提案された[7]。1 cloは，気温21℃，相対湿度50％ RH，気流0.1 m/secの環境中で椅座位安静時の男性が熱的中立状態にあるときの衣服の組み合わせと定義された。

現在の定義では，1 cloは，0.155℃・m²/Wの熱抵抗値と定義されている[11]。ヒトを被験者としてクロー値を算出するのは難しく，ヒトと同様の皮膚温分布を設定することができるマネキン（サーマルマネキン）を用いて算出することが多い。表5-3に各種衣服のclo値を示す。

表5－3　各種衣服のclo値[7]

服　種	熱抵抗 (clo) (I_{clo})注]	服　種	熱抵抗 (clo) (I_{clo})
肌　着		薄地セーター	0.20
パンティ	0.03	セーター	0.28
ロングパンツ	0.10	厚地セーター	0.35
シングレット	0.04	ジャケット	
Tシャツ	0.09	薄地夏用ジャケット	0.25
長袖シャツ	0.12	ジャケット	0.35
パンティとブラジャー	0.03	スモック	0.30
シャツ-ブラウス		保温用，繊維集合材	
半袖	0.15	ボイラースーツ	0.90
薄地長袖	0.20	ズボン	0.35
普通地長袖	0.25	ジャケット	0.40
厚地長袖	0.30	ベスト	0.20
薄地長袖ブラウス	0.15	戸外用衣服	
ズボン		コート	0.60
半ズボン	0.06	ダウンジャケット	0.55
薄地ズボン	0.20	パーカー	0.70
普通地ズボン	0.25	繊維入オーバーオール	0.55
厚地ズボン	0.28	類被服	
ドレス－スカート		ソックス	0.02
薄地スカート（夏用）	0.15	厚地ソックス	0.05
厚地スカート（冬用）	0.25	厚地膝下ソックス	0.10
薄地半袖ドレス	0.20	ナイロンストッキング	0.03
冬用長袖ドレス	0.40	靴（薄底）	0.02
ボイラースーツ	0.55	靴（厚底）	0.04
セーター		ブーツ	0.10
袖なしベスト	0.12	手袋	0.05

立位サーマルマネキンで測定

注］ I_{clo}：着衣の全熱抵抗 I_{total} から裸状マネキン表面の限界層の熱抵抗 I_a を差し引いた単品衣服の有効被服熱抵抗を指す。

4. 機能をもった衣服

(1) 吸汗速乾素材

肌着やスポーツウェアには，夏季は発汗を速やかに皮膚表面あるいは，衣服上で蒸発させること，冬季は身体周りの空気を動かさずに保つことができることが求められる。綿素材では，発汗すると繊維の中空まで水分がしみ込むため乾燥しにくい。夏季の肌着やスポーツウェアには特に汗を処理するための機能が必要となる。吸汗速乾素材(p. 43参照)は，夏季のスポーツウェアに用いられる。連続して汗をかくためには，皮膚の表面をドライにしておくほうがよいから，皮膚上で蒸発できない汗は，すばやく繊維に吸水されることが望ましい。素材としては，ポリエステルが用いられることが多い。ポリエステルの断面を異形断面糸とすることにより，皮膚上の汗を吸水し繊維軸方向に濡れ広がるようにして繊維表面から蒸発させる仕組みのもの，ポリエステルに親水性のある吸汗加工剤を塗布したもの，繊維を二層構造にして内層をポリエステル，外層を接触冷感があり親水基をもつエチレン-ビニルアルコール繊維としたもの，布帛を二層構造にして皮膚側の水分を外気側に運び衣服表面で乾燥させようとするものなどがある。

(2) 吸湿発熱素材

冬季には衣服と皮膚の間に動かない空気をまとうことが温かく着るコツであるが，繊維が水蒸気を吸着するときに発生する吸着熱を利用した肌着やスポーツウェアが人気を博している。水蒸気を吸収するときに熱を発することから吸湿発熱素材(p. 43参照)という。一般に公定水分率*5が高い素材は，皮膚温近辺での吸湿率も高い。毛やレーヨンは公定水分率が10%を超えるため，毛やレーヨンの肌着は，ヒトの不感蒸泄や汗による水蒸気を吸着して着用直後に温かさを感じさせることができる。アクリレート系繊維の中には公定水分率が41%のものもあり，これは，毛やレーヨンの約3倍の吸着熱を発生させることができる。吸湿発熱素材は，水蒸気を吸ったらそのまま飽和しているわけではなく，吸放湿を繰り返すため，衣服と皮膚の間の空気が動くような状態では特に発熱を知覚しやすい。効果的に着用するためには，着用前に吸湿発熱が起こりにくいように乾燥した状態に保っておくとよい。

(3) 高圧環境下の衣服

水深10mに伴い1気圧ずつ上昇するため，例えば300mの海底は31気圧の高圧環境となる。潜水艦などでは，酸素中毒や窒素酔いを防ぐために酸素分圧0.3気圧，窒素分圧0.8気圧として残りの高圧には不活性ガスであるヘリウムを使用する。ヘリウムの熱伝導率は，空気の64倍であるため，熱放散が起こりやすく，大気環境よりも衣服の保温性は低下することになる。また，潜水用スーツでは，海水の熱伝導率が高いことから大気環境よりも高い保温性が必要となる[11)]。

＊5　公定水分率：20℃，65% RH 環境中での水分率のことを指す。貿易不均衡の是正のために設定された(p. 37参照)。

(4) 低圧環境下の衣服(宇宙服)

宇宙服の役割は，周囲の環境と隔離された空間を作り，酸素を供給し，温度制御することである。宇宙開発のためには船外活動が重要である。宇宙は100℃以上の高温から－150℃の低温といった極端な温度環境になるため，宇宙服全体を断熱材で覆う必要がある。そのため，身体活動による発熱を効率よく除去すること，身体のサイズに宇宙服を合わせること，宇宙服を着用した上で作業性を確保することが重要となる。宇宙服の構成は，14層からなり，水冷下着(①ナイロン製肌着，②プラスティックチューブ，③ナイロン製下着)，与圧空間(④ポリウレタンコーティングしたナイロン袋をポリエステルでカバー)，⑤断熱層，⑥損傷防護層，⑦ゴム引きナイロン，アルミ蒸着マイラにケブラー裏地，ゴアテックスとノーメックスの混紡布(⑧～⑭)と断熱性を重視した構造となっている[12]。

(5) スマートテキスタイル

スマートテキスタイルとは，直訳すると賢い繊維製品であり，e-テキスタイル，衣料型ウエアラブル端末などとほぼ同義である。インターネットテクノロジーを携帯するのではなく，着用するのである。導電性高分子を，繊維加工技術を用いて布帛にコーティングすることによって，心拍数や心電波形といった生体情報を計測・収集し，これをスポーツトレーニングに取り入れる，作業者の健康管理を行うといった試みが展開されつつある[13]。

(6) アシストスーツ

パワードスーツ，ロボットスーツということもある。皮膚表面の生体電位信号を読みとることにより，掴む，持つ，運ぶ，走る，跳ぶといった各動作を行う時の動力補助機能をもつ補助具である[14]。医療用，介護用への展開が期待されており，災害復旧作業や被災者の自立支援などにも用いられている。

コラム1　クールビズとウォームビズ

1979年の第二次オイルショックを受けて同年には大平正芳内閣によって省エネルックが提案された。半袖シャツに半袖ジャケット，ループタイ(または簡易ネクタイ)といった，ネクタイとジャケットを着用したまま涼しさを得ようとするものであったが，定着するには至らなかった。

しかし，2005年に小池百合子環境大臣によるクールビズが提唱されて状況は一変した。ノーネクタイ，ノージャケットを勧めるだけでなく，チームマイナス6%と名づけられた二酸化炭素排出量を1990年排出量から6%削減することを目指したプロジェクトにより，ライフスタイル全般に渡る提案も行われたことが定着の要因といえよう。「エネルギー白書2013　2011年度における家庭部門でのエネルギー消費の動向」[15]によると，エネルギー消費のシェアは動力・照明(34.7%)，給湯(28.3%)，暖房(26.7%)，厨房(8.1%)，冷房(2.2%)であり，夏季の冷房よりも冬季の暖房のエネルギー消費が大きいために，同年，夏季対応のクールビズだけでなく冬季対応のウォームビズも提案された。以降，夏季の冷房設定温度は28℃，冬季の暖房設定温度は20℃とする家庭や企業が多くなり，2009年には排出権取引を含めることにより，チームマイナス6%を達成したとされている。

コラム2 スイムウエアの進化

オリンピックはスポーツウェアの進化をみる一つの指標ともいえる。日本の競泳のオリンピック参加は，1920年のベルギーオリンピックが最初とされており，当時は，はっ水性のあるアルパカ生地の水着が用いられていた。

日本の女子競泳のオリンピック参加としては，1932年第10回ロサンゼルスオリンピックで平泳ぎ200mに出場した前畑秀子が銀メダル，そして1936年ベルリンオリンピックで金メダルを獲得した。しかし，当時の水着は，絹製織物で身体にフィットしにくく，絹が吸水するなどの問題点があった。

次に日本女子競泳でメダルを獲得するのは，1972年ミュンヘンオリンピックバタフライ100mに出場した青木まゆみ選手である。素材は吸水しにくいナイロンになり，トリコット編みで身体にフィットするようになった。

1976年モントリオールオリンピック以降，ナイロンとポリウレタン弾性糸によるツーウェイトリコットを採用し，パターンを立体的にして肩甲骨を水着で覆わないバックスタイルにするなど，身体へのフィット性を高める手法がとられてきた。

1992年バルセロナオリンピックではポリエステルとポリウレタンの交織生地を熱圧縮させ，表面を平滑にした「アクアスペック」が開発された。また，1996年アトランタオリンピックでは，表面にはっ水性をもたせたストライプの表面加工を施し，水の抵抗を少なくした「アクアブレード」が開発された。

それまでは，水と水着との摩擦抵抗を低減させるためには水着で身体を覆う面積は少なくした方がよいと考えられていたが，2000年シドニーオリンピックではサメの皮膚を模した微細な表面加工された水着で，全身被覆するスーツタイプの水着が着用された。また，全身を被覆して圧迫することにより筋肉疲労を軽減させることが可能になった[16)]。この「ファーストスキン」，2004年アテネオリンピックに採用された「ファーストスキンFS 2」以降，国際水泳連盟は，北京オリンピック以降は，水着の表面に特殊加工を施すことを禁ずる措置を取った。

これを受けて2008年北京オリンピックでは，超音波によって無縫製でスイムスーツ型に圧着し，その表面に薄いポリウレタンフィルムを貼り付けた「レーザーレーサー」を着用する選手が続出した[17)]。

2010年からは国際水泳連盟によって，水着の素材は繊維のみとし，ラバー皮膜，ポリウレタン皮膜などの非透水性素材を使用した水着を全面禁止とする規定が制定された。水着による被覆部位としては，膝から肩までで首や肩を覆ってはいけないこと，厚さや浮力，透過性に関する詳細な規定が同時に示されることとなった。

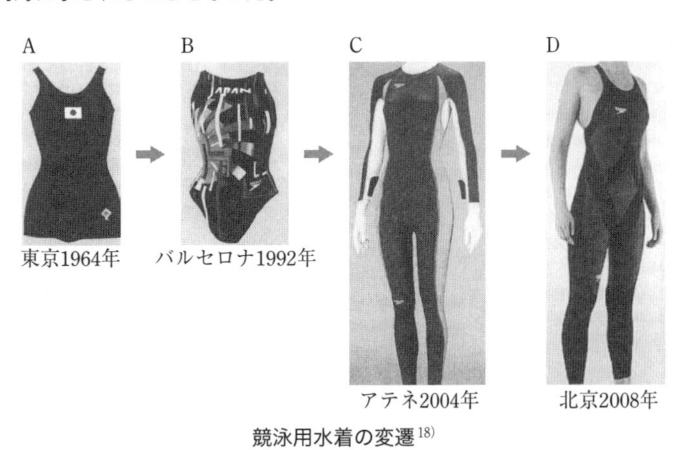

競泳用水着の変遷[18)]

〈参考文献〉

1）日本衣料管理協会刊行委員会編：「アパレル生理衛生論」（一社）日本衣料管理協会（2016）
2）永田久紀著：「衣服衛生学」南江堂（1984）
3）日本家政学会編：「環境としての被服」朝倉書店（1988）
4）中橋美智子，吉田敬一編：「新しい衣服衛生（改訂第2版）」南江堂（1997）
5）井上芳光，近藤徳彦編：「体温Ⅱ」（有）ナップ（2010）
6）藤原康晴編著：「衣生活論」化学同人（1994）
7）田村照子編著：「衣環境の科学」建帛社（2004）
8）原田隆司著：「着ごこちと科学」裳華房（1996）
9）日本家政学会被服衛生学部会編：「アパレルと健康」井上書院（2012）
10）シュミット著：「感覚生理学」金芳堂，p. 38（1994）
11）空気調和・衛生工学会編著：「快適な温熱環境のメカニズム　豊かな生活空間をめざして」丸善（1997）
12）日本家政学会被服衛生学部会編：「衣服と健康の科学」丸善（2003）
13）http：//www.hitoe-toray.com/　（2018年10月20日閲覧）
14）https：//www.cyberdyne.jp/　（2018年11月20日閲覧）
15）「エネルギー白書2013 HTML版」，資源エネルギー庁，http：//www.enecho.meti.go.jp/about/whitepaper/2013html/2-1-2.html（2018年5月5日閲覧）
16）松崎健：「競泳用水着の変遷-記録への終わりなき挑戦」繊維と工業，58巻9号，P 236-P 239（2002）
17）北岡哲子：「スポーツをテクノロジーする　トップアスリートの記録を引き出した技術の力 電子書籍版」，日経BP社 Kindle版（2017）
18）岡田宣子編著：「ビジュアル衣生活論」建帛社（2010）

6章　衣服の管理と環境

衣服は着用によって汚損するが，洗濯や仕上げなど適切な「手入れ」を行うことで，衣服を清潔に保ち，衣服の価値や性能を長く保ち長期使用を可能にするばかりか，健康維持に果たす役割も大きい。一方，地球温暖化や昨今の異常気象から環境負荷の軽減に向けて家庭洗濯や商業洗濯を適切に行うことが大切となっている。また，ファッションのカジュアル化や低価格化が進み衣服の消耗品化が強まるなど，購入から使用，廃棄までのサイクルが短くなっている。

この章では，衣服の洗濯や漂白など日常の管理から，衣服の廃棄やリサイクルを含めた資源の再利用など，持続可能な社会に向けた衣生活について学ぶ。

1．衣服の洗濯

洗濯の効用は，衣服の汚れをとり除き，もとの状態へ戻すことにある。繊維や汚れの特性を把握して，適切な洗剤・媒体(水，有機溶剤)・機械力を選ぶことが大切である。洗濯には家庭洗濯と商業洗濯があるが，家庭洗濯は水を媒体とした水系洗浄，商業洗濯は水系洗浄(ランドリー，ウェットクリーニング)と非水系洗浄(ドライクリーニング)が行われている。

(1)　汚　れ

1)　汚れの種類と繊維

着用によって衣服に付着する汚れは，「身体からの汚れ」と「環境からの汚れ」に大別される。身体からの汚れは，汗，皮脂，垢(皮膚の老廃物)，糞尿，血液など身体からの分泌物や排泄物などがあげられる。環境からの汚れは，空気中に浮遊している塵埃や煤煙，泥のほかに，食品，化粧品，機械油などさまざまな生活環境中に存在する汚れが挙げられる。これらの汚れは，着用者の年齢や性別，生活する環境や季節，衣服の用途，着用の部位，繊維の種類などさまざまな要因によって，付着量，成分，組成などが異なる。

表6-1に肌着の汚れ成分を示す。汗や皮脂，垢の成分のほか，塵埃が含まれており，環境からの汚れも肌着に付着することがわかる。

表6－1　肌着の汚れ成分

成　分	%
塩化ナトリウム	15～20
尿　素	5～7
たんぱく質	20～25
炭水化物	20
油　脂	5～10
塵　埃	20～30

衣服に付着する汚れは，その洗浄性から水溶性汚れ，油性汚れ，固体粒子汚れ，特殊汚れに大別される。表6-2に汚れの種類と溶解性を示す。水溶性汚れは水洗いによって容易に除去されるが，有機溶剤を用いるドライクリーニングでは除去されにくい。油性汚れは有機溶剤に溶解するが，水には溶けないため水洗いだけでは除去されにくい。固体粒子汚れは水にも有機溶剤にもほとんど溶解しない。

ファンデーションのように微粒子に油性汚れが混じった汚れの除去はむずかしい。垢は皮膚からはく離する表皮細胞(変質たんぱく質)に皮脂や汗の成分が加わった複合汚れで，皮脂を多

表6－2　汚れの種類と溶解性

汚れの種類	溶解性		詳　細
	水	溶　剤	
水溶性汚れ	可　溶	不　溶	汗(水約99%，塩化ナトリウム約0.65%，尿素約0.08%)，尿成分，食品成分(でんぷん，砂糖，果汁など，血液，卵白，卵黄，牛乳などのたんぱく質は水溶性であるが，熱や紫外線などで変質して水不溶性となる)
油性汚れ	不　溶	可　溶	皮脂や塵埃中の油脂成分(脂肪酸，トリグリセリドなど)，機械油，化粧品，食品油脂
個体粒子汚れ	不　溶		粘土，土砂，鉄粉，煤煙，繊維くず，有機性の粉塵(親水性と疎水性粒子に大別)
特殊汚れ	可溶(一部不溶)		細菌，かびなどの微生物，農薬，ダイオキシンなどの有害大気汚染物質，放射性物質

出典：文献1)より筆者作成

く含む垢の付着しやすい襟や袖口などの汚れは落ちにくく黄変しやすい。

特殊汚れの細菌やかびなどの微生物は[1)]，衣服に寄生するものも多く，発汗などの加温加湿や放置によって増殖し悪臭を放ったり皮膚病の原因になったりする。このような細菌の付着は保健衛生上も好ましくないが，汚れの付着は吸水性や通気性，保温性の低下に加えて，衣服の強度を低下させることもある。家庭洗濯で油性汚れや固体粒子汚れ，細菌やかびを除去するには洗剤や漂白剤の使用が必要である。

身体からの汚れを吸収して皮膚を清潔に保つはたらきをする「肌着」は，吸水性や吸湿性の大きい素材が望ましく，繊維の種類では綿，布の構造ではメリヤスが適している。また，肌着のように頻繁に洗濯をするものは丈夫で洗濯しやすいことも大切である。これに対して，外衣は環境からの汚れに対して汚れにくいほうがよいといえる。いずれの衣服においても，日常の手入れをまめに行い，衣服に応じた適切な管理が望ましい。

2)　しみ抜き

衣服についた部分的な汚れをしみといい，部分的に汚れを落とすことをしみ抜きという。しみがついたらできるだけ早くしみ抜きを行う。しみの成分や付着状態をよく見きわめ，衣服の組成表示や取扱い絵表示を参考に繊維の種類や加工，染色に応じて布を傷めないように適切な方法を選ぶことが大切である。しみ抜きには，次の3つの方法がある。

- 物理的に除去する方法：ブラシがけ，布で吸いとる，つまみとる，固形のまま剥がす。
- 溶解して除去する方法：汚れによって水，洗剤溶液，有機溶剤などを使用する。
- 化学的に除去する方法：酸，アルカリ，酵素，漂白剤などを使用して分解除去する。

洗剤や溶剤，漂白剤などの薬剤の選択には注意が必要である。また，最近ではしみや繊維素材を選ばなくてもよいなど汎用性の高いしみ抜き剤が市販されている。日常つきやすいしみの種類と処理方法を表6-3に示す。基本的なしみ抜きの手順を示す。

① しみの成分と付着状態，衣服の繊維組成と取扱い絵表示をふまえ，しみ抜きの処理方法を選択し，薬剤が服地に損傷を与えないか，服地の折り返しなどで試す。
② 水や溶剤の処理は，しみの裏側からしみ抜き剤を綿棒にしみこませ，下に敷いた白布に移すようにたたく。しみを広げないように周りから中心へとたたく(輪じみの防止)。
③ 2種類以上のしみ抜き剤や漂白剤を使用する場合は，薬剤が混じったり残ったりしないよう

表6－3　しみの種類としみの処理方法

しみの種類		処理方法	落ちないときの処理
水溶性のしみ	しょう油，味噌汁，果汁，ビール	水または湯でたたく。さらに，洗剤液*(または台所用洗剤)でたたく。洗剤が残らないように水で十分たたく	繊維にあった漂白剤で処理する
	コーヒー，紅茶，ソース，ケチャップ，赤ワイン	色素が残りやすいので注意が必要。処理方法は同上	繊維にあった漂白剤で処理する
	酒　類	アルコールでたたいた後，水または湯でたたく	洗剤液でたたく
油性のしみ	チョコレート マヨネーズ，バター	ベンジン(またはクレンジングオイル)でたたいて脂肪分を除く。さらに，ぬるま湯または洗剤液でたたく	—
	口紅，ファンデーション，マスカラ	ベンジン(またはクレンジングオイル)でたたいて脂肪分を除いた後，洗剤液(または台所用洗剤液)で白布へ移すようにたたく。さらに，ぬるま湯でもみ洗いをする	—
	香水 ルームスプレー	アルコールでよく拭いた後，アルコールと水少量を混ぜた液をスプレーして，風通しのよい場所に干す	洗剤液でたたく
不溶性のしみ	墨　汁	洗剤とヤマト糊を練り合わせたもの(または歯磨き粉)を用いて，へらでしごく	水洗いする
	チューインガム	固まっているガムを削りとる。さらに，液体酸素系漂白剤(またはベンジン)を塗り，はがし取る	—
樹脂のしみ	絵具，ペンキ インク	ベンジン(または除光液)でたたいた後，洗剤液で下に敷いた白布へ移すようにたたく。さらに水でたたく。これを繰り返す。水溶性の場合は水と洗剤でたたく	—
	接着剤，蝋	ベンジン(または除光液)でたたいた後，やわらかくなった部分をヘラやスプーンなどで削り取る。その後，ぬるま湯でたたく	—
たんぱく質のしみ	血液，卵，牛乳	付着直後なら水でたたき，さらに洗剤液でたたく。たんぱく質は，時間の経過や熱で変質し落ちにくくなる	繊維にあった漂白剤で処理する

*洗剤液を使用した後は，洗剤が残らないように水処理をする。
注〕ベンジン：原液，アセトン(除光液)：原液，アルコール：原液エタノール，アンモニア水：3.5％水溶液，洗剤液：1％水溶液，市販塩素系漂白剤：1～1.5％水溶液，市販酸素系漂白剤：0.5％水溶液

に水や溶剤で十分取り除く。丸洗いできるものはしみ抜き後直ちに洗濯を行うとよい。

取扱いのむずかしい衣服やしみ抜きが困難な場合は，クリーニング店などプロに委ねることも失敗を避けるうえで大切である。

(2)　洗濯用水と洗剤

1)　水と洗濯用水

水は人間の生活や産業にとって欠くことのできない重要な資源である。工業製品や農作物のライフサイクル全体で使われた総水量をウォーターフットプリント(Water Footprint；WF)*1として，国際標準化機構(ISO)の規格化が承認されるなど，貴重な淡水資源を世界各国で配分する動きがある。わが国の淡水資源の利用は農業用水，生活用水*2，工業用水の順に多く，生活用水の使用量は，1998年ころがピークであり，現在では節水化が図られ減少傾向にある。家庭用水の使用目的別の割合を図6-1に示す。家庭用水として1日に使用する水量は，東京都では1人当たり約256L(2人世帯)であり，入浴，水洗トイレ，炊事，洗濯など，ほとんど洗浄用

*1　ウォーターフットプリント：原材料の栽培・生産から輸送・流通，廃棄・リサイクルまでのライフサイクル全体で，直接的・間接的に消費・汚染された水の総量で表す。

*2　生活用水：家庭で使う水(家庭用水)とオフィス，飲食店，ホテル，公衆トイレなどで使用される水(都市活動用水)を合わせたもので，1人が一日に使用する水量は290L(2014年度)である。世界の生活使用水量は186Lである。

として使われている。

洗濯用水には主として水道水が使用されているが，水は優れた溶媒のためいろいろなものを溶かし，水質によっては洗浄効果を妨げる。水中に含まれるカルシウムやマグネシウムなどの多価金属イオンを硬度成分といい，その量を水の硬度(hardness)＊3で表す。世界主要都市の生活用水の硬度を図6-2に示す。硬度成分は，石けんなどの陰イオン界面活性剤成分と結合しやすく，石けんと結合すると不溶性の金属石けん(石けんカス)を形成し＊4，布に付着して黄ばみを生じ，洗浄力も低下する。しかし，わが国の生活用水の硬度は平均50〜60 mg-$CaCO_3$/L(ppm)程度であり，硬度の高い欧米諸国に比べて洗浄力への影響は少ない。また硬水は，煮沸することによって軟化することができる一時硬水と，煮沸しても軟化できない永久硬水に分けられる。一時硬水には，カルシウムやマグネシウムが炭酸水素塩の形で含まれており，煮沸すると炭酸水素塩が分解して水に溶けない炭酸塩となって沈殿する＊5。北京のように硬度は高くとも一時硬水では，煮沸によって軟化することができる。

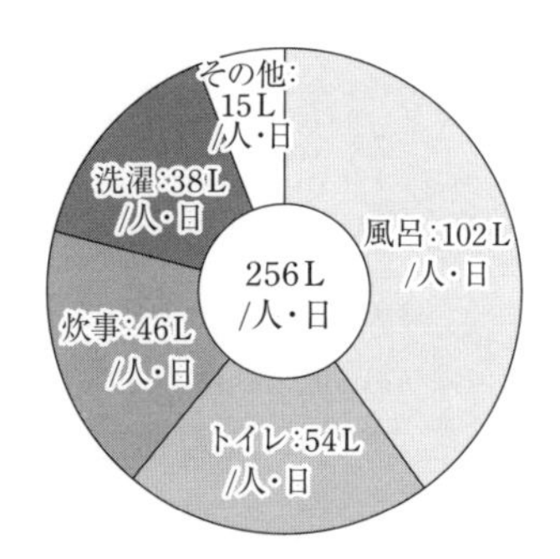

図6－1　家庭用水の使用目的別の割合

出典：東京都水道局：一般家庭水利用目的別実態調査(2015)
2人世帯の1か月当たりの平均使用水量(15.9 m^2)より算定

2）　洗剤(市販洗剤)

衣・食・住や身体に関係する汚れを落とし，清潔にする目的で使用される家庭用洗浄剤を図

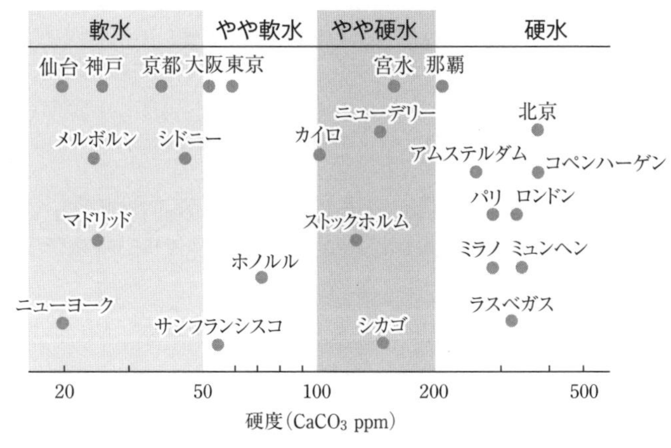

図6－2　世界主要都市の生活用水の硬度

出典：文献2)，3)より筆者作成

＊3　水の硬度：硬度成分を多く含んでいる水を硬水(hard water)，少ない水を軟水(soft water)という。硬度の表し方には，アメリカ硬度とドイツ硬度があり，公的な表示は前者が使用されている。世界保健機構(World Health Organization；WHO)のガイドラインでは，軟水：0〜60 mg/L，中程度の軟水：60〜120 mg/L，硬水：120〜180 mg/L，非常な硬水：180 mg/L以上と定義している。アメリカ硬度(mg/Lまたはppm)は，水1000 mL中に含まれる硬度成分を炭酸カルシウム($CaCO_3$)量mgに換算して表す。ドイツ硬度(°dH)は，水100 mL中に含まれる硬度成分を酸化カルシウム(CaO)量mgに換算して表す。

＊4　金属石けんの形成：$2RCOONa + Ca^{2+} \longrightarrow (RCOO)_2Ca + 2Na^+$　例えばRはC_nH_{2n+1}　$n = 18〜36$
石けん分子　金属石けん

＊5　一時硬水の軟化：　$Ca(HCO_3)_2 \longrightarrow CaCO_3 + H_2O + CO_2$
炭酸水素カルシウム(水溶性)　炭酸カルシウム(不溶性)

＊6　洗剤と洗浄剤：家庭用品品質表示法では，主な洗浄の作用が界面活性剤のはたらきによる場合を洗剤(detergent)とよび，これに対して主な洗浄作用が酸，アルカリによる作用である場合を洗浄剤とよんで区別している。

6-3に示す。洗剤類は用途によって洗濯用，台所用，住宅・家具用の洗剤または洗浄剤[*6]に分類され，身体用(皮膚用，頭皮用，歯磨剤)の洗浄剤と区別される。ここでは家庭用の洗濯用洗剤について示す。

❶ 洗剤の種類と用途　洗剤は家庭用品品質表示法において，純石けんの含有率により「洗濯用石けん」「洗濯用複合石けん」「洗濯用合成洗剤」の3つに分類され，近年では粉末タイプのものよりも液体タイプのものが多く使われている。石けん以外の界面活性剤は中性であり，配合する洗浄補助剤によって液性を決定している。洗剤の液性をpH(水素イオン濃度)の区分に応じて，主な用途とともに図6-4に示す。中性洗剤(pH6-8)は毛，絹などのデリケートな素材用として，弱アルカリ性洗剤(pH8-11)は綿，麻，合成繊維に用いられる洗濯機用の一般的な洗剤である。「超コンパクト洗剤」や「乾燥・敏感肌のための衣料用洗剤」[*7]には，中性や弱酸性のものが市販されている。

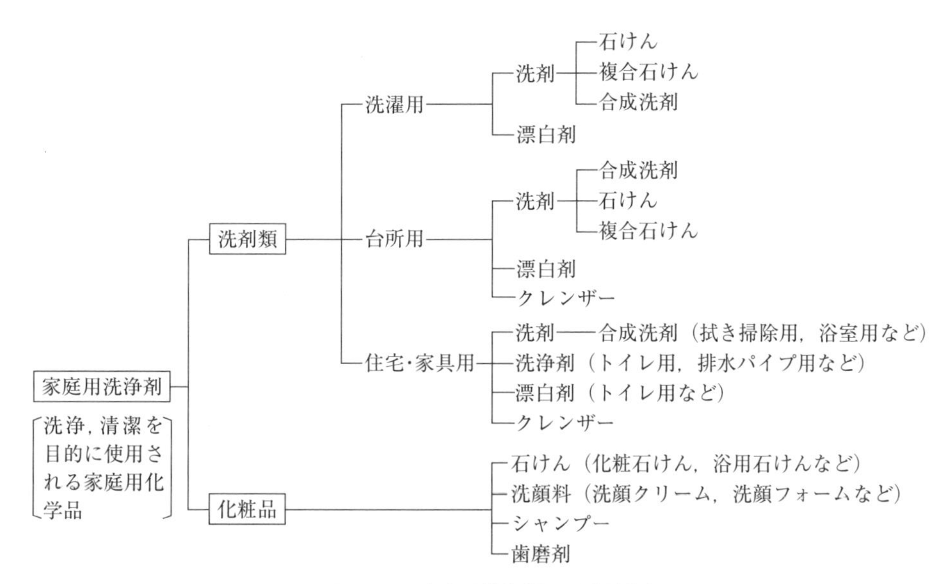

図6－3　家庭用洗浄剤の用途別分類

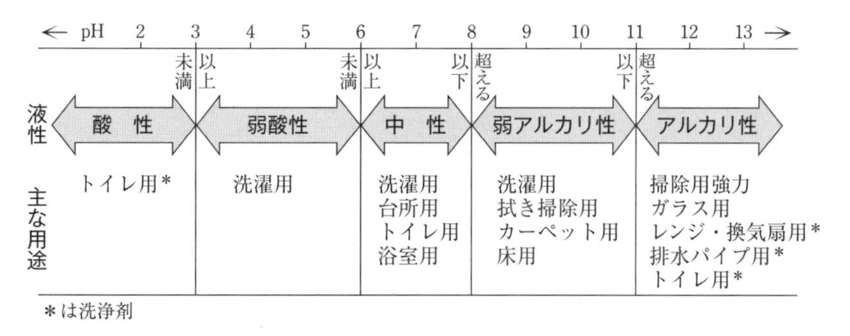

図6－4　pHによる合成洗剤および洗浄剤の液性区分(家庭用品品質表示法)

＊7　乾燥・敏感肌のための衣料用洗剤：弱酸性を示し，低刺激の洗浄成分(ポリオキシエチレンアルキルエーテル，エチルアルコール，ポリエチレングリコール，クエン酸ナトリウムなど)で，繊維に残らないで高い洗浄力を示す衣料用洗剤が市販されている。

❷ 洗剤の成分　洗濯用洗剤の主成分は界面活性剤であり，そのはたらきを助ける洗浄補助剤（ビルダー，builder），仕上り効果を助ける性能向上剤（添加剤，Auxiliary ingredient）が配合されている。市販洗剤の表示は，家庭用品品質表示規定（平成9年12月1日改正）に基づき，品名，成分，液性，用途，正味量，使用量の目安，使用上の注意，表示者と連絡先など，8項目の表示が定められている。図6-5に洗剤の表示例を示す。

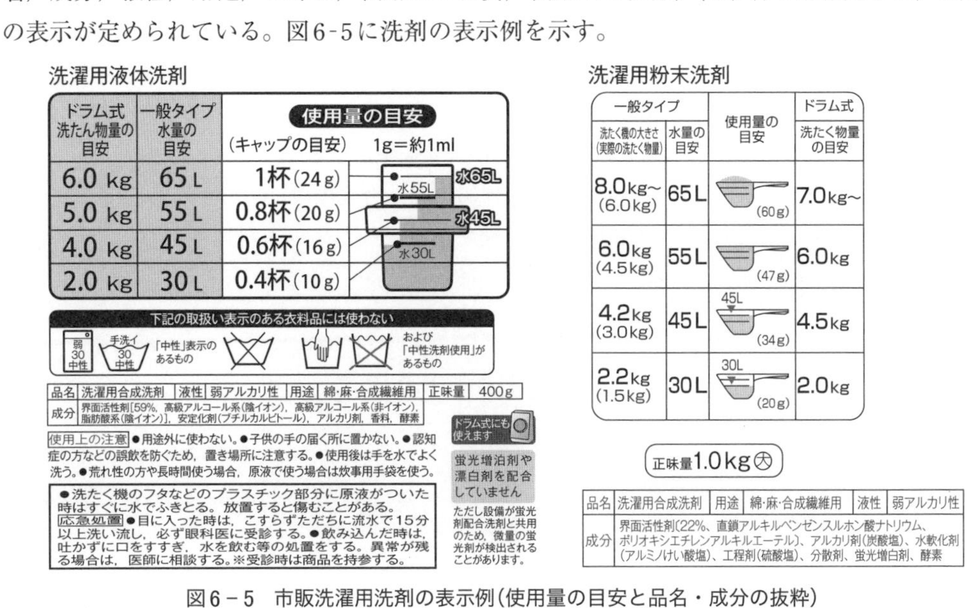

図6－5　市販洗濯用洗剤の表示例（使用量の目安と品名・成分の抜粋）

❸ 界面活性剤の種類とはたらき　洗濯用洗剤の主成分である界面活性剤は，親水基と親油基（疎水基）をもち，水にも油にも親和性を示す物質（両親媒性）である。主な界面活性剤を表6-4に示す。界面活性剤は水溶液中での親水基のイオン性によって，陰イオン界面活性剤（anionic surfactant），陽イオン界面活性剤（cationic surfactant），非イオン界面活性剤（nonionic surfactant）に分類される。家庭用の洗濯用洗剤には，陰イオン界面活性剤と非イオン界面活性剤が用いられる。陽イオン界面活性剤は「逆性石けん」ともよばれ，ドライクリーニング用洗剤や柔軟仕上げ剤，帯電防止剤，殺菌・消毒剤などに用いられる。

表6－4　主な界面活性剤の種類と用途

分　類	系　別	種　類	用　途
陰イオン（アニオン）界面活性剤	脂肪酸系	脂肪酸塩（石けん）	化粧石けん，洗濯石けん，身体清浄剤
		アルファスルホ脂肪酸エステル塩（MES）	衣料用洗剤
	直鎖アルキルベンゼン系	直鎖アルキルベンゼンスルホン酸塩（LAS）	衣料用洗剤，台所用洗剤，住宅・家具用洗剤
	高級アルコール系	アルキル硫酸エステル塩（AS）	ジャンプー，衣料用洗剤，歯磨き剤
		アルキルエーテル硫酸エステル塩（AES）	シャンプー，衣料用洗剤，台所用洗剤
	アルファオレフィン系	アルファオレフィンスルホン酸塩（AOS）	衣料用洗剤，台所用洗剤
非イオン（ノニオン）界面活性剤	高級アルコール系	ポリオキシエチレンアルキルエーテル（AE）	衣料用洗剤，住宅・家具用洗剤，化粧品用乳化剤
陽イオン（カチオン）界面活性剤	第四級アンモニウム塩	アルキルトリメチルアンモニウム塩	柔軟仕上げ剤，帯電防止剤，リンス，殺菌消毒剤
		ジアルキルジメチルアンモニウム塩	柔軟仕上げ剤，帯電防止剤，リンス

界面活性剤の構造を，脂肪酸ナトリウム(石けん)を例として図6-6に示す。界面活性剤は界面に吸着して，表面張力*8を低下させて汚れや繊維に入り込んでいく浸透作用，油を小滴として水中に混じり合った状態にする乳化作用(図6-7)，固体粒子を水中に分散させる分散作用などがあり，汚れの除去に役立っている。さらに，界面活性剤は汚れの再付着を防止する。また，界面活性剤がつくるミセルの内部は親油基の集まりで，油汚れなどの水に溶けにくい物質を少量であるが溶かすことができる。これを可溶化(solubilization)という。

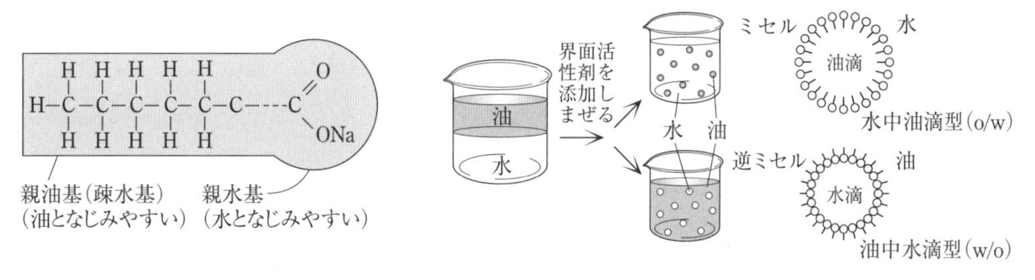

図6－6　界面活性剤の構造(石けん)

図6－7　エマルジョンの生成(乳化作用)

❹　配合剤(洗浄補助剤，性能向上剤)の種類と機能　洗剤に配合される主な洗浄補助剤(ビルダー)と機能を表6-5に示す。洗浄補助剤には，アルカリ剤，水軟化剤，分散剤などがあり，界面活性剤と併用することで洗浄力を高めるはたらきがある。

性能向上剤には，汚れを分解する酵素(enzyme)や漂白剤(bleach)，見た目の白さを増すため

表6－5　洗剤に配合される主な洗浄補助剤(ビルダー)

洗浄補助剤	主な機能	洗剤の表示(機能名)
炭酸塩： 炭酸ナトリウム 炭酸水素ナトリウムなど	アルカリ緩衝作用 硬水軟化作用	アルカリ剤
けい酸塩： メタけい酸ナトリウムなど	アルカリ緩衝作用 硬水軟化作用 分散作用	アルカリ剤
アルミノけい酸塩： ゼオライト	硬水軟化作用 アルカリ緩衝作用	水軟化剤
硫酸塩：硫酸ナトリウム	界面活性の増進	工程剤

表6－6　洗剤に配合される主な酵素

酵　素	基　質	分解される汚れなど
プロテアーゼ	たんぱく質	表皮，血液，食品由来のたんぱく質
リパーゼ	トリ，ジ，モノグリセリド	皮脂，食品由来の動植物油脂
アミラーゼ	でんぷん	食品由来のでんぷん
セルラーゼ*	セルロース	非結晶性セルロース

*繊維素分解酵素，アルカリセルラーゼ

コラム 1　超濃縮液体洗剤の開発

世界に先駆けて粉末洗剤のコンパクト化を行った花王が，液体洗剤についても2009年に超濃縮液体洗剤「アタックNeo」を発表，2013年には「ウルトラアタックNeo」を発表，素早く泡切れして繊維に残りにくい界面活性剤「ウルトラアニオン」を開発することで，すすぎ1回の洗濯を実現した。洗剤使用量を少なくすることで，容器も小型化した。節水，節電，時間短縮を実現したことが評価され「エコプロダクツ大賞」を受賞した。

一方，2014年にはすすぎ1回でかつ計量不要のユニットドーズ洗剤「ジェルボール」が登場，2017年には液体洗剤や柔軟剤を自動投入してくれる洗濯機が発売された。いずれも海外企業が先行開発・発表した技術であるが，環境配慮型の家庭洗濯の実現に向けて進化が楽しみである。

＊8　表面張力：液体の表面積を最小にしようとする力をいう。表面張力の大きい液体ほど大きな水滴をつくり，濡れにくい。主な液体20℃の表面張力，水銀：470.0 mN/m，水：72.8 mN/m，ベンゼン：28.9 mN/m，エタノール：22.6 mN/m

の蛍光増白剤(fluorescent whitening agent)，再付着防止剤(カルボキシメチルセルロース；CMC)がある。このほか，洗剤には安定剤や香料などが添加されている。表6-6に洗剤に配合される主な酵素を示す。酵素には基質特異性があり，衣料用洗剤ならではの酵素としてセルロース分解酵素(セルラーゼ)がある。セルラーゼは，セルロース繊維の微細構造をゲル化して，綿繊維の内部に取り込まれた汚れの除去を容易にする効果がある。蛍光増白剤は染料としての性質をもち，洗剤にはセルロース系繊維に染着性があり，低温で速染性のあるものが使用されている。淡色や生成りの製品では本来の色調が損なわれることもあり，蛍光増白剤無配合の市販洗剤が増えている。

3）洗剤の水質汚濁

洗濯は衣服の汚れを取り除き，清潔な衣生活を提供してくれるが，その一方で除去した汚れや洗剤は下水を通して水環境へ排出され，水質汚濁の原因の一つとなる。この対策として下水道処理施設の普及*9，生分解性の容易な界面活性剤の開発や減量化が進められており，洗濯用合成洗剤の変遷は環境汚染対策の遍歴として学ぶところが大きい。

衣料用洗剤の移り変わりを図6-8に示す。1951(昭和26)年に発売した弱アルカリ性合成洗剤は，石油を原料とした分岐鎖型界面活性剤のアルキルベンゼンスルホン酸塩(ABS：生分解が困難という意味で「ハード型」とよぶ)を使用，その後リン酸塩の配合で画期的な洗浄力を示した。1963(昭和38)年には電気洗濯機の普及もあり，合成洗剤の生産量は石けんを上回った。しかし，この頃から河川での発泡問題を生じ大きな社会問題となり，1960年代中頃には生分解性のよい直鎖アルキルスルホン酸塩(LAS)へ転換された。これを合成洗剤の「ソフト化」とよんでいる。生分解性のより良い界面活性剤として，α-オレフィンスルホン酸塩(AOS)やα-スルホ脂肪酸メチルエステル塩(MES)*10などが開発されている。

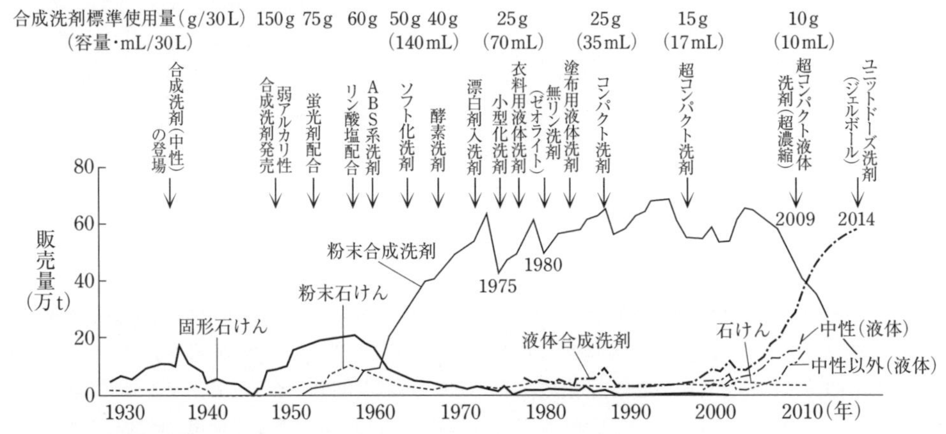

注〕2002年以降，固形石けんと粉末石けんのデータは「石けん」に統合して表示
1998年以降，液体合成洗剤は「中性」「中性以外」の内分けも表示

図6－8　衣料用洗剤の変遷

出典：文献4)，5)より筆者作成

＊9　下水道普及率：日本78.3％，韓国92.9％，ドイツ96.8％，フランス82.1％，スウェーデン87.0％，メキシコ56.0％(OECD Environmental Data Compendium 2013-2016より引用)わが国の下水道の普及率はEUに比べて低い。

＊10　α-スルホ脂肪酸メチルエステル塩(MES)：パーム油を原料とした脂肪酸系の界面活性剤，石けんよりも陰イオン界面活性剤に近い性質を示し，酵素との併用が容易である。α-SFとも表記される。

1970年代末頃から洗剤中のリン酸塩に起因する閉鎖水域の富栄養化問題が世界中で多発した。ゼオライト(アルミノけい酸塩)を配合した無リン洗剤が1980(昭和55)年に発売され，日本の洗剤の「無リン化」は完了している。なお1970年代に見られる2回の洗剤の減量生産は，第一次オイルショックと1979年の第二次オイルショックによるものである。

洗剤の減量化は，1987年に洗剤粒子の高密度化と酵素配合により粉末洗剤の「コンパクト化」がはじまる。コンパクト化は製造に加えて輸送，容器等の環境負荷削減効果も高いことから，欧米でも1990年頃にコンパクト粉末洗剤を導入，その後アジア諸国へも波及し一般化した。2009年には高親水性界面活性剤系[*11]の開発により，すすぎ1回をうたった「超濃縮液体洗剤」が市販された。節水に加えて洗濯時間の短縮から販売量を伸ばし，2011年には液体洗剤の販売量が粉末洗剤を抜いた。2014年にはすすぎ1回で計量不要のユニットドーズ[*12]洗剤が登場した。

(3)　家庭洗濯

衣服の損傷を最小限におさえて洗浄効果を高めるためには，衣類の取扱い表示や繊維の組成表示，洗剤の表示などを確かめてから洗うことが大切である。洗浄効果には洗剤の濃度，浴比，温度，時間，機械力などが影響する。

1)　洗濯条件

❶ 洗剤の濃度　洗剤は標準使用量より少ないと十分な洗浄力が得られないが，多過ぎても大きな効果は得られない。界面活性剤濃度の増加にともない表面張力は低下する。しかし，ある濃度以上で界面活性剤分子の会合体(ミセル)を生じ，図6-9に示すように表面張力はほぼ一定となる。この表面張力が最低値に達する濃度で，ミセルを形成しはじめる濃度を臨界ミセル濃度(critical micelle concentration；cmc)という。洗浄力や溶解度などが急変することが知られており，高機能界面活性剤の条件として臨界ミセル濃度が低いことがあげられる。

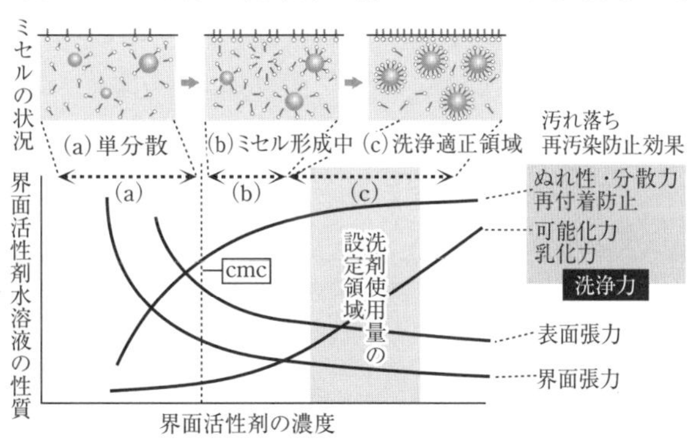

図6－9　界面活性剤水溶液の濃度とミセル形成，物性値の変化[6)]

❷ 浴　比　洗濯物と洗濯液の重量比を浴比といい，例えば，洗濯物1kgを洗濯液30Lで洗った場合を浴比1：30と表す。洗剤に表示された洗濯物量と洗剤の使用量(図6-5参照)の目安をもとに適正な水使用量を心がけることが環境に配慮した洗濯を行ううえで大切である。

❸ 洗濯温度　洗剤の洗浄力は，温度の上昇により一般的には促進する。しかし，実際の洗

＊11　高親水性界面活性剤：アクアWライザーは$R-O-(EO)_m/(PO)_nH$(EO：エチレンオキシド，PO：プロピレンオキシド)新開発ノニオン界面活性剤をメインとする。親水基が大きく親和性が高いことから洗剤の高濃度化(水の削減)と高すすぎ性を可能とした。

＊12　ユニットドーズ：単回の使用を目的とした包装形態のことであり，日本ではこれまでタブレット洗剤や粉末洗剤の小袋が販売された。2014年に発売したユニットドーズ洗剤の「ジェルボール」はP&Gが日本向けに開発したもので，水溶性の小袋に入った超濃縮液体洗剤である。イギリスでは2001年に，アメリカでは2012年に発売し，販売量を伸ばしている。

濯ではプラスにもマイナスにもはたらく。プラスの効果としては，「洗剤が溶解しやすくなる」，「界面活性剤の吸着速度が促進する」，「油汚れが除去されやすくなる」，「酵素や漂白剤は使用最適温度まで昇温することによって有効にはたらく」などである。マイナスの作用は，「たんぱく質汚れが変性して除去されにくくなる」，「疎水性合成繊維の再汚染が増える」，「酵素，漂白剤の最適温度を超えると効果が阻害される」などである。さらに，繊維や加工の種類によっては収縮や変退色，風合いの劣化が生じやすくなる。一般的には40℃程度の洗濯温度が望ましい。しかし，常温で洗濯を行うわが国では，水道水であっても冬季に5℃以下になる地域も多く「風呂の残り湯」の再利用は，洗浄力の向上に加えて節水や省エネにも有効である。しかし，風呂の残り湯を使う場合，汚れや菌の付着，ニオイの原因となるため，すすぎは水道水で行うことが大切である。

❹ **洗濯時間**　洗浄力に及ぼす洗濯時間の影響は，初めは急激に増加するが，ある時間を過ぎると汚れの離脱と再付着が平衡に達するため，洗浄効果はほぼ一定となる。必要以上に洗濯時間を長くすると，洗浄力が得られないばかりか，かえって衣服の損傷劣化の要因となる。

2）洗濯機

❶ **洗濯機の変遷**　わが国の家庭用電気洗濯機の変遷を図6-10に示す。1952（昭和27）年の噴流式洗濯機の国産化が契機となって洗濯機の本格的な普及がはじまる。渦巻き式（縦型の洗濯槽）の原型となる洗濯機が1955（昭和30）年に誕生し，普及率は年々増加して1965（昭和40）年には70％，1980年代にはほぼ100％となった。その間，遠心脱水槽つき二槽式洗濯機から1965年（昭和40）年には全自動洗濯機が開発され主流となる。2000（平成12）年には縦型遠心力乾燥洗濯機，2003（平成15）年には斜めドラム式洗濯乾燥機，2005（平成17）年にはヒートポンプ式洗濯乾燥機（コラム2参照）が販売され，大型化されている。

❷ **洗濯機の現状**　水質や生活習慣，地域などによって使用する洗濯機のタイプは異なる。世界の洗濯機は，渦巻き式（縦型：日本を中心に東南アジア，韓国，中国），撹拌式（主にアメリカ），ドラム式（主にヨーロッパ）の3タイプに分けられる（図6-11）。日本では，洗濯物の出し入れが容易な斜めドラム式の洗濯乾燥機が販売され，一般化した。斜めドラム式はドラム式

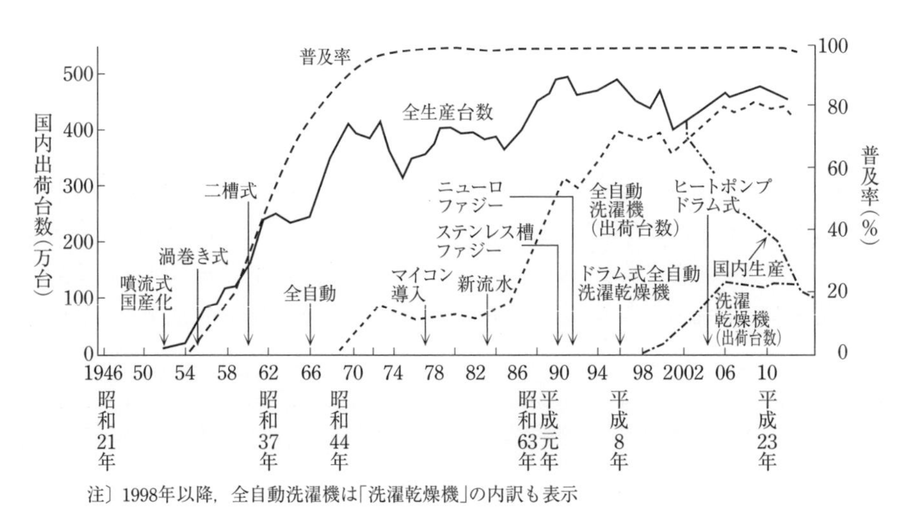

注〕1998年以降，全自動洗濯機は「洗濯乾燥機」の内訳も表示

図6－10　電気洗濯機の生産台数および普及率推移

出典：文献4）より筆者作成

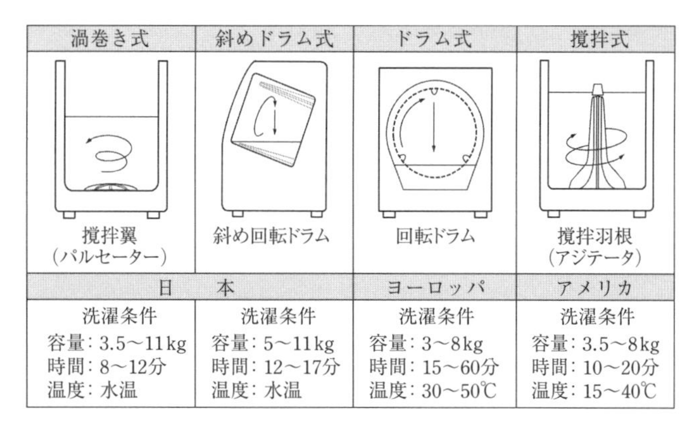

渦巻き式	斜めドラム式	ドラム式	撹拌式
撹拌翼 （パルセーター）	斜め回転ドラム	回転ドラム	撹拌羽根 （アジテータ）
日　本		ヨーロッパ	アメリカ
洗濯条件 容量：3.5～11kg 時間：8～12分 温度：水温	洗濯条件 容量：5～11kg 時間：12～17分 温度：水温	洗濯条件 容量：3～8kg 時間：15～60分 温度：30～50℃	洗濯条件 容量：3.5～8kg 時間：10～20分 温度：15～40℃

図6－11　世界で使用されている洗濯機のタイプと特徴

よりも洗濯液量が多く，ドラム式と渦巻式を複合した機械力を示す。乾燥機能付き洗濯機の所持状況は70％弱（2018年）に達するが，実際の使用者は1割以下であり，乾燥機能付きの洗濯機をもっていても，屋外干しを優先して洗濯乾燥機能を恒常的に使っていないのが日本の特徴である。

ヨーロッパではかつてペストの流行で煮沸洗濯行われた影響から高温洗濯が一般的であったが，環境への配慮から年々低温化が図られている。EU諸国では，洗濯機の性能試験法IEC（International Electrotechnical Commission）60456を用いて，消費者に向けた性能表示として「エネルギーラベル」を使用している。図6-12に示すように洗濯機専用のラベルには洗濯性能のほか，消費電力量や総使用水量，脱水性能などが洗濯機に添付されて販売されている。消費者はエネルギーマークを参考に選択・購入することができるもので，わが国でもこのような表示が望まれる。

European Commission HP; http://ec.europa.eu/energy/efficiency/labelling/labelling_en.htm 参照

図6－12　洗濯機のエネルギーラベル（EU）

3）乾　燥

脱水後，長時間洗濯物に水分が残留すると，カビや悪臭の原因になるので直ちに乾燥することが望ましい。太陽光や風を利用して乾かす「屋外干し」は，省エネルギー的な乾燥方法であるが，紫外線は繊維の脆化や黄変，染色物の変退色をもたらす。近

コラム 2　ヒートポンプ式洗濯乾燥機

世界に先駆けて2005年11月にPanasonicがヒートポンプ式の洗濯乾燥機を発売した。ヒートポンプ乾燥方式は，エアコンと同じようにコンプレッサを使用し，冷媒を循環させて熱の移動を行う。これまでのようにヒーターによる長時間の加熱や冷却水を必要としない除湿乾燥で，低温乾燥により，乾燥時間の短縮，節水，節電を実現した。

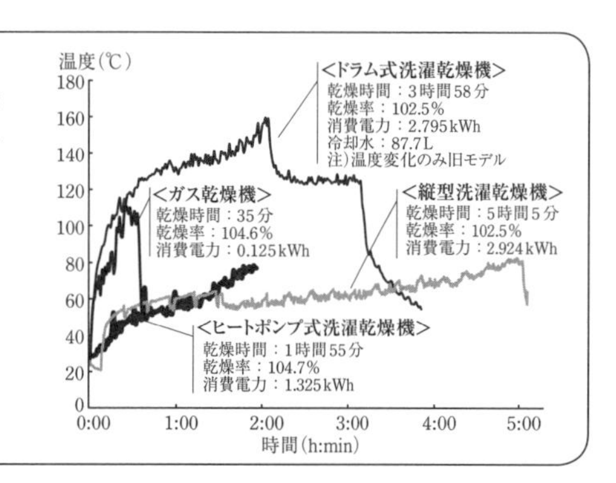

年，スギ花粉をはじめとする花粉症対策として「屋外干し」を避ける世帯，女性の社会進出や単身者世帯の増加から「室内干し」や機械乾燥（洗濯乾燥機，浴室乾燥など）を行う世帯が増加した。しかし，室内干しは居室におけるカビ発生の要因の一つとして注意が必要である。乾燥機を使用する場合（コラム2の図参照），洗濯槽内の温度が100℃を超えるタイプもあるので，合成繊維には注意が必要である。

(4)　商業洗濯（クリーニング）

専門業者が行うクリーニングは，揮発性有機溶剤を使用するドライクリーニング，温水を使用するランドリー，ソフトな水洗いのウェットクリーニング，この他パウダー洗浄や泡沫洗浄といった特殊クリーニングに分類される。

1)　ドライクリーニング

ドライクリーニングは，水の代わりに揮発性有機溶剤を用いて衣服への影響を抑えた洗濯方

表6－7　主なドライクリーニング溶剤の特性

特性＼溶剤	石油系溶剤（飽和炭化水素化合物）	塩素系溶剤 テトラクロロエチレン	フッ素系溶剤	
			HCFC-225	HFC-365 mfc
化学構造	炭化水素化合物	C_2Cl_4	$C_3Cl_2F_5$	$CF_3CHl_2CF_2CH_3$
沸点（℃）	150～210	121	54	40.2
溶解力（カウリブタノール値）*	27～45	90	31	13
水の溶解度（g/100 g，20℃）	0.007	0.008	0.03	0.09
引火性	あり	なし	なし	なし
表面張力（dyn/cm，20℃）	20～50	32.3	16.2	15
比重（20℃）	0.77～0.82	1.63	1.56	1.26
特　徴	汚れを落とす力はテトラクロロエチレンより劣るが，合成樹脂や染料に与える影響は小さい。絹の和服などデリケートな衣類の洗浄に適している	油汚れを溶かす力が大きいが，合成樹脂や染料などを溶かすことがある。不燃性であるが毒性があるため密閉系での使用が必要である	不燃性で毒性が低く，デリケートな衣類の洗浄に適している。理想的な溶剤であるが，環境への影響から2020年以降は全廃されることが決定している	HCFC-225の後継。代替フロン。不燃性でデリケートな衣類の洗浄に適している。2019年から削減決定，製造・輸入に許可が必要となる

＊カウリブタノール値：石油系溶剤に対する溶解力を試験するために考案されたもの。
値が大きいものほど樹脂に対する溶解度が大きい。

表6－8　ドライクリーニングの特徴

長所	①	油性汚れの除去に優れている
	②	繊維を膨潤させないため収縮や型くずれが起こりにくい
	③	布の風合いや光沢，染色への影響が少ない
	④	乾燥が早く，仕上げが容易である
短所	①	水溶性汚れが除去しにくい。改善方法として，チャージシステムで対応する。
	②	再汚染しやすい ← 洗濯物の仕分けやソープの種類，洗浄条件，溶剤の蒸留やフィルター（ろ過）など，詳細な管理で対応する
	③	溶剤で損傷を受ける衣類（付属品を含む）*には利用できない
	④	溶剤によっては人体毒性や引火・爆発の危険性，環境汚染（大気・地下水）の原因にもなる。改善方法として，洗浄装置の気密性，溶剤の回収・精製・再使用の設備を必要とする

＊適さない衣類，付属品：金属糸や金箔加工の和服，ラメ・メタリック素材，接着布，接着芯地，合成樹脂のボタン

法である。わが国では石油系溶剤(炭化水素化合物) 91%，塩素系溶剤(テトラクロロエチレン：通称パークロルエチレンまたはパーク) 8%，フッ素系溶剤*13 1%となっている。主な溶剤の特性を表6-7に示す。テトラクロロエチレンの使用割合が90%前後に達する欧米諸国[7]に比べて，石油系溶剤の使用量が多い。ドライクリーニングは溶剤の種類によって洗浄性や乾燥性，安全性など異なるが，毛や絹など水による洗濯が適さない製品にとって必要な洗濯である。ドライクリーニングの特徴を表6-8に示す。ドライクリーニングにとって落としにくい水溶性汚れは，「チャージシステム」を用いて，ドライソープ*14 (0.5～1%)や，少量の水(0.05%)を溶剤に加えることで除去を容易にしている。

2) ランドリー

水洗いできるワイシャツ，シーツ，汚れのひどい衣類に適し，40～80℃の温水で，弱アルカリ性洗剤を用いて「ワッシャー」とよばれる回転ドラム式洗濯機で洗う。毛，絹などのアルカリに弱い繊維，レーヨンやリヨセルなど強度の小さいものには適さない。ランドリーではプレス機などの機械化が進み，ワイシャツの洗濯は安価な機械仕上げと高額な手仕上げを設け，消費者が選べるようになっている。

3) ウェットクリーニング

手洗いと表示されているデリケートな衣類や本来ドライクリーニングするべき衣類でも，汗など水溶性の汚れがひどい場合などに，常温～40℃のぬるま湯に，中性洗剤を用いて行う水洗いをいう。ドライクリーニングだけでは落とすことがむずかしい水溶性汚れも，水洗いだけでは落とすことがむずかしい油性汚れも，ドライクリーニングの後にウェットクリーニングを行う二度洗い「Wクリーニング」が推奨されている。2016 (平成28) 年12月にスタートしたJIS取扱い絵表示(表6-13参照)には，ウェットクリーニングの絵表示が追加された。

4) ドライクリーニング溶剤の環境問題

ドライクリーニング溶剤は，地球温暖化やオゾン層の破壊，地下水の汚染，光化学スモッグなど環境汚染や健康障害と深く関わっており(図6-13)，使用規制に関する法令が定められている。「オゾン層保護法」(特定物質の規制等によるオゾン層の保護に関する法律)では，フロン113，1, 1, 1-トリクロロエタンは1996年1月以降製造が禁止され，ハイドロクロロフルオロカーボン(HCFC)などのHCFC類も2020年までに全廃され，「代替フロン」として開発されたハイドロフルオロカーボン(HFC)も2019年以降の削減が決まっている。また，PRTR法(Pollutant Release and Transfer Register) *15では，テトラクロロエチレンは第一種指定化学物質として環境への排出量を把握するとともに削減に向けた設備や使用の合理化が進められてい

＊13　フッ素系溶剤(HCFC類)：代替フロンとして利用されているが，HCFC-225は2020年までに全廃，HFCも2019年以降の削減が決定している。なお，本文中の溶剤のパーセントは，平成28年度の厚生労働省の溶剤別機械台数の使用割合を示したものである。

＊14　ドライソープ：ドライクリーニング用の洗剤。水溶性汚れの除去，再汚染防止，静電気防止・抑制，風合い維持を示す。ドライソープは界面活性剤，相互溶剤(アルコール類など)，添加剤(蛍光剤，柔軟剤)，ドライ溶剤で構成される。界面活性剤はアニオン系と非イオン系，カチオン系と非イオン系など2種類以上を組み合わせて使用する。

＊15　PRTR法：1999年に「特定化学物質の環境への排出量の把握等および管理の改善の促進に関する法律」(化学物質排出把握管理促進法：化管法)として制定した。化管法では，PRTR制度とMSDS制度(Material Safety Data Sheet)を柱として，事業者による化学物質の自主的な管理の改善を促進し，環境の保全上の支障を未然に防止する。

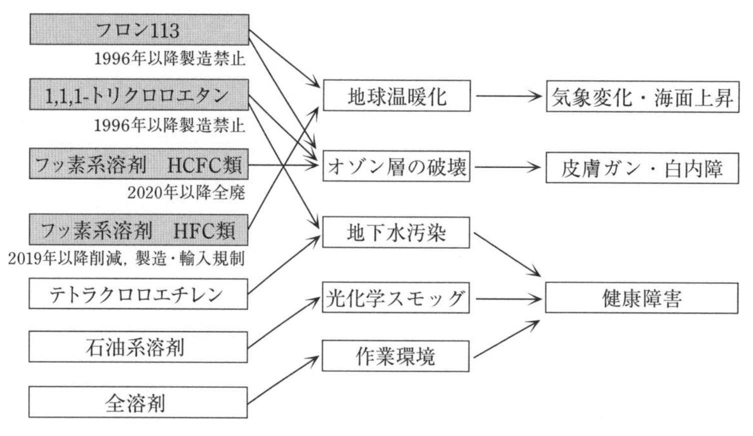

図6－13　ドライクリーニング溶剤と環境汚染問題
出典：文献8)より筆者作成

る。2006年より揮発性有機化合物(VOC; Volatile Organic Compounds)の排出規制が行われているが，ドライクリーニングは規制対象とはなっていない。しかし，いずれのドライクリーニング溶剤も，光化学スモッグの原因物質であり，大気中への排出量の削減が求められている。一方，ドライクリーニング溶剤の安全性は，テトラクロロエチレンの廃液処理問題，石油系溶剤の衣類残留による皮膚炎症など十分な管理を必要とする。

2．衣服の仕上げと保管

洗濯の仕上がりを補い，衣服の外観や形状，性能を整えるために漂白・増白，柔軟仕上げ，糊付け，アイロンがけなどの仕上げを行う。また，日常の衣服管理に加えて，衣服の適切な保管，収納を行うことで，衣服の価値を長く保ち有効に着用することができる。

(1)　漂白と増白

日常の洗濯で除去しきれない汚れの蓄積は，衣服の黄ばみや黒ずみの原因となる。元の白さや鮮明な色・柄を回復するために，漂白(bleaching)や増白(whitening)を行う。

1)　漂　白

衣服の黄ばみや黒ずみの原因になる物質(色素)を，漂白剤によって化学的に分解して無色にすることを漂白という。漂白剤(bleaching agent)は，酸化型と還元型に分類され，酸化型には塩素系と酸素系がある。家庭洗濯で使用される主な衣料用漂白剤を表6-9に示す。繊維の種類や染色・加工の有無，汚れの種類や付着状態によって，適切な漂白剤と処理条件を選ぶことが重要である。

漂白剤の中には，漂白効果のほかに殺菌効果や消臭効果のあるものもあり，取扱い方法や注意事項に従って安全に使用することが大切である。特に塩素系漂白剤の次亜塩素酸ナトリウムは，衣料用漂白剤や台所用漂白剤だけでなく，カビ取り剤や排水パイプ洗浄剤，トイレ用洗浄剤などにも含まれている。これらと酸性タイプと表示のある洗浄剤(トイレ用洗浄剤など)や食酢，アルコールなどが混じると有害な塩素ガスを発生*16する。事故防止のため，塩素系や酸性

表6－9　主な衣料用漂白剤の種類と特徴

種類		主成分	形状	液　性	処理温度	主な特徴
酸化型	塩素系	次亜塩素酸ナトリウム（NaOCl）	液体	アルカリ性	常温	• 綿，麻，レーヨン，ポリエステル，白物衣類に使用できる • 色物，柄物，毛，絹，ナイロン，アセテート，ポリウレタン，金属製品，樹脂加工（黄変させる）には使用できない
酸化型	酸素系	過酸化水素（H_2O_2）	液体	弱酸性	常温～40℃	• すべての繊維，白物，色物，柄物衣類に使用できる • 金属製品には使用できない
酸化型	酸素系	過炭酸ナトリウム（$2Na_2CO_3 \cdot 3H_2O_2$）	粉末	弱アルカリ性	常温～40℃	• 綿，麻，化学繊維，白物，色物，柄物衣類に使用できる • 毛，絹，金属製品には使用できない • 粉末洗剤に配合
酸化型	酸素系	過ホウ酸ナトリウム（$NaBO_3$）	粉末	弱アルカリ性	70℃程度	• すべての繊維，白物，色物，柄物衣類に使用できる • 金属製品には使用できない
還元型	還元系	二酸化チオ尿素（$(NH_2)_2CSO_2$）	粉末	弱アルカリ性	40～50℃	• すべての繊維に使用できる • 色物，柄物衣類，金属製品には使用できない • 鉄分による黄変，血液を除去することができる
還元型	還元系	ハイドロサルファイト（$Na_2S_2O_4$）	粉末	中性	40～60℃	• すべての繊維に使用できる • 色物，柄物衣類，金属製品には使用できない • 鉄分による黄変を除去することができる

タイプの洗浄剤には「まぜるな危険」の表示や「安全図記号*17」が製品のラベルに付けられている（図6-14）。製品の改善も進められているが，消費者側も家庭で使用する化学薬品の基本的な知識を持ち，取扱い表示に従って正しく使用することで安全が担保できる。1995（平成7）年にPL法*18（Product Liability：製造物責任法）が制定され，消費者の自己責任が求められている。

図6－14　製品ラベルに付けられた安全図記号と文言[9)]

＊16　塩素ガスの発生：次亜塩素酸ナトリウムはアルカリ条件下で安定に存在するが，酸性タイプの製品に配合されている塩酸と混ざると反応式に示すように塩素ガスを発生する。風呂掃除中の主婦が塩素ガス中毒の被害にあう事故がかつて多発したことがある。その後，事故再発防止のため注意喚起の表示が大きくなった。

$$NaOCl + 2HCl \longrightarrow NaCl + H_2O + Cl_2 \uparrow$$

＊17　安全図記号：製品安全表示図記号の略称，日本石鹸洗剤工業会は注意喚起を促す文言を該当図記号に併記して使用する10種類のラベル（禁止図記号5つ，指示図記号5つ）を開発，2018年より逐次適用されている。

＊18　PL法：製造物責任法，1994（平成6）年7月公布，翌年7月に施行。Product Liabilityの頭文字を使った略称。製品の欠陥によって生命，身体または財産に損害を被ったことを証明した場合に，製造者などが負う損害賠償の責任について定めたもので，円滑かつ適切な被害救済に役立つ。

2）増白（蛍光増白）

蛍光増白剤とよばれる染料を用いて，白さを増すことを蛍光増白という。図6-15にポリエステル白布を蛍光増白処理した反射スペクトルの変化を示す。蛍光増白処理により蛍光増白剤が400 nm 以下の紫外部の光を吸収して，その吸収エネルギーを440 nm 付近の可視波長部に反射光（蛍光）を発するため白く見える。

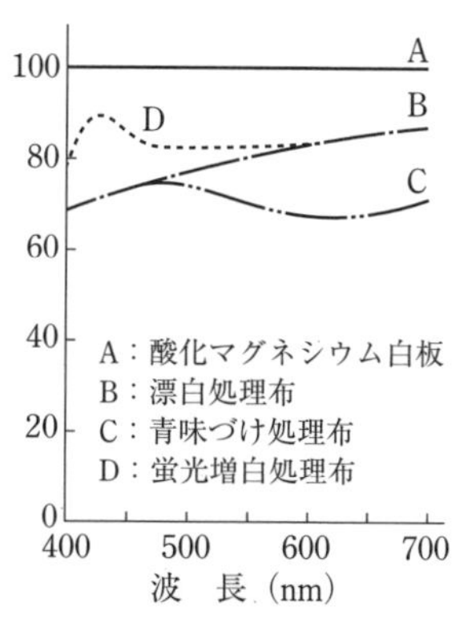

図6－15　蛍光増白処理布と原白布の反射率スペクトル

白い衣服には生産工程で蛍光増白がされている場合が多く，洗濯によって脱落する蛍光増白剤を洗濯中に補うために，合成洗剤中に蛍光増白剤を配合しているものが多い。洗剤に配合されている蛍光増白剤は直接染料系のもので，生成や淡い色のセルロース系繊維の衣類を繰り返し洗濯すると蛍光増白剤の染着によって変色する。蛍光増白剤を配合していない洗剤として，おしゃれ着用中性洗剤や超濃縮液体洗剤が市販されている。

(2)　仕上げ

着用や洗濯の繰り返しによって繊維の風合が変化して，肌触りをわるくしたり，型くずれを生じたりする。衣服に合わせた適切な仕上げ処理によって，より快適に着ることができる。

1）柔軟処理

やわらかさや肌触りの回復に，柔軟仕上げ剤（softener）を用いて柔軟処理を行う。市販の柔軟仕上げ剤の主成分は陽イオン界面活性剤（表6-4）で，親油基を外側にして繊維表面に吸着する。繊維どうしの滑りをよくして摩擦が減少することから，柔軟効果や帯電防止効果も併せて得られる。布のまとわりつきを抑えて，汚れの吸着を防止するが，水を吸収しにくくなる欠点もある。柔軟仕上げ剤は，透明濃縮タイプ，抗菌効果，防臭効果，吸水性の改善に加えて，消費者のニーズに合わせて多様な香りや長時間持続する香りが販売されており，消費量を急激にのばしている。

2）糊づけ

糊づけ（sizing）は，布に適度な張りと硬さを与え，衣服の形を整えるために行う。毛羽をおさえて防しわ性や通気性に加えて，防汚性，洗浄性を向上させる効果がある。衣料用糊剤は，天然高分子（でんぷんなど），天然高分子誘導体（可溶化でんぷん，デキストリン，カルボキシメチルセルロース（CMC）など），合成高分子（ポリ酢酸ビニル（PVAc），ポリビニールアルコール（PVA）など）がある。いずれの繊維製品にも使用することができ，保存性や取扱いの容易な合成高分子が広く使われている。スプレー式で，アイロン仕上げに使用するもの，洗濯機で使用できる乳液タイプのものが市販されている。

3）アイロンがけ

アイロンがけ（ironing）は，アイロンの熱（設定温度），水分（スチーム），圧力の総合作用によって衣服のしわを伸ばしたり，折り目やひだなどの形を整えたりすることである。また，アイロンの熱処理には殺菌効果がある。高温になるほど仕上げ効果は大きいが，繊維によっては黄変や収縮，硬化などを生じる。アイロンの適正温度を表6-10に示す。取扱い絵表示で適切な温度を確認してからアイロンがけを行う。綿，麻，レーヨン，毛などのアイロンがけにはスチームを使用する。厚地のものほど加圧効果がある。また，当て布を使用すると衣類の「てかり」を防ぐことができる。しかし，アイロンがけには手間も消費電力量もかかる。乾燥後しわが少ないように形を整えて干すことやしわの入りにくい衣類を購入することも役立つ。

表6－10　主な繊維の分解・軟化・溶融温度とアイロンの適正温度(℃)

繊維の種類	分解温度	軟化温度	溶融温度	アイロンの温度	絵表示
綿	240	−	−	180～210	高
麻	240	−	−		
絹	240	−	−	140～160	中
毛	215	−	−		
レーヨン	260	−	−		
ポリエステル	−	240	260		
ナイロン	−	180	215		
アセテート	−	200～230	260	80～120	低
アクリル	−	190～230	−		
ポリウレタン	−	−	150～230		

(3) 保　管

梅雨時から夏場にかけて高温多湿となるわが国では，季節外の衣服や普段着用しない特別な衣服(式服・和服)は，保管中にカビや虫の害，衣服素材の脆化・黄変などを受けやすい。適切な保管，収納によって，衣服の価値を長く保つことができる。

1) 防カビ

カビは細い糸状の菌で，気温・湿度(25℃以上，湿度70％以上)が高く，栄養分がある環境下で繁殖しやすい。カビの胞子に含まれる色素により着色を生じ，カビ臭を発する。表6-11に示すように繊維の種類によってカビに対する抵抗性は異なり，吸湿性の高いセルロース系繊維はカビが発生しやすく，合成繊維はカビに対して抵抗性が高い。

表6－11　繊維のカビ，害虫に対する抵抗性

繊維名	カビに対する抵抗性	害虫に対する抵抗性
綿	繁殖しやすい	十分抵抗性あり
麻	繁殖しやすい	抵抗性あり
レーヨン・キュプラ	繁殖しやすい	十分抵抗性あり
絹	繁殖する	綿より弱い
羊毛	繁殖する	侵される
アセテート	抵抗性が強い	十分抵抗性あり
その他の合成繊維	完全に抵抗性あり	完全に抵抗性あり

衣類の防カビには，汚れやしみを除き，十分な乾燥を行い，除湿剤を用いて密閉性のよい容器で保管する。除湿剤の主成分は塩化カルシウムで，保水剤を混入した保水式[*19]で，粒状やシート状のものが市販されている。収納室はよく換気をして，除湿機やエアコンで湿度を下げる。

＊19　保水式：高吸水性ポリマーを吸収剤として使用，吸水した水をゼリー状に固める「保水式」(衣類用)に対して，吸収した湿気を液状に貯水する「たまり水式」の２タイプが除湿剤として市販されている。たまった液体をこぼすとシミになりやすい。

2）防虫

衣類の害虫は，イガ，コイガ，ヒメカツオブシ虫，ヒメマルカツオブシ虫などで，いずれも幼虫期に害を与える。害虫は毛製品を好み，汚れが付着しているとセルロース系繊維や化学繊維でも食害にあうので注意が必要である。毛製品の中には，防虫加工が行われているものもあるが，一般には防虫剤や脱酸素剤を使用する。

防虫剤には，忌避効果（害虫が嫌って避ける）によるものと殺虫効果によるものがある。主な衣料用防虫剤を表6-12に示す。これまで樟脳（しょうのう），ナフタリン（ナフタレン），パラジクロロベンゼン（パラジクロルベンゼン）が，防虫剤として使われてきた。これらは常温で液化することはなく，昇華して薬剤のガスを発生し，害虫の食害を防ぐ忌避効果がある。発生するガスは空気よりも重いので，衣類の上に置いて使用する。無臭のピレスロイド系殺虫剤のエムペントリン（エムペンスリン）は，1983年に発売され，現在市販されている防虫剤の主流となっている。除虫菊から抽出された殺虫成分ピレトリンは，常温で蒸散して殺虫効果を示すとともに，卵の孵化を妨げる効果もある。他の防虫剤との同時使用も可能で，金属や染料への影響も少ない。防腐・防カビ剤（PCMX：パラクロメタキシレノール）を配合した防虫剤も多く市販されている。

表6－12　主な衣料用防虫剤

タイプ	防虫剤	特　徴	取扱いの注意事項
昇華性（有臭性タイプ）	樟　脳 $C_{10}H_{16}O$	• 穏やかな作用，忌避効果はあるが殺虫効果は小さい • 金糸や銀糸などが変色を起こさないことから，和服などの絹製品に多様される	• 特有の刺激臭がある • 昇華性注)1の防虫剤どうし併用しない（反応を避ける）
	ナフタリン $C_{10}H_8$	• 昇華が遅く効果は低い。持続性がある • 金属に損傷を及ぼさない	
	パラジクロルベンゼン $C_6H_4Cl_2$	• 昇華が速く，速効性がある。長持ちしない • 金糸，銀糸，ラメなどが光沢を失ったり黒く変質することがある	
蒸散性（無臭性タイプ）	ピレスロイド系 $C_{18}H_{26}O_2$（エムペンスリンほか）	• 微量でも高い防虫効果と持続性がある • 蒸散性注)2の他に，接触性タイプ（防虫加工をほどこした収納具など）がある	• 刺激臭がなく，ほぼ無臭 • 効果終了を文字等で表示 • 昇華性の防虫剤と併用可能

注〕1　昇華とは，固体が液体にならないで，直接気体に変わる現象
注〕2　液状の防虫剤が不織布などのボードに含浸されていて，蒸散するタイプ

コラム3　セーターの家庭洗濯

ドライマークがついていても水洗いできるセーターが増えている。ウール100%でも防縮加工されているものやアクリルなど合成繊維が混紡されているセーターは，「洗濯機の手洗いコース」で手軽に洗えるものが増えている。

[洗濯のポイント]

① 取扱い絵表示の確認：「家庭洗濯マーク」か「手洗いマーク」がついていたら水洗いできる。「家庭洗濯不可マーク」の場合は，むりをしないでクリーニングへ出す（表6-13参照）。
② 使用洗剤：衣料用の中性洗剤（所定量）を使う。
③ 洗濯機の手洗いコース：セーターをたたんで洗濯ネットにいれ，手洗いコースで洗濯する。柔軟剤を投入口に入れておくと，柔軟仕上げも簡単である。
④ 干し方：セーターを軽くたたみ直して，軽くたたきながら形を整え，日陰に平干しにする。
⑤ アイロン仕上げ：スチームをたっぷり出しながら，アイロンを浮かせて掛けるのがポイント。ワンランク上の仕上がりにアイロン仕上げは必須である。

3. 取扱い絵表示(ケアラベル)

繊維製品は新しい加工技術の進歩により多様化が進み，洗濯機や洗剤，漂白剤，仕上げ剤も多種多様化している。消費者が衣類の管理を適切に行うには，衣類の「取扱い絵表示」や注意事項について，購入時に必ず確認して購入の可否の参考にすべき情報である。

(1) 新JIS(日本工業規格)

衣類の取扱い絵表示は，家庭用品品質表示法により事業者が表示すべき事項として義務づけられている。2016(平成28)年12月1日から，新しい日本工業規格(JIS L 0001：2014)「繊維製品の取扱いに関する表示記号及びその表示方法」で規定する記号に変更した。この変更では，国際規格であるISOのケアラベル*20に整合した規格を新たに設け，国内外の洗濯表示を統一した。

表6－13　新JIS規格による取扱い絵表示の記号と意味(JIS L 0001：2014)

①洗濯処理

記　号	記号の意味
95	液温は95℃を限度とし，洗濯機で洗濯ができる
70	液温は70℃を限度とし，洗濯機で洗濯ができる
60	液温は60℃を限度とし，洗濯機で洗濯ができる
60	液温は60℃を限度とし，洗濯機で弱い洗濯ができる
50	液温は50℃を限度とし，洗濯機で洗濯ができる
50	液温は50℃を限度とし，洗濯機で弱い洗濯ができる
40	液温は40℃を限度とし，洗濯機で洗濯ができる
40	液温は40℃を限度とし，洗濯機で弱い洗濯ができる
40	液温は40℃を限度とし，洗濯機で非情に弱い洗濯ができる
30	液温は30℃を限度とし，洗濯機で洗濯ができる
30	液温は30℃を限度とし，洗濯機で弱い洗濯ができる
30	液温は30℃を限度とし，洗濯機で非情に弱い洗濯ができる
	液温は40℃を限度とし，手洗いができる
	家庭での洗濯禁止

②漂白処理

記　号	記号の意味
	塩素系及び酸素系の漂白剤を使用して漂白ができる
	酸素系漂白剤の使用はできるが，塩素系漂白剤は使用禁止
	塩素系及び酸素系漂白剤の使用禁止

③乾燥処理(タンブル乾燥)

記　号	記号の意味
	タンブル乾燥ができる(排気温度上限80℃)
	低い温度でのタンブル乾燥ができる(排気温度上限60℃)
	タンブル乾燥禁止

③乾燥処理(自然乾燥)

記　号	記号の意味
	つり干しがよい
	日陰のつり干しがよい
	ぬれつり干しがよい
	日陰のぬれつり干しがよい
	平干しがよい
	日陰の平干しがよい
	ぬれ平干しがよい
	日陰のぬれ平干しがよい

④アイロン仕上げ処理

記　号	記号の意味
	底面温度200℃を限度として，アイロン仕上げができる
	底面温度150℃を限度として，アイロン仕上げができる
	底面温度110℃を限度として，アイロン仕上げができる
	アイロン仕上げ禁止

⑤商業洗濯(ドライクリーニング)

記　号	記号の意味
P	パークロロエチレン及び石油系溶剤によるドライクリーニングができる
P	パークロロエチレン及び石油系溶剤による弱いドライクリーニングができる
F	石油系溶剤によるドライクリーニングができる
F	石油系溶剤による弱いドライクリーニングができる
	ドライクリーニング禁止

⑤商業洗濯(ウェットクリーニング)

記　号	記号の意味
W	ウェットクリーニングができる
W	弱い操作によるウェットクリーニングができる
W	非情に弱い操作によるウェットクリーニングができる
W	ウェットクリーニング禁止

＊20　ISOのケアラベル：ISO 3758：2012(International Organization for Standardization)に定められた取扱い絵表示。このISOケアラベルとの整合性を図ったのが新JIS L 0001：2014である。

表6-13に記号とその意味を示す。表示事項は，①洗濯処理，②漂白処理，③乾燥処理（タンブル乾燥，自然乾燥）④アイロン仕上げ処理，⑤商業洗濯（ドライクリーニング，ウェットクリーニング）の5項目である。

図6-16に示した5つの基本記号と付加記号の組み合わせで表示する。記号で表せない取扱い情報は，事業者の任意表示として，記号を並べて表示した近くに用語や文章で付記する。付記用語の例としては，「中性」「洗濯ネットの使用」「裏返しにして洗う」「弱く絞る」「あて布使用」などがあげられる。

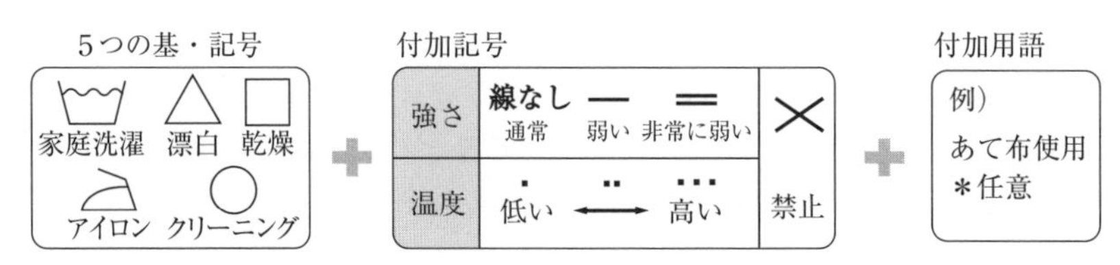

図6-16　5つの基本記号と付加記号

（2）　新旧JISの比較

新しい取扱い絵表示（JIS L 0001: 2014）への変更に伴い，消費者が所持している衣類は，旧

表6-14　旧JISと新JISおよびISOにおける取扱い絵表示の比較

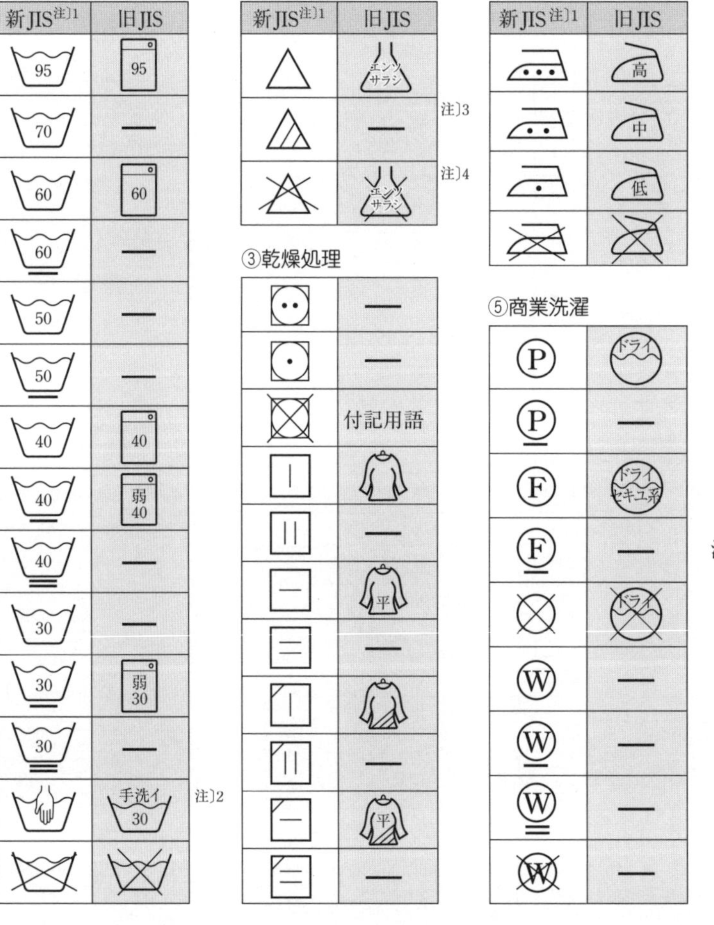

注〕1　ISO 3758と統一
2　新JISおよびISOの手洗いの液温は40℃，旧JISは30℃と異なる
3　旧JISには酸素系漂白剤の可否は含まれない
4　旧JISでは「酸素系漂白剤禁止」の付記用語を併用

旧JISしぼり方「［しぼり方記号］」は，新JISに該当なし。付記用語にて対応

JIS 規格(JIS L 0217: 1995)のラベルと混在した状況となっている。旧 JIS と新 JIS では記号が異なるものや，旧 JIS には取扱い表示がないものがある。今後の参考として新旧 JIS の取扱い絵表示の比較を表6-14に示す。

4. 衣服の廃棄とリサイクル

ファストファッションの台頭や新興国での生産量の増大は，衣服の価格低下を引き起こし，大量生産・大量消費を推し進めている。一方，「持続可能な開発のための2030アジェンダ」*21が採択され，環境問題やサステイナビリティに対する意識の高まりに加えてエシカル消費*22の重要性が認識されている。循環型社会の構築に向けた企業の取り組みと，消費者の衣生活行動が「持続可能な衣生活」の実現に重要な役割を果たすことを学ぶ。

(1) 衣服のライフサイクル

衣服の一生(ライフサイクル)は，原材料の調達から生産，流通，使用・維持管理，廃棄・リサイクルまでの流れで表され，多くの資源や水，エネルギーが使用・廃棄される(図6-17)。衣服の製造段階で消費される資源やエネルギー，廃棄処理などに必要とされる二酸化炭素(CO_2)排出量は，衣服の使用・維持管理，廃棄段階に比べるとはるかに大きいことが分かる。環境負荷の削減には，消耗品化した衣服を見直し，持続可能な衣生活に改めることが大切である。

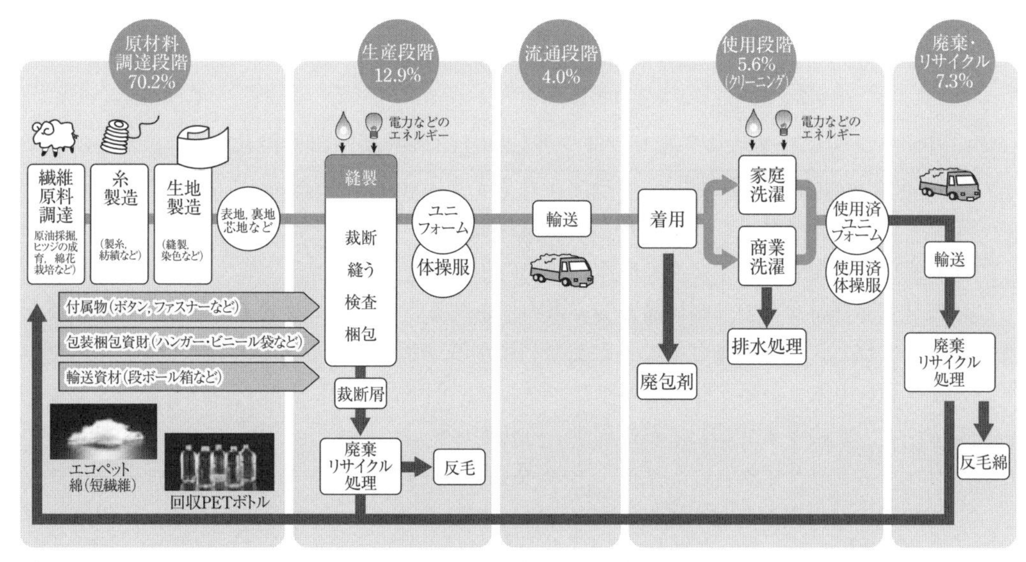

注］ユニホーム(上着)の原材料調達段階の CO_2 排出割合(%／枚)，その他の各段階も同様に CO_2 排出割合を示す。

図6－17　衣服のライフサイクルフロー

出典：文献10)より筆者作成

＊21　持続可能な開発のための2030アジェンダ：持続可能な開発目標(Sustainable Development Goals：SDGs)を中核とし，2015(平成27)年9月25日に，ニューヨーク・国連本部で開催した国連サミットで採択された2016～2030年までの国際社会共通の目標

＊22　エシカル消費：エシカル(ethical)とは，倫理的・道徳的という意味であり，人や社会，環境に配慮した消費活動を指す。1989年にイギリスで専門誌「Ethical Consumer」(倫理的消費者)が創刊され，ヨーロッパではエシカル消費という概念が普及している

(2)　衣服のリサイクル

1）　繊維製品の再資源化

繊維製品の再資源化として，リユース（Reuse：再利用）とリサイクル（Recycle：再生利用）を中心に行われており，頭文字を取って2Rとよんでいる（図6-18）。リユースは，不要衣服を製品としてそのまま使用する取組みで，国内・海外で中古衣料（古着）として再利用している。海外向けの古着は，中国の古着の輸入規制や東南アジアの急速な発展により減少したが，国内でリユースされる古着の販売は，リサイクルショップやフリーマーケット，自治体のリサイクルプラザ，企業の古着回収の取り組みもあり，古着専門のチェーン店が店舗数を増やし，最近では古着の宅配買取サイトが急激に増えて，国内の古着の流通が拡大している。

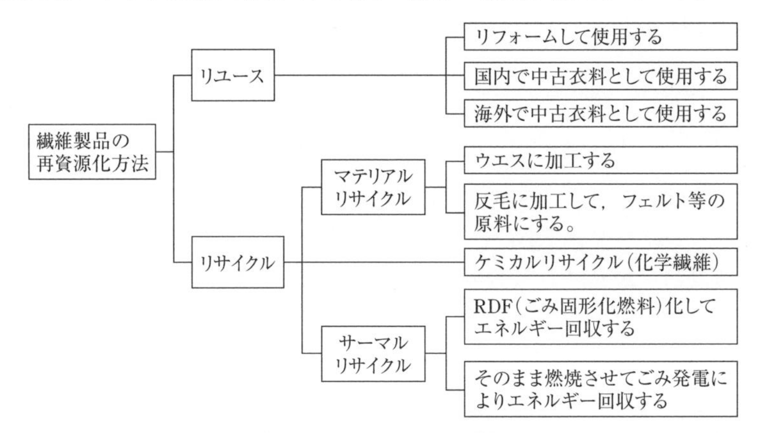

図6－18　繊維製品の再資源化方法

出典：文献11）より筆者加筆

リサイクルは，マテリアルリサイクル（material recycle：再資源化），ケミカルリサイクル（chemical recycle：再生利用），サーマルリサイクル（thermal recycle：熱回収）が実施されている。マテリアルリサイクルは，使用済み繊維製品をウエス*23や反毛*24に加工して，再商品化する資源循環型のリサイクルである。反毛の主用途であるフェルトは，クッション材，防音・防震材，断熱材などの二次製品として再利用される。ケミカルリサイクルは，化学繊維を原料段階まで戻し，再び繊維として再生して利用するリサイクル方法で，ナイロン6とポリエステルが実用化されている。サーマルリサイクルは，固形燃料化により石炭代替燃料として利用する方法と，そのまま焼却して熱回収する方法がある。

リユースとリサイクルに，リデュース（Reduce: 廃棄物の発生抑制）を加えて，3Rとよんでいる。最近では，過剰包装を断るなど不要なものは買わないリフューズ（Refuse：ゴミの発生回避）や，衣服を修理して長く使い続けるリペア（Repair：修繕）を加えた5Rを中心に服育活動を行うなど，私たちの意識や行動を変える取り組みが行なわれている。なお，循環型社会形成

＊23　ウエス：使用済み繊維製品（主として衣料品）を裁断したもので，工場で使用する油拭き取り用雑巾の総称。製造業の海外移転やゼロ・エミッション（廃棄物ゼロ）のため使い捨てのウエスは敬遠され減っている。

＊24　反毛：使用済みの繊維製品を崩して，綿状の繊維に戻したもの。フェルトや紡績糸などの原料となるが，安価な輸入品との競合で年々減少している。

＊25　循環型社会形成推進基本法：廃棄物処理やリサイクルを推進するための基本方針を定めた法律として2000年5月に成立。製品の生産者は，製品の再利用や処理についても責任を負うという「拡大生産者責任」の原則を規定している。その実施法として，家電（2001年），食品（2001年），建設（2002年），自動車（2005年）に関するリサイクル法が施行された。しかし，繊維製品についてのリサイクル法成立には至っていない。

推進基本法*25では，発生抑制（リディース）＞再使用（リユース）＞再生利用（リサイクル）＞熱回収＞適正処分の順で優先順位を定めており，サーマルリサイクルよりもマテリアルリサイクル，ケミカルリサイクルの優先順位が高いことを示している。

2） 企業の取り組み

1990年代中頃には多くの繊維メーカーによって，ポリエステル繊維（PET繊維）では回収PETボトルからPET繊維を再生するマテリアルリサイクルが，ナイロン6でも原料のラクタムに再重合してナイロン6に再生するケミカルリサイクルが事業化されている。さらに，2000年はじめには原料のモノマーまで戻すケミカルリサイクルにより，PET繊維からPET繊維へのリサイクル（新原料リサイクル）が実用化している。各社の主な取組みを表6-15に示した。

繊維製品は，リサイクルを行うことによってエネルギーやCO_2排出量を大幅に削減し，環境負荷を大きく抑制することができる。ライフサイクルアセスメント（Life Cycle Assessment；LCA）*26を用いてポリエステ

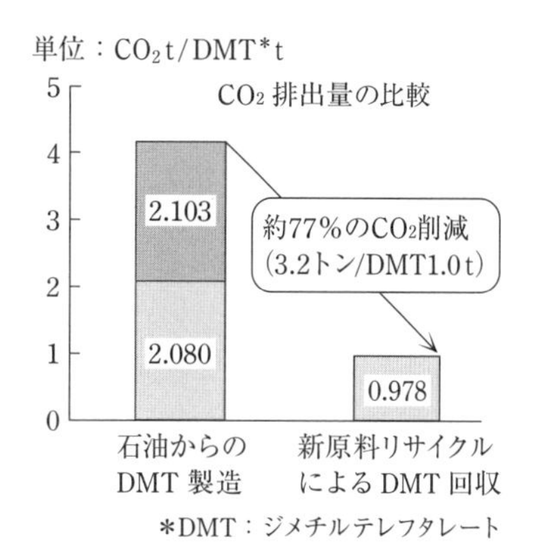

図6－19　ポリエステル原料のリサイクル効果（ケミカルリサイクルの場合）[12]

表6－15　繊維メーカーの主なリサイクルの取組み

メーカー	商品名・企画名	対象素材	展開用途	リサイクル方法等	ラベル
東　レ	エコユース®	ポリエステル	ユニフォーム，高機能スポーツウエア	回収PETボトルのケミカルリサイクル	ECOUSE. エコユース
	サイクリード®	ナイロン6	繊維原料に再生	ケミカルリサイクル（使用済みナイロン製品の回収）	CYCLEAD. サイクリード
帝人フロンティア	エコサークル®	ポリエステル	ポリエステル繊維（石油由来と同等）	ケミカルリサイクルを核とする循環型リサイクルシステム	ECO CIRCLE エコサークル
	ティオプロ®（体操服！いってらっしゃい，おかえりなさいプロジェクト）	ポリエステル	学校体操服	エコサークルの再生繊維を利用	tiopro
東洋紡STC	エコールクラブ®	PETフレーク	ワーキングウエア，白衣，学生鞄，旗・幟	PETボトルから精製	ECHORCLUB.
旭化成	ラムース®	ポリエステル	人工皮革（マイクロファイバー）	リサイクルポリエステル繊維を一部利用	—
ユニチカトレーデキング	ユニエコロ®	ポリエステル	ウエア（エコマーク取得）	使用済みPETボトルからの再生ポリエステリ繊維	再生ポリエステル繊維 Uniecolo
	エコラリー®	ポリエステルなど	フェルト	マテリアルリサイクル（使用済みユニフォームの回収）	マテリアルリサイクル ECORALLY エコラリー
三菱ケミカル	エコルナ®（エコマーク取得）	ポリエステル	スポーツウェア，ユニフォーム，	ペットボトル再生原料100％　Y型異型断面糸	

ル繊維のリサイクル効果を評価した結果を図6-19に示す。企業や業界団体は，リサイクルに向けた取り組みを実施している。ユニフォームの製造メーカーでは，ユニフォームや学生服の製品特性を生かして，広域認定制度*27を取得して回収率の高い全国的なリサイクルを行っている(図6-20)。また，(社)日本アパレル産業協会では，古着の回収率をあげて再資源化を容易にする目的で，5種類の基準を設定し，その基準に適合した衣服に「エコメイト」マークを付与する取り組みを行っている(図6-21)。

図6－20　ユニフォームのリサイクル

図6－21　エコメートマーク

(3)　持続可能な消費(衣生活)へ向けて

1)　グリーン購入・調達

グリーン購入とは，「購入の必要性を十分に考慮し，品質や価格だけでなく環境のことを考え，環境負荷ができるだけ小さい製品やサービスを，環境負荷の低減に努める事業者から優先して購入すること」である[13]。わが国では2001年に「グリーン購入法」が制定され，国や地方公共団体などが率先して購入，選択することが義務づけられている。一方，「グリーン調達」はグリーン購入と同義に使われることもあるが，主として民間企業の調達基準として使われている。

図6－22　グリーン購入ネットワーク[14]

1996年に設立されたグリーン購入ネットワーク(GPN)は，消費者・企業・行政におけるグリーン購入の普及啓発，促進を行っている(図6-22)。GPNでは，グリーン購入のためのデータベースをネット上に公開，繊維製品(51件)や洗剤・石けん(29件)などの検索が行える。さらに，衣服・履物購入ガイドライン(GPN-GL 13)を設けて，環境負荷のできるだけ少ない衣服の購入を進めている。

2)　環境ラベル

環境ラベルは，製品やサービスの環境情報を，製品や包装ラベル，製品説明書，HPなどを通じて購入者に提供することにより，環境に配慮した製品の購入を促すコミュニケーション・ツールとしての役割を担っている。ISO 14020(一般原則)では，環境ラベルを三つのタイプに分類，規格化している(表6-16)。

❶ **タイプⅠ　環境ラベル**　第三者認証機関が，製品のライフサイクル(原料採取から廃棄まで)を考慮した基準に基づき評価，認定したシンボルマークで表す。日本ではエコマーク

＊26　ライフサイクルアセスメント(Life Cycle Assessment：LCA)：製品やサービスの環境への影響を，資源の調達から製造，流通，使用，リサイクル，廃棄にいたる「ゆりかごから墓場まで」あらゆる段階を対象に環境負荷を計量し評価する手法。1969年に米国のMRI(Midwest Research Institute，現フランクリン研究所)が「使い捨てのペットボトルとリターナブルビンの環境負荷の優劣」を検討したコカコーラの委託研究にはじまるといわれている。

＊27　広域認定制度　環境大臣から認定を受けた製造メーカーが，複数の都道府県にまたがって使用済み製品の回収・リサイクルを実施する際，地方公共団体毎の廃棄物処理業の許可を不要とする特例制度

表6－16　ISOにおける環境ラベルの分類(タイプⅠ～Ⅲ)

ISOにおける分類	特　徴	内　容	ラベルの事例
タイプⅠ (ISO 14024/ JIS Q 14024) 「第三者認証」	第三者認証による環境ラベル	・第三者実施機関によって運営 ・製品分類と判定基準を実施機関が決める ・事業者の申請に応じて審査して，マーク使用を認可 ・原則として一国一制度	エコマーク 公益財団法人日本環境協会 https://www.ecomark.jp/ ブルーエンジェル ドイツ品質保証・ラベル協会 https://www.blauer-engel.de/
タイプⅡ (ISO 14021/ JIS Q 14021) 「自己宣言」	事業者の自己宣言による環境主張	・製品における環境改善を市場に対して主張する ・12の主要項目について，定義や主張方法が規定されている ・製品やサービスの宣伝広告にも適用される ・第三者による判断は入らない	エコサークル 公益財団法人日本環境協会 https://www.ecomark.jp/ PETボトルリサイクル推奨マーク PETボトルリサイクル推進協議会 http://www.petbottle-rec.gr.jp/
タイプⅢ (ISO 14025/ JIS Q 14025) 「環境情報表示」	製品の環境負荷の定量的データの表示	・合格・不合格の判断はしない ・定量的データのみ表示 ・判断は購買者に任される	エコリーフ (社)産業環境管理協会 http://www.ecoleaf-jemai.jp/ EPD スウェーデン環境管理評議会 https://www.environdec.com/

(1989年)がこれにあたり，消費者の認知度は非常に高い。現在では，海外のタイプⅠ環境ラベルを運営する「ノルディックスワン(北欧5か国)」「韓国環境ラベル」「中国環境ラベル」「ニュージーランド環境チョイス」「グリーンラベル(タイ)」など10機関との相互認証により，地球規模での環境負荷低減に役立てられている。

❷ **タイプⅡ　環境ラベル**　製品やサービスを提供する企業の環境配慮に関する自己主張ラベルで，「環境宣言」ともよばれている。ISO規格には，「リサイクル材含有」「資源削減」「回収エネルギー」「固体廃棄物削減」「省エネルギー」「節水」「長寿命製品」「再利用可能／再充填可能」「リサイクル可能」「解体容易設計」「分解性」「堆肥化可能」の12項目が規定されている。企業独自の基準によって，文章，シンボルマークなどさまざまな形で表示される。しかし，第三者の認証を必要としないため，このタイプの環境ラベルが信頼できるかどうかは，企業と消費者間での確認となる。

❸ **タイプⅢ　環境ラベル**　LCAに基づく製品個々の環境負荷情報を定量的に算定し，HP等にて開示を行い，読み手である消費者に評価を委ねている。わが国では，第三者認証機関である(社)産業環境管理協会(JEMAI)が実施している「エコリーフ(2002年開始)」(図6-43)と，スウェーデン環境管理評議会が運用し，財団法人日本ガス機器検査協会が実施している「EPD (Environment Product Declaration)」の二つが認証を行っている(表6-16)。いずれも信憑性の高い定量情報の開示として期待できる。また，EPDはEUにおけるRoHS*[28]やWEEE指令*[29]などへの適合性評価を公開しており，EUマーケットからの受注が有利に運ぶことが期待できる。

＊28　RoHS指令：電気・電子機器に含まれる特定有害物質の使用制限に関する欧州議会および理事会指令。RoHS基準ともよばれ，「ローズ」と読む。2006年7月より施行。禁止されている有害物質は，鉛，水銀，カドミウム，六価クロム，ポリブロモビフェニル(PBB)，ポリブロモジフェニルエーテル(PBDE)の6種。これに関連して，2万種以上の化学物質の登録，評価，許可，制限に関する規則(通称REACH)が2007年6月から施行された。

＊29　WEEE指令：廃電気電子機器指令 (Waste Electrical and Electronic Equipment：ウィー)，2003年3月に制定，発行された。EUでは電気・電子機器廃棄物を一般の廃棄物とは分別して別個の回収システムを確立しなければならない。RoHS指令とセットで使用することが多い。

3）カーボンフットプリント

2006年に英国のカーボントラスト社がカーボンフットプリント（CFP：Carbon Footprint of Products）実施を宣言，2008年にはカーボンフットプリントの規格「PAS 2050」が発行され，日用品・食品を中心にCO_2排出量を表示する動きが本格化した[15]。現在，イギリスの他，フランス，スイス，スウェーデン，タイ，韓国，オーストラリア（イギリスのCFPを適用）などが表示を実施している。

図6－23　洗濯用合成洗剤に表示されたカーボンフットプリント（CFP）

日本でも，2009年より経済産業省が中心となり，CFP制度施行事業を開始した。CO_2排出量を直接商品に表示して消費者に開示「CO_2の見える化」することで，エコリーフ以上の喚起効果を期待した（図6-23）。2013年から，エコリーフとの一体運営が行われている。

環境ラベルなどの認証表示は，消費者の商品の購入・選択，使用状況の改善を期待する「持続可能な消費」に繋がるものである。消費者の社会的責任が問われる時代をむかえており，継続的な環境教育・消費者教育が必要不可欠となっている。

〈参考文献〉

1）皆川基，藤井富美子，大矢勝編：「洗剤・洗浄百科事典」p. 246～249，朝倉書店（2003）
2）疋田正博編：「食を育む水」ドメス出版（2007）
3）日下譲，竹下成三：「化学と工業」日本化学会（1990）
4）片山倫子編：「衣服管理の科学」p. 12, 31，建帛社（2005）
5）日本洗剤石鹸工業会HP「洗剤の販売推移（1987～2010年）」，http://jsda.org/w/00_jsda/5toukei_b.html
6）日本石鹸洗剤工業会（JSDA）HP：http://jsda.org/w/03_shiki/sezaimemo_06.html
7）山本侑一：洗濯の科学，53（4），p. 36～42（2008）
8）高坂孝一：繊維製品消費科学，31，p. 360-364（1990）
9）石鹸洗剤工業会HP：http://jsda.org/w/01_katud/anzenzukigou.html
10）ユニホームのCFPプログラム，商品種別算定基準（PCR）のライフサイクルフロー図
11）中古衣料リユースビジネスモデルに関する調査・検討報告書，（株）ダイナックス都市環境研究所
12）グリーン購入世界会議帝人資料（2004）
13）茅陽一監修：「環境ハンドブック」p. 657，産業環境管理協会（2004）
14）グリーン購入ネットワークHP：http://www.gpn.jp/
15）稲葉敦；日本LCA学会誌，5（2），220（2009）

コラム4　エシカル消費

エシカル（ethical）とは，倫理的・道徳的という意味であり，エシカル消費は，人や社会，環境，地域のことに配慮した消費行動を行うことである。イギリスでは，1989年に専門誌「Ethical Consumer」（倫理的消費者）が創刊され，エシカルという概念が普及している。わが国では，2014年に「日本エシカル推進協議会」が発足。最近では，エシカル＝環境保全や社会貢献という意味で使われおり，消費者がエシカルな商品の見きわめにさまざまな認証マークを使うことが推奨されている。またエシカル消費は，持続可能な開発目標（SDGs）の12番目「つくる責任，つかう責任」と深い繋がりを持ち，国際的な広がりを見せている。

7章　染色と染め文化

染色された衣服を身に纏うことによって，華やかに目立つこともできるし，地味に目立たないようにすることもできる。個性や所属集団，民族を表現するために衣服が彩色される。日本，世界の各地で染め文化が歴史的に発展してきた。染色には文化の側面もあるが，染料と繊維の組み合わせ，それぞれの物理化学的性質や染着機構など，科学的側面が染色技術に影響を与える。この章では，染色にまつわる歴史や科学，染め文化を支える工芸染色の材料や技法について学ぶ。

1. 特徴的な「染色」の工程

1912年にスウェーデンで発行された「ペレのあたらしいふく」)(図7-1)という絵本[1)]がある。ペレという名の男の子が成長して服が小さくなり，自分で育てた羊の毛を自分で刈って，自分の服を作りはじめるのが最初の場面である。おばあちゃんに毛を梳いてもらう間，ペレはにんじん畑の草取りを仰せつかるというように，身近な人々と労働力の交換をしながら，ある意味では自力で青い服を作り上げるまでの物語である。梳毛（そもう）⇨ 紡績 ⇨ 染色 ⇨ 機織（はたおり）⇨ 縫製　までの服の製造工程も教えてくれる。

図7－1 「ペレのあたらしいふく」表紙

ペレがペンキ屋のおじさんに「染め粉をください」と頼むと，「ペンキと染め粉は違う，テレピン油を1瓶買ってきてくれるならお釣りで染め粉を買ってもよい」といわれて，ペレはおじさんから預かった銀貨を持って舟で雑貨屋に出かけ，いわれたとおりにする。ペレは自分で糸を染め，糸は濃い青い色になる(図7-2～4)。この場面からは多くのことが読みとれる。

図7－2　ペレとペンキ屋さん

ペンキ屋のおじさんはペレに対して，ペンキは顔料であり染め粉は染料であることを教えている。染め粉は粉末の状態で販売されているので天然染料ではないだろう。合成染料が世界で初めて作り出されたのは1856年であるから，この染料は合成染料であることがうかがわれる。イギリスの化学者ウィリアム・パーキンがマラリアの薬を合成する実験をしていて，偶然紫色のモーブという染料ができて以来，合成染料の開発は急速に進んだ。1900年代に入ると多くの合成染料が登場していたはずである。絵本のなかで糸紡ぎや布を織る工程は自動化・電動化されておらず手作業での服作りの様子が示されている。しかし，染色の場面においてのみ，「合成染料の発明」という技術革新の産物が例示されているという点でも他の工程とは異なり特徴的である。

図7－3　ペレが雑貨屋さんへ行く場面

図7－4　ペレが染色している場面

毛を梳くより後の工程で実質的にペレ自身が取り組んだ作業は

この「染色」のみである。スウェーデンでもそうであるかはわからないが，十人十色といわれるように色は個性に例えられるので，自分が纏(まと)う服の色をお仕着せではなく自ら決め，染色するこの場面で，作者は読者に対して「自分の個性は自分で伸ばし，自分で表現する」ことを促しているようにも受け止められる。染色の工程は経なくても服の形にはなるが，色をつけるなどの装飾をする工程を経てこそ，自己表現の役割を果たすことのできる衣服になるのである。

2. 染色の歴史

衣服は伝統的に染織により彩色されて装飾が施されてきた。色や柄をつけなくても防寒や防護，からだを隠す機能は果たされるが，染織によって服を身に纏う人の内面が表現されたり，社会との調和が保たれたりする。一枚布や貫頭衣のように平面構成で形の決まった衣服は，染織によってのみ表現ができるので，人々はこぞってその表現技術を習得して発展させ，染織文化の創造に寄与してきた。本節では染色の歴史を振り返る。

(1)　染色の世界史

染織の起源は解明されていない部分も多いが，人類は紀元前数千年の昔から布を織っており，糸や布の染色をして，身に纏ったり，生活を彩ったり，宗教儀式に用いたりした。世界各地で入手できる動植物や鉱物などの天然色素を用いて，染色の技術を開発し，文化を創り出してきた。古代地中海の海洋国家フェニキアで貝紫染がはじめられ，クレオパトラが乗った船の帆やローマ皇帝・元老院議員のローブがこの貝紫で染められていたという。貝紫が権威の象徴であり，帝王紫ともよばれる所以である。アンデス文明の遺跡からも最古のもので紀元前12世紀の貝紫染の裂(きれ)が出土している。貝紫の色素は変退色しにくいため，紀元前に制作された染織品が今なお紫色を留めている[2]。古代エジプトのミイラの巻布が茜や藍で染められていたことも確認されている。

古代の壁画や芸術作品として保存されている絵画に登場する人々が彩色された衣服を身に纏っていることも，作品が製作された時代にその色の染色が可能であったことの証拠となる。中世ヨーロッパでは，天然染料で染色した糸が織り込まれたタペストリーが制作され，現存していることからも当時の染色技術がうかがえる。新約聖書の最終部分が描かれた「アンジェの黙示録」（14世紀），ユニコーンが描かれた「貴婦人と一角獣」（15世紀）のタペストリーはいずれもフランスの美術館が所蔵しており，茜の赤と藍の青のコントラストが印象的である[3]。

中東で数千年の歴史のあるペルシャ絨毯は，天然染料で染めた絹や毛を材料とする。7世紀以降イスラム世界の幾何学模様が施されるようになり，絹や羊毛の染色技術も発展して，豪華絢爛な高級品となっている。

アジアでも多くの民族が独自の形でさまざまな色柄の衣装を纏い，それぞれの文化を発展させてきた様子がうかがわれる。仏教僧の衣装の色は，地域や宗派によって統一されている様子も見られる。

1856年にはイギリスで合成染料(アニリン染料)のモーヴが発明された。合成染料黎明期，バッスルスタイルのドレスがこの染料で染められた。天然物から抽出して得ていた西洋茜のアリザリン，藍のインジゴも人工的に合成することが可能になった。アンリ・ファーブルは昆虫研究の資金を得るために1866年より西洋茜の根から天然のアリザリンを効率的に抽出・精製する技術を開発して特許を取得したが，ほぼ同時期に合成アリザリンが開発されたことでファーブルの目的は達成されなかった。合成インジゴは19世紀末から日本にも輸入されるようになり，この染料の普及にともなってブルージーンズが世界的に広まった。初めての合成染料はイギリス人科学者が発明したが，その後ドイツで積極的に研究開発が進み，アリザリン，インジゴをはじめ多くの合成染料はドイツで開発されるようになった。有機化学の発展と相まって合成染料の開発・研究も劇的に進み，衣服が工業製品として製造される現代においてはほとんどの衣服が合成染料によって染色されたものに取って代わったといってもよいだろう。しかしながら，現在も世界各地で伝統的な染織品で衣服が生産され，技術も伝承されており，小千谷縮（おぢやちぢみ），越後上布（えちごじょうふ），結城紬（ゆうきつむぎ）はユネスコが世界無形文化遺産に指定している。ユネスコ主催の世界的な天然染料のシンポジウムやフォーラムも開催され，天然染色の伝統をつないでいる。

近年，ヨーロッパではREACH（p. 105参照）規則により化学物質の登録，評価，認可および制限がなされており，以前は広く使われていたアゾ染料はその酸化生成物に発がん性があるとして規制対象物質のリストにあがり，使用が禁止された。現在，人体や環境に配慮した染料に切り替えられている。

(2) 染色の日本史

日本でも吉野ヶ里遺跡（弥生時代）から貝紫染の裂が発見されており，今も有明海に生息するアカニシという巻貝由来の貝紫であるといわれており，弥生時代に日本でも貝紫染色が存在した可能性がある（図7-5）。

図7－5　アクキガイ科 アカニシ（大分県中津干潟）

603年（飛鳥時代）に聖徳太子によって制定された冠位十二階最高

コラム1　カイガラムシ由来の赤

天然染料といえば，草木染をイメージして植物からの抽出液で染める様子を想像するだろう。しかし，体内に赤い色素をもっていて，それが染料になるカイガラムシ科の昆虫がいる。

16世紀，スペイン人は新大陸で鮮やかな赤を染められるカイガラムシ，コチニールを見つけ，製法，原料，産地を秘密にして独占しようとした[4]。赤は富と権力の象徴であり，コチニールの輸送船は海賊に狙われた。発明されたばかりの顕微鏡での観察対象になり，各地で飼育する試みもなされた歴史がある。

ブータン王国東端とインドのアルナーチャル・プラデーシュ州にまたがる地域には，伝統的にラックカイガラムシで染めた臙脂色の民族衣装を着ている人たちが住んでいる[5]。黄色，青，白などの糸で花や動物の模様を織り込んでいるが，文字をもたない民族であるため，民族衣装の歴史はベールに包まれている。

日本ではカイガラムシは害虫として認識されており，コチニールやラックカイガラムシは生息せず，カイガラムシ染色が行われていたという記録は見かけない。しかし，世界最古のラックカイガラムシが薬として正倉院に保存されており，小早川秀秋という武将が着用したと伝えられる猩々緋羅紗地違鎌模様陣羽織（しょうじょうひらしゃじちがいがまもようじんばおり）はカイガラムシ染の舶来品であると伝えられる。現在も，私たちに身近な化粧品や食品の着色にカイガラムシの色素が使用されていることはあまり知られていない。

位の色は紫草(むらさきぐさ)の根(紫根(しこん))で染色したものであり，正倉院にも紫根染の染織品が収蔵されており，高貴な色として珍重されていた様子がうかがえる。冠位十二階は紫に次いで青，赤，黄色，白，黒が割り当てられており，その濃淡も区別して12階級を設定した[6)]。紫を除く色彩は，中国の陰陽五行思想に基づいているといわれる。「たなばたさま」の歌に登場する「五色の短冊」の色でもある。この時代には，五行思想に対応する5色に布を染める技術が求められたのだろう。

図7－6　紫草の花
（奈良 春日大社神苑　萬葉植物園）

高松塚古墳(飛鳥・奈良時代)に描かれている人物は，赤，黄色，緑，青で彩色された衣服を着ている。飛鳥・奈良時代にすでに彩り豊かな服装をしていたことが確認できる。その後成立した万葉集には「あかねさす　紫野行き　標野行き　野守は見ずや　君が袖振る」という歌がある。この歌に登場する「紫野」は，「紫草」が生えている野のことである。この歌から紫草の花が咲いていたかどうかはわからないが，根には紫の色素を蓄えながらも，小さな白い花をつける(図7-6)。

平安時代中期に編纂され朝廷の装束に関する規則を表した延喜式(えんぎしき)第14巻縫殿寮雑染用度(ぬいどのりょうくさぐさのそめようど)には，宮廷の衣服の染色についての記載がある[7),8)]。10種類の染料を用いており，冒頭から櫨(はぜ)と蘇芳(すおう)で染めた黄櫨(こうろ)，紅花と支子(くちなし)で染めた黄丹(おうに)，紫根で染めた深紫，浅紫の順に並んでいる。染料以外に灰や酢なども記載されており，媒染剤や染色助剤を使用して染色していたことがわかる。黄櫨染(こうろぜん)は天皇陛下の衣装を染める色であり，黄丹は皇太子の色である。この2色を染めた染料のうち櫨，紅花，支子が蛍光を呈する天然色素であることも興味深いところである。華やかな平安時代，侘び・寂びの色彩を尊ぶ時代も経て，天然染色の時代が続いた。

江戸時代末期になり，薩摩藩主島津斉彬(なりあきら)公が国を象徴するものとして日の丸を提案した。

図7－7　日本茜の葉
（大分大学）

図7－8　日本茜の根
（上：1年栽培，下：野生）

図7－9　日本茜の花

コラム2　色素の薬効と毒性

天然染料には生薬として利用されてきたものも多い。紫根は紫雲膏という皮膚の塗り薬や痔の薬を調合するのに使われ，黄檗(きはだ)は胃腸に効く生薬として古くから利用されている。ラックは数年前，雲南省の市場の生薬を扱う露店で見つけた。

紅花は血液の流れを改善する作用があるといわれる。

「毒にも薬にもならない」という言葉があるが，薬も量を守らなければ毒になることから薬と毒はまったくの別物とはいえないし，顔料として用いられてきた色素は水銀や銅，ヒ素などを含み，毒性の強いものも多い。色素は，化学構造や着色の技術，色そのものの側面だけでなく，薬効や毒性，機能性，その利用の歴史や文化も含め，総合的な研究の対象となり得る。

福岡県飯塚市山口(旧嘉穂郡筑穂町山口)の染め屋で茜染の染色技術が伝えられており，筑前茜染めとよばれていた。日本最初の日の丸はこの地方で染められた。日本茜はハート型の葉が4枚出ている蔓性の植物(図7-7)で，根は細く赤みを帯びている(図7-7，8)。9月ごろに2～3 mm の小さな白い花をつける(図7-9)。

長い歴史のなかで，日本各地で天然染料が栽培され，染色技法が開発された。一般庶民は，明治時代まで藍染の衣を着る人が多く，街には紺屋とよばれる染めもの屋が存在した。現在も全国的に紺屋町という地名があるが，染めもの屋として継承されている紺屋はわずかである。岩手県の南部紫根染，秋田県の鹿角(かづの)茜染，山形の紅花染，八丈島の黄八丈，徳島の藍染，奄美大島の大島紬などの伝統染織は今も受け継がれている。

明治時代にドイツから合成染料が輸入されるようになり，天然染色は一気に衰退したが，同じ時代に天然染料の化学構造についての研究も進んだ。日本初の女性理学士の黒田チカは，紫根の色素「シコニン」の構造を解明するなど，天然色素を研究対象として有機化学の発展に貢献したことで知られる。その後，有機化学における色素研究は，天然物として存在しない合成染料や機能性色素の開発などがテーマとなっていった。

コラム3　染色の歴史年表

西暦	時代	日本	世界
古代			エジプトのミイラの巻布(藍・茜染色)フェニキア人，アンデスの貝紫染
紀元前 0	弥生	紀元前 5～3世紀　吉野ヶ里遺跡から出土した貝紫染，日本茜染	紀元前 5～4世紀　パジュリュクの染織品 紀元前69～30　クレオパトラ
紀元後	古墳	3世紀　纒向遺跡の紅花花粉	
500	飛鳥奈良	603　冠位十二階 7世紀末～　高松塚古墳の壁画 8世紀初頭 8世紀後半～　正倉院のラック・染織品	3～7世紀　ササン朝ペルシャの絹織物 4～5世紀　コプトの麻・毛織物 5～15世紀　ビザンティンの絹織物
1000		927　延喜式	
	鎌倉	1008　源氏物語	14世紀　アンジェの黙示録タペストリー 15世紀　貴婦人と一角獣のタペストリー
1500	江戸	16世紀　猩々緋羅紗地違鎌紋	16世紀　スペイン人コチニール発見 1856　初の合成染料を発明(イギリス)
	明治	19世紀後半　日の丸を筑前茜染で染色	19世紀　合成染料の普及(ドイツで開発)
	大正	20世紀　ドイツより合成染料の輸入 日本でも合成染料の開発	

3. 衣服素材の染色

「色素」という言葉はその名の通り色のもとであり，色を呈すれば色素になり得る。一方で「染料」は染めるための材料であり，色を呈することに加えて水や溶剤に溶け，繊維に染着する性質(繊維との親和性)をもつことが必要になる。繊維に直接親和性はなくても，繊維との間をつなぐ媒染剤との親和性をもつ染料もある。「顔料」も色素であるが，接着の役割を果たすバインダーと混ぜて塗布することにより着色し，主に絵画などの彩色に用いられる。繊維製品は染料で着色されることが多いが，顔料で着色されることもある。染料や顔料で繊維などを着色することを染色という。本節では衣服素材の染色について述べる。

(1) 染料の種類

染料は，その性質により表7-1のように分類される。染料の分類方法は，由来によって天然染料と化学染料という分け方もあり，染料分子の化学構造によってアゾ染料，アントラキノン

表7－1　主な染料の種類

部　属[注)1]	適用繊維	特　徴	代表的な染料
直接染料	セルロース繊維	綿などに直接，染着する。酸性浴でタンパク質繊維にも染まる。堅牢性は低く，後処理により堅牢性を高める	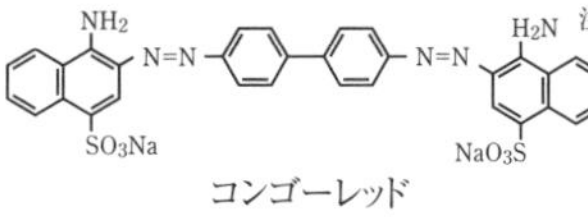 コンゴーレッド[注)2]
酸性染料	たんぱく質繊維 ナイロン	染料が陰イオンになり，酸性浴で毛などに染着する。均染性がよく，鮮明な色調のものが多い	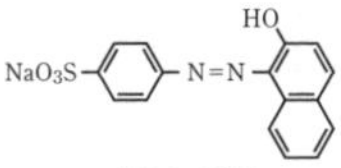 オレンジⅡ
塩基性染料	アクリル	染料が陽イオンになり，中性～弱酸性浴でアクリル，毛に染着する。色相が鮮明で，アクリル染色物は耐光堅牢度が高い	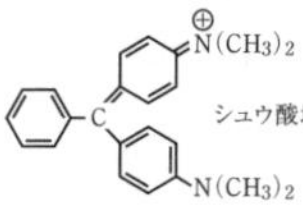 マラカイトグリーン（シュウ酸塩）
媒染染料	セルロース繊維 たんぱく質繊維 ナイロン	繊維への親和力が弱く，アルミニウムや鉄などの金属塩を媒染剤にして染着させる。茜，コチニールもこの部属である	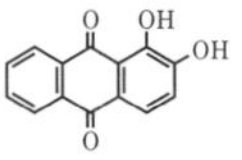 アリザリン
建染染料	セルロース繊維	水に溶けないが，アルカリ性浴で還元すると水溶性になり，染着する。染着後，酸化して発色・定着させる。藍や貝紫もこの部属である	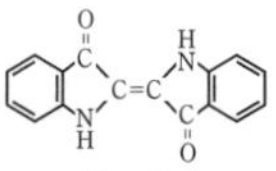 インジゴ
分散染料	アセテート 合成繊維	水に不溶のため，分散剤(界面活性剤など)により水に分散させ，高温高圧で染める。耐光堅牢性が高い	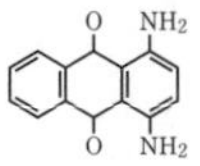 セリトン　ファストレッドバイオレット
反応染料	セルロース繊維 たんぱく質繊維 ナイロン	染料が繊維に化学結合で染着する。中性浴で吸着させ，弱アルカリ性浴で固着させる。色が鮮明で，堅牢性の優れているものが多い	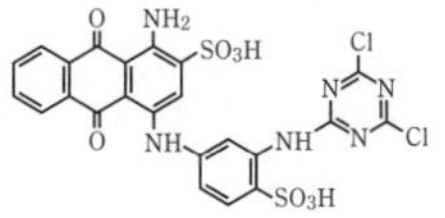 ミカシオン　ブリリアント　ブルー

注〕1　染料の分類法のうち，染着性や染色法に基づく分類を部属とよぶ。
　　2　コンゴーレッドは，REACH 規制対象のアゾ染料である。

染料，インジゴイド染料という分類もされるが，ここでは染料の科学的性質により分類した表を示す。天然の色素には分散染料や反応染料は存在しない。分散染料は染まりにくかったアセテートやポリエステルを染めるため，反応染料は繊維と強固に結合させて染色堅ろう度を上げるために開発された比較的新しい染料といえる。

(2) 染色の方法

染色の方法を検討する際，染液の準備や染色の条件として染料・助剤・媒染剤濃度，浴比，温度，時間，機械力などを設定して，染色する。

染色条件の一例を表7-2に示す[9]。染料の量は布に対する質量百分率%(owf*1)で表し，淡色1%以下，中色1～3%，濃色3～8%のように変える。

表7－2　酸性染料による羊毛の染色

羊毛布	10g
染　料	2% owf　(0.2g)
酢　酸	5% owf　(0.5g)
硫酸ナトリウム	10% owf　(1g)
浴　比	1：50　(水500mL)
温度・時間	常温10分→90℃30分→放冷10分

染色温度は染料の種類や染色技法により常温から100℃以上まで幅がある。加温する場合，低温で染めはじめて昇温し，一定温度で必要時間染めた後，常温まで放冷することが多い。

染色に使用する水の量は布や繊維との質量比で示す。布1gを染液50mLで染める場合，浴比1：50である。浴比が小さすぎると，液量が少なく染料濃度が高くなって，染液が布に均一に浸透せず，むら染めになりやすい。浴比が大きいと染着率が低下する。染料の染着率を高めたり，均一に染めたりするために，染色助剤を使用する(表7-3)。

表7－3　主な染色助剤とその作用

染色助剤	作　用
湿潤・浸透剤	界面活性剤で布を濡れやすくする。
促染剤	中性塩や酸などにより，染着量や染色速度を増大させる。
緩染剤・均染剤	助剤と染料との親和力を利用して，染料の急速な染着を抑制する。
固着剤	直接染料で染めた後，染料を繊維に固着させ，洗濯堅牢度を改善する。

(3) 染着のメカニズム

染色性は，染料と繊維の組み合わせと染色条件によって決まる。染料と繊維が結合できるか，染料が繊維に結合する条件(染料濃度，染色浴比，染液pH，染色温度，染色時間など)を設定できるかが，染色結果に影響する。染色のメカニズムに関連の深い，染料と繊維の結合，染色速度と染着平衡について解説する。

1) 染料と繊維の結合

染料と繊維の組み合わせによって結合方式は異なる。セルロース繊維の水酸基は，直接染料とは水素結合により，反応染料とは共有結合により結合する。毛や絹はカルボキシ基とアミノ基をもち，酸性浴では正の，アルカリ性浴では負の電荷を帯び，反対電荷をもつ酸性染料や塩

＊1　owf：on the weight of fiber の略。むら染めを防ぐために，染料を分けて低濃度で染めはじめ，途中で染料を追加することもある。

基性染料とイオン結合により結合する(図7-10)。分散染料は，高温高圧下で膨潤した繊維に小さな染料が侵入し，冷却により繊維内部に固定される。

繊維−OH ＋ N=N−染料	繊維−OH ＋ Cl−C−染料	繊維−NH_2 ＋ HO_3S−染料
↓	↓	↓
繊維−OH……N=N−染料	繊維−O−C−染料	繊維−NH_3^+ − ^-O_3S−染料
水素結合	共有結合	イオン結合
セルロース繊維と直接染料	セルロース繊維と反応染料	毛・絹と酸性染料

図7−10　繊維と染料の結合

2）　染色速度と染着平衡

繊維を染液に浸すと，染料はまず染液から繊維表面に移行し，続いて繊維表面から繊維内部に拡散する。染料は繊維の非結晶部分に侵入して，時間とともに染着量が増大して飽和状態(染着平衡)に達する。この時の染着量を平衡染着量という。染着量に及ぼす染色温度の影響を図7-11に示す。染色温度が高いと初期の染色速度は大きいが，平衡染着量は少ない。染色温度が低いと平衡染着量は多いが，それに到達するまでに長時間を要する。実際の染色では，高温で1時間程度染色して，実用上じゅうぶんな染着量を得る。

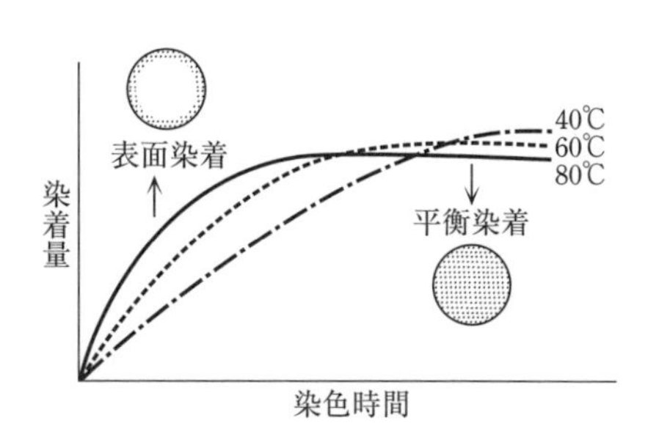

図7−11　染色の温度と速度

(4)　染色の評価

染色結果は，目視でよく染まった，染まらなかったという判断もされるが，研究を進めるためには科学的に評価をすることが必要になる。染色直後は着色したが，染色製品を使用して光にさらして洗濯したら変退色するようでは実用性がないので，色が保たれるかどうかという尺度でも評価される必要がある。この項では，染色で染着した染料の定量，染色堅牢性の測定について解説する。色の表示，測定については，次節で解説する。

1）　残浴定量による染着量の定量

吸着した染料の量で染色性を評価しようとするとき，染色布から色素を抽出して測定する方法を思いつくが，抽出溶媒によって色素が分解する可能性もある。そこで，染色布ではなく，染色前後の染料溶液の濃度を測り，その差から染着量を計算する(図7-12)。

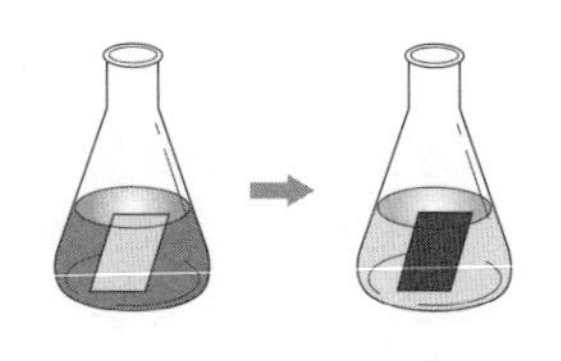

図7−12　染色中の染料移動

分光光度計を使うと，染料溶液にさまざまな波長の光を当てて透過する光強度を測定することで，各波長に対して吸光度が測定され，吸収スペクトルが得られる(図7-13, 14)。既知濃度の染料溶液を2つ以上調製し，吸収スペクトルのピーク波長とピークでの吸光度を記録して，検量線を作成する(ランベルト・ベールの法則の適用)。測定したピークの吸光度と検量線から染色後の染料溶液(残浴)の染料濃度が算出できる(図7-15)。

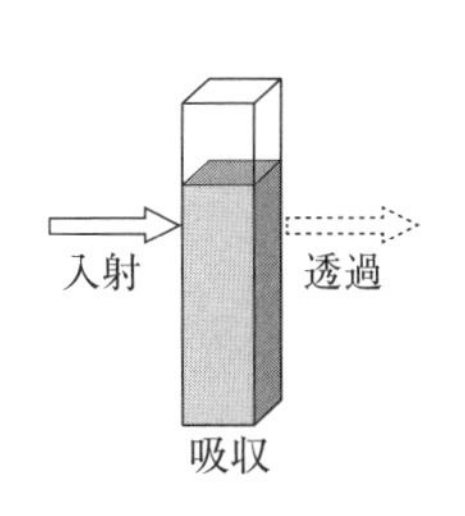

図7－13　染料溶液の光の吸収・透過

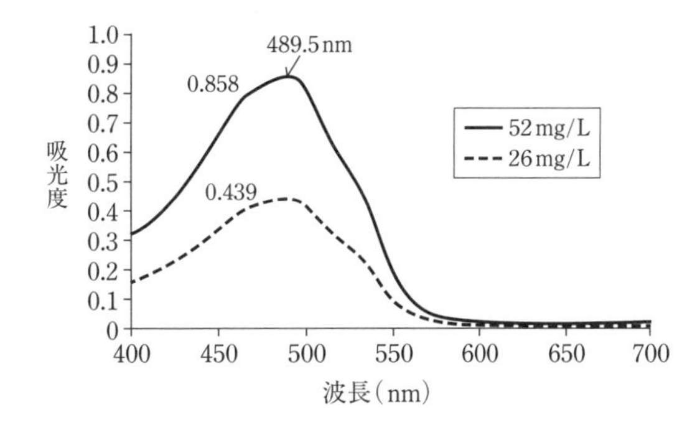

図7－14　ラック染料溶液の吸収スペクトル

染色前後の染料溶液の吸光度の差が染料吸着量に対応するので，染着量は次式で求められる。染色前および染色後の浴中の染料濃度 C_0, C_f (mg/L)，浴体積 V (L)，繊維重量 W (g) とすると，吸着量 q (mg/g) が算出される。

$$q = (C_0 - C_f)\ \frac{V}{W}$$

このように染着量を定量することを残浴定量，残浴の比色定量とよぶ。

染着量が求められると，さまざまな条件のもとでの染色性を定量的に示し，科学的に比較することができる。さらに，染料と繊維の結合について物理化学的な考察を加えることができ，よりよい染色方法を検討するためのデータを得て染色について科学的な議論をすることができるようになる。

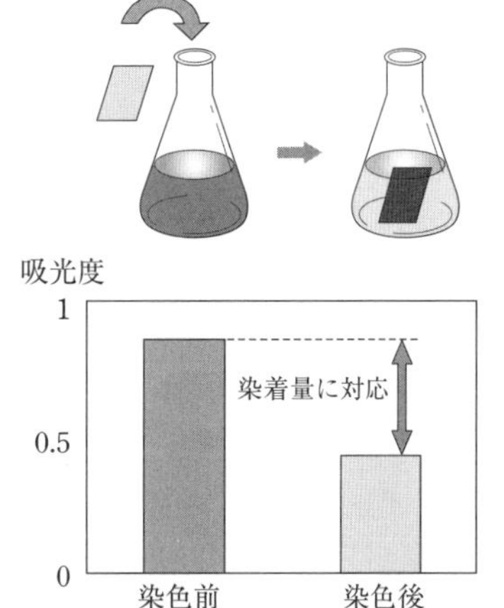

図7－15　染色前後の染液の吸光度

コラム 4　蛍光増白染料

洗濯用洗剤のなかには蛍光増白剤が入っているものがある。文字通り，白さを増すために蛍光を呈する成分であり，染料の一種である。ブラックライトを照射すると青く光る。白い繊維製品は着用と洗濯を繰り返しても汚れを100%取りきれずに黄ばむので，この染料で染めて白く見せる。

無意識に色柄ものを蛍光増白剤配合の洗剤で洗っていると，色落ちしているように見えることがあるが，これは色褪せではなく蛍光増白剤で汚していることが原因といえる。

意図的に布に色素をつけることを「染める」といい，意図しなくてもついた色柄を美しいと思えば，人は「染まった」という。意図せず布に色素が付着し，望まない色になったとき，人は「汚れた」という。いずれも，「色素が吸着した」という事実には変わりないが，それを人間がどのように捉えるかで異なる言語表現になる。

蛍光増白剤で白く染めて白いブラウスを長く着るのか，パステルカラーの服を洗うことが多いという理由や，洗濯排水の生分解性に配慮する理由で蛍光剤無配合の洗剤を使うのか，意識的に行動を選択したい。

2）染色堅牢性の測定

衣服は着用・管理する過程で光や洗濯，摩擦の作用を受けて色が損なわれると廃棄の要因となる。衣服には色の美しさが長期間保持されることが求められる。

染色された色の耐久性を染色堅牢性（color fastness）という。染色堅牢性には，染色物の変退色（色相，明度，彩度の変化）*2と，染色物から脱落した染料が白布を汚染するという2つの側面があり，両方または一方を染色堅牢度の等級として示す。

染色堅牢性は染料の種類，染料と繊維の組み合わせによって異なり，同じ組み合わせでも，染色条件，染色後のすすぎやソーピングの条件により異なってくる。例えば，塩基性染料で染めた毛や絹は光で変退色しやすいが，アクリルの場合，光に対してきわめて堅牢である。

染色堅牢度試験方法はJISに規定されており，表7-4のほかに，塩素漂白，ドライクリーニング，光と汗の複合作用に対する堅牢度試験などがある。

表7－4　代表的な染色堅牢性

洗濯堅牢性（1～5級）	直接染料などの水溶性染料は水中に溶出しやすく，洗濯堅牢性が低い。染色布の変退色，一緒に洗濯した白布の汚染について，変退色用・汚染用グレースケールと比較し，等級（1～5級，級が大きいほど堅牢）を判定する。 変退色用グレースケール　汚染用グレースケール
耐光堅牢性（1～8級）	光によって染料分子が分解されると変退色が生じる。染色布とブルースケールを太陽光や人工光源の光に露光する。染色布とブルースケールの変退色を比較して等級を判定する。実用的には4～5級以上が望ましい。*3
摩擦堅牢性（1～5級）	染色布を白布で繰り返し摩擦し，白布の汚染度を汚染用グレースケールで判定する。染色布と白布が擦れ合って色移りすることがあり，藍染め布による白～淡色ブラウスの汚染などが見られる。

4. 色彩表示

色の性質や色味を表す修飾語として，どのようなものを思い浮かべるだろうか？　濃い，薄い，淡い，明るい，暗い，赤い，青い，白い，黒い，黄色い，茶色い，美しい，汚い，鮮やか，くすんだ，ぼやけたなどがある。それぞれの指標は測定可能だろうか。色合い，明るさ，鮮やかさの要素については，光を物理学的に測定することにより数値化が可能である。この節では，色を評価して表示する方法について解説する。

（1）光源の色と物体の色

色には，テレビやパソコンのディスプレイのようにそのものが発光して見える光源の色，光が物体に当たって反射して見える物体の色がある。光源の色は，光源そのものの色と人の目の感度の2つの要素が関係して見える。物体の色は物体を照らしている光源の色，物体そのもの

*2　変退色：色相の変化，退色は明度と彩度の変化である。両方が同時に生じることが多く，変退色という。
*3　ブルースケール：1～8級の青色染色布を台紙に貼ったもので，試験布とともに露光して変退色の程度を比較する物差しである。

の色，人の目の感度の3つの要素が関係している。衣服は物体なので後者が当てはまる。光が繊維に吸着している色素に当たり，光を吸収・反射して，人間の目が色を判別して色を感じとることができる。色を感じるには，光，物体，視覚の三要素が必要である。光は波の性質を有し，その一波分の長さを波長という。光の波長によって違う色が見える。色の見え方には，蛍光灯や白熱灯といった光源の違い，物体の大きさ(面積)，背景の違いなども影響する。

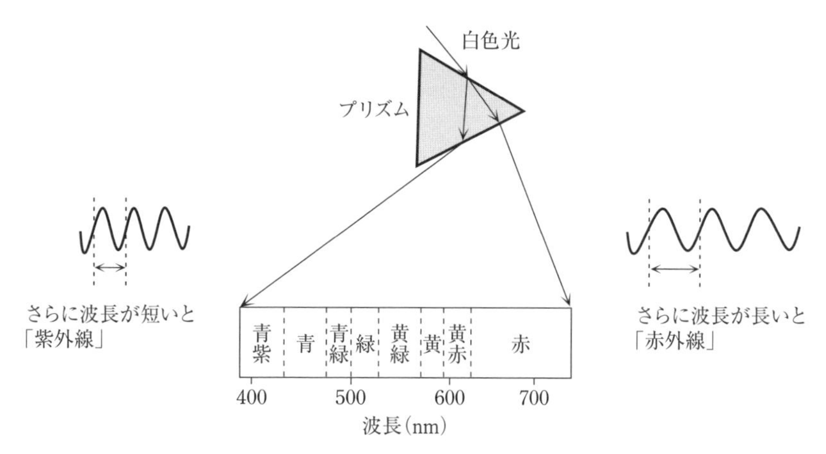

図7－16　光の波長とスペクトル

太陽光のうち，人間の目が感じる光(波長380～780 nm)を可視光といい，プリズムで虹の7色に分光される(図7-16)。光の波長によって，ガラス中での光の進む速度が違い，短い波長の紫色は大きく減速し，長い波長の赤はあまり減速しない。色によって屈折の大きさが異なるので，光が分けられて虹色を見ることができる。

表7－5　吸収される色と観察される色

吸収される光		観察される色
波長範囲 (nm)	スペルトル色	
380～430	青紫	黄緑
430～490	青	黄
490～510	青緑	黄赤～赤
510～530	緑	赤紫
530～560	黄緑	紫～青紫
560～590	黄	青
590～610	黄赤	青緑
610～780	赤	緑

可視光が物体に照射されたとき，すべての光が反射されれば白，すべての光が吸収されれば黒に見える。ある波長域の光が吸収されると，吸収されなかった光が反射または透過して観察される。例えば，青緑の光が吸収されると，赤く見える(表7-5)。

物体が各波長の光をどの程度反射するか表したものが分光反射率曲線で，この曲線の形から

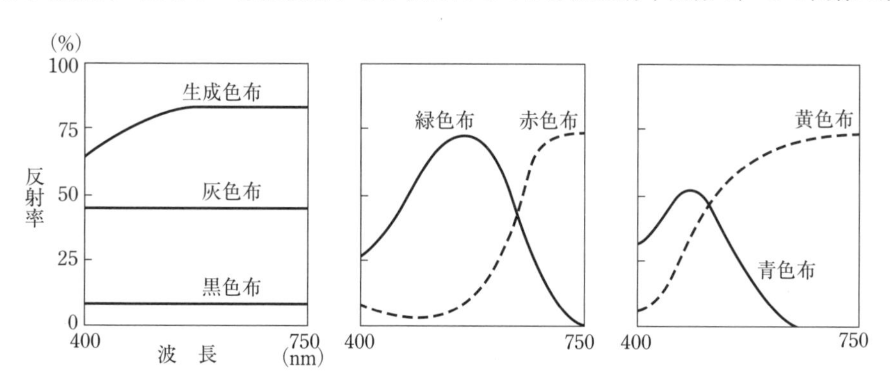

図7－17　染色布の分光反射率曲線

物体の色と濃淡がわかる。反射率は白色表面(酸化マグネシウムなどの粉末を固めたもの)の反射率を100として示す(図7-17)。

(2) 色の表示

人間は100万以上の色を識別できるといわれている。知覚した色を客観的に伝える手段として，色名，色相・明度・彩度の組み合わせ，光の反射・吸収特性の測定による数値化がある。測定機器として，分光色差計や分光光度計が用いられる。物体の反射光を反射率や刺激値として測定し，数式で変換して表示する。

1) 色　名

「あか」は「あかるい」，「くろ」は「くらい」に派生して表現されるようになった色名であると想像される。赤，青，白，黒の4色は一般的に単独の漢字で表され，色名の後に「い」をつけることで形容詞になる。黄，茶，緑，紫には当てはまらない。黄色と茶色については，「黄色い」「茶色い」というが，緑と紫は形容詞にならない。昔の日本で色を表す名前は，暖色を表す赤，寒色を表す青と，明度の高い白，明度の低い黒の4色に分類されて表現されていたことがうかがえる。その後，黄，茶，緑，紫の色を区別するようになり，さらに色素をもつ天然物や風物の名前をそのままよぶ色名も多く作り出してきたといえる。

現在，色の名前はJIS規格で規定されている。系統色名は，基本色名*4と修飾語*5を組み合わせて「あざやかな赤」のように表す。系統色名はJIS Z 8102「物体色の色名」に350色が採録されており，マンセルの色立体に対応している。使用頻度の高い「茶色」「ピンク」，伝統的な色名「韓紅(からくれない)」「利休鼠(りきゅうねずみ)」などは慣用色名であり，日本語による147，英語による122がJISに採録されている[10]。

2) 色の三属性と色立体

表面色を色知覚の三属性(色相，明度，彩度)で表現する方法がJIS Z 8721に規定されている。三属性を色の3次元空間に位置づけると，色立体が構成され，すべての色がそのなかに配置される(図7-18)。代表的なマンセル表色系では，色票を提示するとともに，三属性の記号(マンセル値)を［色相　明度/彩度］の順に表記する。例えば，赤の純色は［5R 5/14］と表記し，「5アール5の14」と読む。製品の色彩管理や環境の色彩調査などに汎用されている。

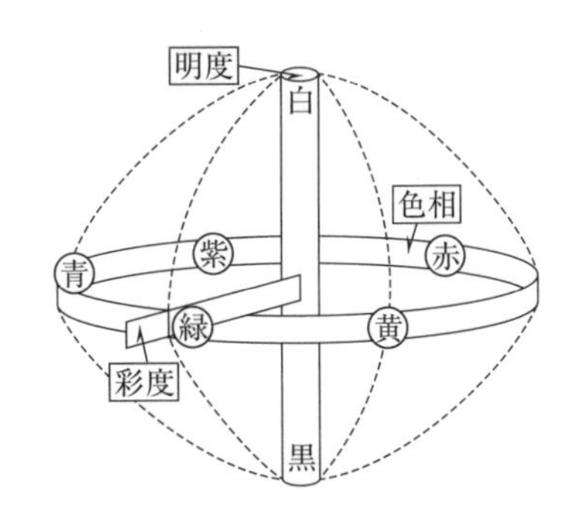

図7－18　色立体の構成

3) CIE表色系(国際照明委員会：Commission Internationale de l'eclairage)

すべての色を光の三原色(赤，緑，青)の混合量の数値で表す方法があり，JISにも規定されている。XYZ表色系を基本とし，$L^*a^*b^*$表色系などが汎用されている[11]。

XYZ表色系は，物体の分光反射率曲線から三色刺激値X，Y，Zを算出し，X，Yの比率

＊4　基本色名：有彩色10(赤，黄赤，黄，黄緑，緑，青緑，青，青紫，紫，赤紫)，無彩色3(白，灰，黒)の13種
＊5　修飾語：「明るい」，「赤みの」，「青みを帯びた」といった，明度，彩度，色相に関する形容詞や形容語

$x = X/(X+Y+Z)$　　$y = Y/(X+Y+Z)$

を求め，x，y，Yの3つを1組にして色を表示する。xとyをグラフにしたCIE色度図は色相と彩度を示し（図7-19），Yは明度に対応する数値である。

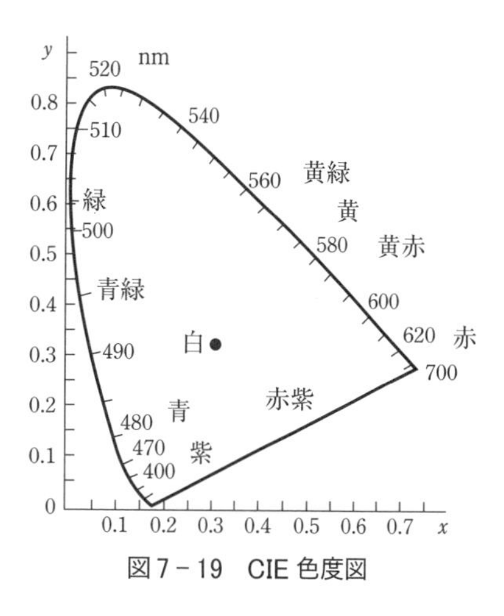

図7－19　CIE色度図

$L^*a^*b^*$表色系はXYZ表色系から変換されたものである。明度指数L^*を垂直軸（白100，黒0）とし，a^*軸（プラスは赤，マイナスは緑）とb^*軸（プラスは黄，マイナスは青）の平面とから色立体を構成して色を表示する（図7-20，21）。

$$L^* = 116(Y/Y_n)^{1/3} - 16$$
$$a^* = 500[(X/X_n)^{1/3} - (Y/Y_n)^{1/3}]$$
$$b^* = 200[(X/X_n)^{1/3} - (Z/Z_n)^{1/3}]$$

2つの色の違い（色差ΔE^*）も数値化でき，変退色の程度を数値で表す場合に有用である。色差はこの色空間の中での2色間の直線距離として次の式で求められる。

$$\Delta E^*_{ab} = [(L_1 - L_2)^2 + (a_1 - a_2)^2 + (b_1 - b_2)^2]^{1/2}$$

マンセル値，$x \cdot y \cdot Y$，$L^* \cdot a^* \cdot b^*$は測色計で測定することができ，精度の高い色彩の表示や管理が可能である。

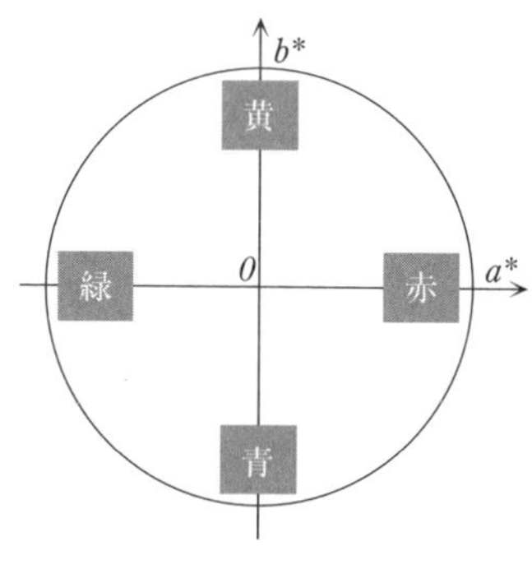

図7－20　$L^*a^*b^*$座標　色度図
（色相と彩度）

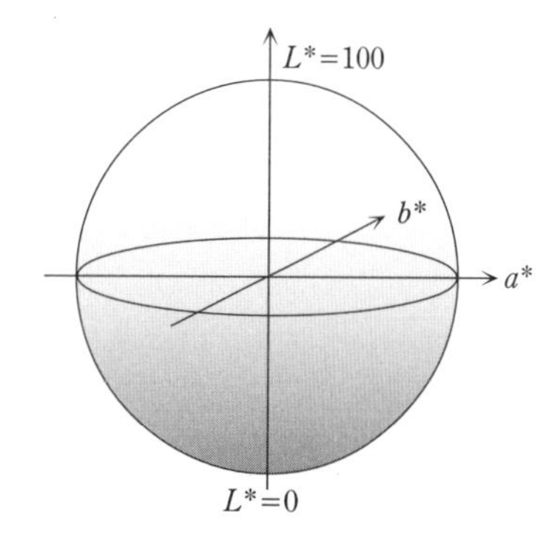

図7－21　$L^*a^*b^*$座標　色空間
（立体イメージ）

4）K/S

布の表面反射率を用いて染料の吸着量に換算することができる。次のクベルカ－ムンク（Kubelka-Munk）の式を用いて算出できる。

$$K/S = \frac{(1 - R/100)^2}{2R/100}$$

Rはある単色の光を照射したときの表面反射率（%），Kは吸光係数，Sは散乱係数を示す。理論的にK/Sの値と染料吸着量の関係は比例関係で表される。反射スペクトルから，K/Sスペクトルを描くことができる。

反射率Rは値が大きいほど薄く明るい色になり，小さいほど濃く暗い色になる。K/Sの値は，大きいほど濃く暗い色になり，小さいほど薄く明るい色になる。

K/Sは布の汚染度の評価にも応用され，洗浄率の計算にも用いられる。

5. 工芸染色

洋服は色柄以外にも形に自由度があり，表現の幅が広い。形が決まっている民族衣装は，決められた形のなかで色柄をつけることで独自性やセンスを表現せざるをえないといえる。形の自由度がなく制限のあるなかで，表現する技法を開発してきた。本節では，染料の種類や工芸染色の技法について解説する。

(1)　草木染め

「草木染め」という言葉は，昭和5年に天然染料による染色を合成染料による染色と区別するために山崎斌(あきら)氏が命名したものである[12)]。山崎斌氏は，島崎藤村とも親交のあった文学者であり染織家であった。昭和7年に商標登録されたが現在は更新されておらず，天然染料による染色を一般的に「草木染め」とよぶようになった。天然染料のなかには，植物だけでなく虫や貝などの動物や鉱物を用いるものもあるが，伝統的に日本人は主として植物を用いてきたことが反映された言葉である。平成6年に開園した「高崎市染料植物園」には160種類ほどの染料植物が植えられており，山崎和樹氏の「新版草木染」[13)]には77種の天然染料が紹介されている。茜や藍は今なお女の子の名前にも見られ，染料植物は染色愛好家にとっては興味関心の対象であるが，一般的には染料植物を見て判別できる人も少なくなっている。ここでは，色別に代表的な天然染料を紹介する。

1）　赤系の天然染料

日本で育つ赤の染料になる植物は，日本茜と紅花があげられる。日本では育たない植物であるが，延喜式の時代から蘇芳は染料として使用されていた。地中海沿岸に生息するケルメス，中米，南米に育つコチニール，南アジアから東南アジアのラックカイガラムシは，赤系の染料として使われてきた。茜の色素とコチニールの色素の化学構造は，アントラキノン構造であることが共通している(図7-22)。

❶ 茜　茜には，日本茜(日本から東南アジア，ヒマラヤにかけて広く分布)，インド茜(中国，ヒマラヤ，アフガニスタンに分布)，西洋茜(六葉茜，地中海沿岸が原産地)などの種類がある。茜の主要色素成分は，アリザリン，プルプリンなどである。媒染剤(明礬)により，絹，羊毛，木綿によく染着する。

❷ コチニール　原産地がメキシコのコチニールは，中南米に生育するウチワサボテンにつく虫であり，その雌虫を産卵の前に採集し，乾燥させたものが染料として使われる。コチニールの色素成分はカルミン酸である。酸性条件(pH = 3)で染色し，錫媒染で赤色，アルミ媒染で紅梅色，銅媒染で赤紫色，鉄媒染で鳩羽鼠(はとばねずみ)を染める。

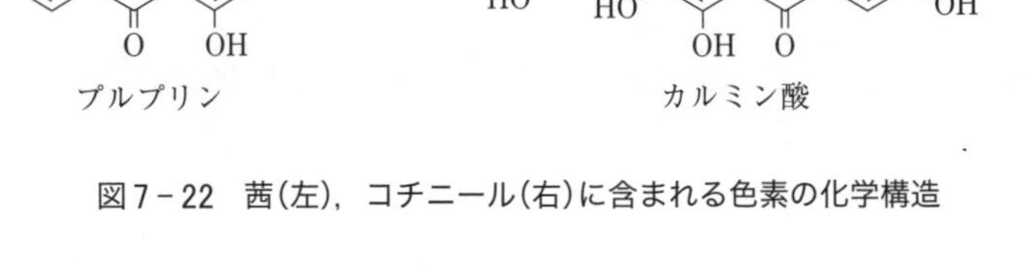

プルプリン　　カルミン酸

図7-22　茜(左)，コチニール(右)に含まれる色素の化学構造

❸ **ラック**　ラックは，カイガラムシ科ラックカイガラムシ由来の染料である。ラックカイガラムシは，ライチ，イヌナツメの木の枝の周りに樹脂状の物質を分泌して生息し，中国南部，インド，ミャンマー，タイ，インドネシア，ブータン，ネパールなどで樹脂分とともに採集される。ラックの色素成分は，ラッカイン酸である。アルミ媒染で牡丹色から臙脂色，錫媒染で赤色，銅媒染で赤紫色を染める。

❹ **ケルメス**　ケルメスは，地中海産のケルメスガシというブナ科の樹木に，ラックと同じように雌が丸い小さな空洞を作りながら寄生する虫である。ケルメスの色素成分はケルメス酸である。ケルメスは，明礬で発色させて，やや青みのある深い紅色に染色する。

❺ **紅　花**　紅花は，キク科の越年草であり，花弁を染料にする。紅花は呉藍とよばれた。かつて藍は染料の総称であり，呉の国から伝わった染料という意味から，「くれのあい」が転じて「くれない(紅)」になった。紅花の花弁には，大量の黄色色素(サフラワーイエロー)と少量の赤色色素(カルタミン)が含まれている。黄色色素は水溶性であるのに対し，赤色色素カルタミンは水不溶性であるが，アルカリに溶け，酸性にすると発色する。染色温度は低いほど深い赤に染まる。

❻ **蘇　芳**(すおう)　蘇芳は，インドや東南アジアに広く栽培されている，マメ科の樹木である。この心材を染料として使う。チップの色はオレンジ色に近い。蘇芳の主な色素成分はブラジレインである。煎汁そのままでは黄褐色，明礬媒染で赤緋，灰汁で紫赤，灰汁とアルミニウムの併用で蘇芳色，鉄媒染で紫色を染める。

2）　紫系の天然染料

紫色を染める天然染料は，貝紫，紫根，地衣類があげられる。日本では硬紫根が高貴な色として利用されてきたが，青と赤の重ね染めで紫をあらわすこともあった。

❶ **貝　紫**　悪鬼貝科の巻貝の鰓下腺(さいかせん)には紫色の染料になるジブロモインジゴが存在する(図7-23)。インジゴ同様建染染料である。貝紫染が盛んだったフェニキアの都市「ティルス」にちなんでティリアンパープル，王家の色としてロイヤルパープルともよばれる。地中海ではシリアツブリボラという種類の貝で染められた。日本の沿岸にも悪鬼貝の仲間が生息しており，アカニシは瀬戸内海，有明海，中津干潟では食用にも供されている。生体内では還元状態の黄色で，布にこすりつけて酸化させると紫に発色する。ハイドロサルファイトナトリウムにより，化学還元で染色することも可能である。

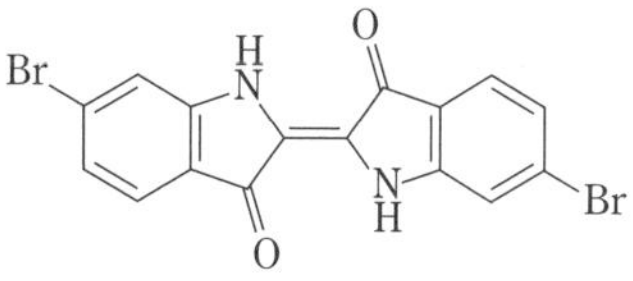

図7－23　ジブロモインジゴの化学構造

❷ **紫　根**　根に紫色の染料をもつ紫草(むらさき)という植物の根を紫根とよぶ。日本古来の硬紫根の他，軟紫根(新疆紫草，アルネビア)と西洋ムラサキ(アルカンナ)などの種類がある。日本の種は花が白いが，新疆，西洋の紫草の花は紫色である。紫根の色素は主にシコニン，アルカニンである。シコニンとアルカニンの化学構造(図7-24)は互いに鏡に映すと重なる関係であり，「鏡像異性体」である[14)]。酸性側で染めると赤味が強い京紫，アルカリ性で染めると青みが強い江戸紫が得られる。

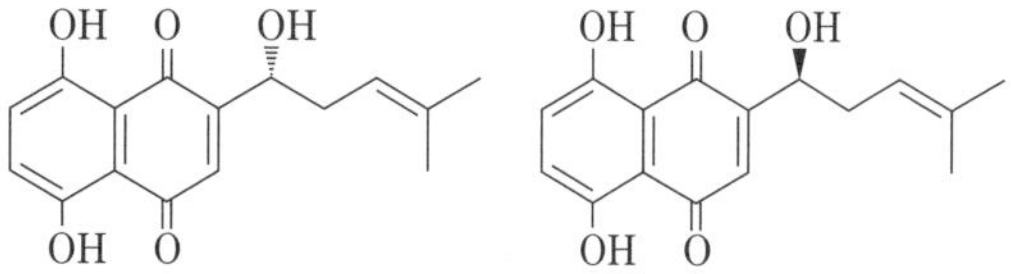

図7－24　シコニン(左)，アルカニン(右)の化学構造

図７－25　ウメノキゴケ
（大分大学）

❸　地衣類（ウメノキゴケ）　ウメノキゴケは，蘚苔類ではなく地衣類に分類されるものであり，梅や桜の樹皮表面に着生している（図７-25）。大気汚染が激しい場所では育たないので，環境指標生物ともよばれる。ウメノキゴケの色素成分はレカノール酸である。アンモニア水に浸して数日以上放置した赤紫色の液体を染液として染色すると，赤紫～深紅色になる[15]。西洋では歴史的に貝紫の下染めとして地衣類が利用され，アンモニアには人尿が使われたという[16]。

❹　その他　蘇芳の鉄媒染でも紫に染められる[17]。青と赤の染料を重ねて染めても紫色の布になる。二藍（ふたあい）とよばれる色は，藍と紅花を掛け合わせた色であり，蓼藍（たであい）と呉藍（くれあい）の２種類の藍を重ねたことを表すよび名である。必ず先に藍を染めてから紅花で染める。紅花の色素はアルカリ性に溶出するので，順序を逆にすると紅花の色素がとれてしまう。藍と紅花のどちらを濃く染めるかによって，赤紫から青紫の色調を調節できる。似紫（にせむらさき）とよばれる色は，藍と茜を重ねたり，蘇芳を鉄媒染したりすることで紫色にしたものである。似紫は，紫根染めに似せたということである。

３）　青系の天然染料

青い天然染料といえば，まず思い浮かべるのは葉にインジゴを含む藍である。世界中にさまざまな種類の藍植物が存在する。インジゴを含まない染材料として，山藍，臭木の実，青花があげられる。

図７－26　蓼藍（左），琉球藍（右）

❶　藍　日本ではタデ科の蓼藍，キツネノマゴ科の琉球藍が用いられるが，インド藍，大青（たいせい）といった植物学的に別の種類の植物も葉にインジゴを含むものがある。貝紫の色素とインジゴ構造が共通であり，建染染料である（図７-26）。

生葉を擦りつけたり，生葉から抽出して染液をつくったりしてたんぱく質繊維を染めることもできるが，水色程度の発色で濃く染まらない。

蓼藍は，葉を乾燥させて水を加え，100日ほどかけて発酵させ，藍の染料蒅（すくも）を作る。琉球藍は生の葉や茎を水に１日以上浸し，石灰を加えて藍の成分を沈殿させ，泥状にした泥藍にする。

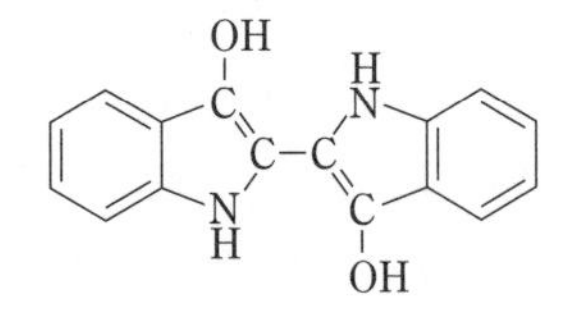

図７－27　ロイコ体のインジゴの化学構造

染料のインジゴを発酵建てか化学建てで還元して染色する。化学建てでは，還元剤のハイドロサルファイトナトリウムとアルカリ剤の薬品を使用する。インジゴは還元により水溶性のロイコ体になって繊維に浸透し，そのインジゴが酸化して，不溶性のインジゴ（青）に戻る（図７-27）。繰り返し染色することで濃い藍色を得る[18]。

❷　山　藍　山藍の葉から青い汁を出して擦り込んで染めた衣が古事記や万葉集に登場し，神事服としても用いられてきた。トウダイグサ科の山藍にはインジゴは含まれず，ヘルミジンという色素を含む[19]。

❸　臭（くさ）　木（ぎ）　臭木の実を潰さずそのまま色素を抽出して絹を入れると，水色～青に染まる。実を潰すと黄味がかかり，青磁色に染まる。媒染なしで染まる染料である。

❹ 青　花　青花の花から絞った汁で和紙を青く染めて乾燥させた青花紙は，手書友禅の下書きに利用された。青花の青い色素は，水に濡れなければ安定しているので，浮世絵などにも使われた。青花紙を少し切り取って水に浸すと青い水になり，これを筆にとって下絵を描く。完成したら水に晒して溶出させることができる。現在は化学染料が使われるようになり，2017年現在，生産農家が1軒になっているという[20]。

4） 黄系の天然染料

黄色を染められる天然染料の種類は多く存在する。天皇陛下の衣を染める櫨をはじめ，刈安，小鮒草（こぶなぐさ），黄檗，鬱金（うこん），支子，サフランなどの植物で染める。黄土による鉱物顔料も用いられる。

❶ 櫨（はぜ）　古くから日本に自生したものを山櫨，外来種を琉球櫨という。いずれもウルシ科の落葉樹であり，心材にフスチンやフィセチン，タンニンなどの色素が含まれる。天皇陛下の衣装である黄櫨染御袍（こうこうろぜんのごほう）はこの櫨と蘇芳を重ねて染めている。櫨染の布は強い蛍光を呈する。アルミ媒染で茶味の黄色に染まる[21]。

❷ 刈（かり）安（やす）　近江刈安，黄染草とよばれる[22]。イネ科の植物でススキに似た多年草である。葉に含まれる色素はアルトラキシンとルテオリンであり，絹をアルミ媒染で黄色，銅媒染で黄茶色に染める。

❸ 小鮒草（こぶなぐさ）　黄八丈の黄色を染める染料である。八丈刈安，揺成草（かいなぐさ）ともよばれる。イネ科の一年草であり，色素と染色性は刈安と同様である。

❹ 黄（き）檗（はだ）　ミカン科の落葉樹であり，樹皮の内側に色素成分ベルベリンを含む。天然染料には珍しい塩基性染料であるので，金属媒染は染着を阻害することもある。

❺ 鬱（う）金（こん）　ショウガ科の多年草の根に色素成分クルクミンを含む。絹をアルミ媒染で赤味の黄色に染める。鬱金染めの布は虫がつきにくいといわれ，男子の産着や包み布に用いた。カレーのスパイス，ターメリックと同じものである。

❻ 支（くち）子（なし）　くちなしの実にはクロシン，クロセチンという色素が含まれ，植物繊維，動物繊維ともに直接染料として使用できる。染色以外にも，栗きんとんなど食品の着色料としても利用される。

❼ サフラン　サフランの花びらは紫色であるが，赤い雌しべに含まれるクロシンが黄色色素である。植物繊維，動物繊維ともに直接染料として使用できる（図7-28）。

❽ 柘（ざく）榴（ろ）　柘榴の果皮は，ミョウバン媒染で黄色に染まる。

❾ 黄（おう）土（ど）　黄色の粘土鉱物による黄土染（はにゅうぞめ）は韓国で伝統的に行われている。

図7－28　サフランの花

5） 緑系の天然染料

一種類の天然染料だけで緑色を直接染めることはむずかしい。植物の緑色の葉を煮て色素を抽出し，そこに糸や布を入れれば染色できると考えて私たちの祖先も試したと考えられるが，葉緑素は繊維の上に吸着しにくく，すぐに変色してしまう。青と黄色の染料を重ねて染めることで緑色に見せている例が確認できる。

❶ 青と黄色二種類の染料重ね染め　延喜式には藍と刈安を重ねて染めて緑色を出している

し，伝統的に天然染料での染色文化が伝えられているブータン王国でも，琉球藍と鬱金を重ねている。それぞれの植物の種類は異なるが，藍染と黄色の染料による染色を組み合わせる方法で緑色を染めている。

❷ **葉緑素**　葉緑素のクロロフィルは分子の中心にマグネシウムがあり，単離すると分解する不安定な色素である。銅媒染でマグネシウムを銅に置換し銅クロロフィリンにするとたんぱく質繊維が緑色に染まり，安定する。

6）茶系の天然染料

タンニンを多く含む染料はアルミ媒染や石灰により茶色に染めるものが多い。

橡（つるばみ）（櫟（くぬぎ），樫，椎，楢の実，いわゆるドングリ），矢車附子の実，柿，杉，肉桂(シナモン)，楊梅（やまもも）の樹皮，一位の心材，胡桃の青い実，ミロバランの果実，阿仙薬(ガンビール)，丁子の蕾(クローブ)，栗毬（くりいが）などが茶色染に用いられる。

渋柿の実が青いうちに絞り，発酵させて2年熟成させたものの上澄み液を布に塗り，茶色にする柿渋染もある。茶色になるばかりでなく，防水性，防腐性が付与される。紙を染めれば渋紙(後述の型染めの型紙に使用)になり，水を弾く紙になる。

7）黒系の天然染料

タンニンを多く含む染料で染め，鉄漿（かね）や鉄分の多い泥などで鉄媒染することによりグレーから黒になる。お歯黒やインクに使われたように，タンニンと鉄が結合してタンニン酸鉄が黒い染料になる。

江戸時代のはじめ，剣術家の吉岡憲法が染色業に転向して染めていた黒を憲法黒という。檳榔子の果実と鉄分液で発色させた。檳榔子の果実以外にも，車輪梅の樹皮，橡，ミロバランの果実，矢車附子の実，楊梅の樹皮，梅の枝，栗皮，栗毬，ログウッドの心材，五倍子（ごばいし）(ヌルデの虫瘤（むしこぶ）)などが黒染めに用いられる。茶色味をなくすために，藍で下染めすることで黒を出すこともあった。

人類は，多くの天然色素を使ってさまざまな方法で染色試験をして，染料になるものを発見して使ってきた。現在，合成染料の発明から約160年である。それ以前の数千年は天然染料で染色してきた時代であった。衣服の色の観点から歴史を捉え直すと，歴史上の人物やそれぞれの時代に生きた人々のことも，より具体的にイメージできるかもしれない。

(2)　染色の技法

1）摺り込み染め

布と花や葉を重ねて置き，上から叩いて色素を染み込ませ，その形の模様をつけることを摺り込み染めという(図7-29)。花や葉を潰して布にこすりつけて色をつけることも同様にいう。加熱せず，助剤も使わない染め方なので，色素と繊維を強く結びつけることができにくく，一般的に堅牢度は低くなる。しかし，貝紫は，アクキガイ科の貝のパープル腺を採ってすぐに摺りつけ，酸化させて染めていたので堅牢度が高い。この方法は，最も原始的

図7－29　琉球藍の葉の摺り染め

な染め方といってよいだろう。

2）　浸し染め(浸染)

ひたしぞめ，つけぞめ，しんせん，しんぜんという複数のよび方がある。糸や布を染料溶液に浸して均一に染色する方法である。工芸染色の世界では「ひたしぞめ」，工業染色の業界においては「しんぜん」と読むことが多い。繊維や糸の状態で染めることを先染め，布や製品になったものを染めることを後染めという。

3）　引き染め

引き染めは，布を伸子で張って水平に吊るし，刷毛で布に直接染液を塗って染める方法である。染色液はムラなく布に染み込ませ，その後蒸す作業をすることによって，色素を定着させる。

4）　手描き染め

友禅のように，手書きで染める方法もある。布や反物に筆や刷毛を使って模様を描いていく。作品は当然一点物になり，他の染色方法よりも自由な表現が可能になる。青花の汁を利用して下絵を描き，染料本描きをし，蒸して色素を定着させる。樹脂顔料を固着剤(バインダー)と混ぜて描くこともある。

5）　絞り染め

絞り染めは，糸や道具で布を縛ったり括ったりして，防染することで模様をつける染め方である。巻いたり，折ったり，縫ったりもして，繰り返しの模様をつける場合もある。染色後に縛ったり縫ったりした糸をほどき，広げて初めて模様を見ることができる。

染色前

染色して絞りの糸を解いたもの

図7－30　雲南省大理の絞り染め

コラム 5　浸染で染めた糸でつける織模様

浸染で染めた複数の色の糸を交互に経糸とし，一色の緯糸で布を織ると縦縞(ストライプ)の布になる。同様に経糸を張り，緯糸も交互に違う色を入れて織れば格子柄(チェック)の布になる。

ブータン王国では，浸染で染めた糸で縞や格子柄の布を織りながら別の色の糸を経糸に引っ掛けながら模様を入れていく片面縫い取り織りが盛んである[23]。裏には表の糸がほとんど見えない。布の表と裏が反転した模様になっている浮き織りの布もある。いずれにしても，ブータンでは布に直接色柄をつけるのではなく，先染めの糸で独特の幾何学模様を織り込む手法を採用して，民族衣装をつくっている。

ブータンの織物

日本の絞り染めの歴史も古い。正倉院に日本最古の絞り染めの裂が収蔵されている。絹に鹿(か)の子(こ)模様をつけた京絞りが発展した後，木綿藍染絞りの豊後絞りが興り，有松・鳴海絞りに伝わった[24]。奈良時代には纐纈(こうけち)とよばれた技法である。

アジア，アフリカ，アンデスなど，世界各地に絞り染めの歴史がある。図7-30は雲南省大理に住む白族の藍の絞り染め作品である。左は布に下絵を描いて縫い絞った状態で，これを藍液に浸して染め，糸を解いて広げたものが右の状態である。

6） 板締め

布を屏風にたたみ，2枚の板の間に挟んで強く締め，その圧力で染料の浸透を防いで模様をつける染色方法である。板に模様を彫る場合もある。奈良時代に夾纈(きょうけち)とよばれた方法である。

図7－31　板締め

7） ろうけつ染め

ろうけつ染めとは，融かした蝋で布を覆って防染する方法である。

蝋は筆，刷毛，版などで布に模様をつけ，染液に浸して染めたあとで蝋を取り除く。蝋の不規則な割れ目から染液をしみ込ませ，模様に独特の線を入れる場合もある。蝋纈(ろうけち)（臈纈）ともよばれる。

図7－32　インドネシアバティック（ジャワ更紗）

世界各国に同様の技法が見られるが，インドネシアの染織品であるジャワ更紗にはろうけつの技法が使われることが有名である（図7-32）。現地ではバティックとよばれる。batikという英単語はジャワ更紗そのものに加え，ろうけつ染め自体を指す言葉となっている。

8） 型染め

布や反物の上に彫刻刀で模様を彫った型紙を置いて，糊を染み込ませて乾燥させ，糊がついていない場所に引き染めや手描きで彩色する方法である。染色後に糊を落とす作業も必要になる。沖縄の伝統染色である紅型も型染めである（図7-33）。江戸小紋の細かい柄も型染めで染められる。

型紙には，柿渋を塗った和紙を天日乾燥と燻煙して硬化させた渋紙を使う。伝統的に三重県で作られる「伊勢型紙」が有名である。

図7－33　紅　型（城間栄順氏の作品）

手ぬぐいや浴衣地などは，型紙や絞り出しで防染糊をつけ，染料を注ぐ「注染」とよばれる染め方をすることもある。

9） 筒書き（手糊置き染）

渋紙でつくった細長い円錐形の筒のなかに糊を入れて，絞り出しながら模様を描いていき，天日で乾かして引き染めや手描きで染色する方法である。これも蒸して染料を定着させ，糊を落とす作業が必要になる。

10) 版染め

木やゴムなどの材料で版を作り，染料をつけて布に転写する方法である。スタンプを押すように染色する。インドの木版染(ブロックプリント)が有名である(図7-34)。

図7－34　インドのブロックプリント

11) 捺　染

なっせん，なせんと読む。布に染料や顔料を印捺して模様染めする方法である。スクリーンや凹凸のあるローラーを使って，捺染機で染める。染料や顔料を糊などに混ぜて布に印捺する方法，染めた布から色を抜く抜染法，布に直接印刷するインクジェットプリントや，紙やフィルムに印刷した模様を熱で布に転写する方法などがある。一般に「プリント」とよばれる。型染め，版染も型や版を使った手捺染ともいえる。工業染色においては，ローラー捺染機や自動スクリーン捺染機が用いられて大量生産に対応している。

12) 絣染め

絣染めは，絣模様を表す糸染めの技法である。あらかじめ糸を模様に合わせてくくって防染し，染色糸が模様になるように織り，絣織物を作る。経緯両方の糸を染めわけて織ったものを経緯絣(たてよこがすり)という。

日本三大絣として，福岡県の久留米絣，広島県の備後絣，愛媛県の伊予絣が挙げられている。大島紬や結城紬，宮古上布などにも絣の技法が用いられている。

絣の技法もアジアをはじめ世界各地に見られ，インドネシアでつくられる絣布をイカットという。英語ではikatが絣染めの技法を表す単語になっている。グアテマラにも絣の工房があり，巻きスカートのような女性の下衣コルテに絣の布を使っている地域もある(図7-35)。

図7－35　グアテマラの絣
アティトラン湖畔カマロン工房作品

人類は，自らの体を装飾するために衣服に色や柄，模様をつける技術を多岐に渡って開発し，新しい文化を創造してきた。現代に生きる私たちは，その恩恵に預かっていることを心にとめて，彩り豊かな衣生活を送りたいものである。現代では3Dプリンターでも服が作られるようになっているが，これまで人類が培ってきた染織技術の歴史を踏まえて，今後の展開を考えたい。

コラム 6　たまねぎの皮で染めてみよう

材　料

被染物：ストール25g（パナマネット25g×1，絹）
ハンカチ10g（デシン5g×2，絹）
＊輪ゴムで縛ったりして絞り模様を入れるのもよい。
あらかじめ精練のためにお湯と一緒に鍋に入れて煮るか，洗剤で洗うかしておく。
綿や麻，毛も染まるので試してみるとよい。

たまねぎの皮

染　料：たまねぎの外皮100g（100g集められなくても，入手できる量で染めてみよう）
媒染剤：ミョウバン*6または湯の花*7 7g（媒染剤の種類と量により違う色になる）

抽　出

① 被染物の約3倍のたまねぎ外皮100gと染料の30倍の水3Lを鍋に入れ，加熱して80℃で20分間保ち，液をこして1回目の抽出液をとっておく。
② ①のたまねぎ外皮と20倍の水2Lを鍋に入れ，①同様に80℃で20分間保ち，液をこして2回目の抽出液をとり，1回目の抽出液と合わせる。

媒　染

媒染条件：浴比　1：200，温度40℃，時間30分
① ミョウバンか湯の花1g/L溶液を染色布重量の200倍，7L調製し，媒染液とする。
② 媒染液を加熱し，40℃で30分媒染後，水で注ぐ。

染　色

染色条件：浴比　1：120，温度80℃，時間30分
① 染色布重量の120倍の染浴を用意する。
② 染浴を加熱し，80℃で30分染色後，水で注ぐ。

たまねぎで染めた絹ストール，絹ハンカチ
（別府湯の花媒染）

媒染→染色，染色→媒染のどちらの順序でも染色は可能である。
染色の後に媒染液に浸すと，変色の様子が観察できる。
最後に中性洗剤で洗って注ぎ，広げて陰干しにする。

出典：文献25）より筆者作成

＊6　ミョウバン：硫酸カリウムアルミニウム十二水和物（$AlK(SO_4)_2 \cdot 12H_2O$）のことであり，なすの漬物の色止め用に焼きミョウバン（硫酸カリウムアルミニウム無水物）が販売されているので簡単に入手できる。媒染剤としても使うことができる。

＊7　湯の花：温泉成分を析出させてつくった天然の入浴剤である。アルミニウム，鉄などの金属が含まれ，天然の媒染剤としても使うことができる。

〈参考文献〉

1）エルサ・ベスコフ，小野寺百合子訳：「ペレのあたらしいふく」福音館書店（1976）
2）吉岡常雄：「帝王紫探訪」紫紅社（1983）
3）佐野敬彦：「織りと染めの歴史　西洋編」昭和堂（1999）
4）エイミー・B・グリーンフィールド，佐藤桂訳：「完璧な赤」早川書房（2006）
5）脇田道子：「モンパの民族表象と伝統文化の動態に関する文化人類学的考察—インド，アルナーチャル・プラデーシュ州を中心として—」慶應大学大学院社会学研究科博士論文（2013）
6）前田雨城：「ものと人間の文化史38　色　染めと色彩」法政大学出版局（1980）
7）上村六郎：「昭和版 延喜式鑑」岩波書店（1986）
8）藤原時平，藤原忠平：［ほか撰］「延喜式．巻第1-50」古典籍総合データベース 早稲田大学 http://www.wul.waseda.ac.jp/kotenseki/html/wa 03/wa 03_ 06370/index.html
9）有機合成科学協会編：「染料便覧」p. 121，丸善（1969）
10）松崎正則：「入門色彩学」p. 91，繊研新聞社（2002）
11）日本色彩学会編：「新編色彩科学ハンドブック」p. 74，東京大学出版会（1999）
12）山崎青樹：「草木染 色を極めて五十年」美術出版社（1995）
13）山崎和樹：「新版 草木染 四季の自然を染める」山と渓谷社（2014）
14）お茶の水女子大学ジェンダー研究センター：「黒田チカ資料目録 黒田チカ研究業績」（2000）
15）寺村祐子：「地衣類染色法」ライケン5（1），p. 2～4（1982）
16）寺田貴子：「貝紫と地衣類を用いた古式重ね染めの検証」活水論文集 健康生活学部編52, p. 9～15（2009）
17）吉岡幸雄：「日本の色辞典」紫紅社（2000）
18）牛田智：「藍」繊維学会誌 繊維と工業58（12），p. 325～328（2002）
19）吉岡常雄，上野民夫：「天然染料と染色—古代の紫を中心に—」化学教育33(6), p. 40～43（1985）
20）田中陵二：「色彩の美と科学 ツユクサと青花の青」化学72(11), p. 54, 55（2017）
21）下山進，下山裕子，大下浩司：「衣裳を彩る色材の分析—日本における染色の歴史と琉球紅型衣装にみられる色材」文化財情報学研究：吉備国際大学文化財総合研究センター紀要（14），53～62（2017）
22）木村光雄：「自然の色と染め」木魂社（1997）
23）山本けいこ：「ブータンの染と織—改訂版—」染織と生活社（2001）
24）安藤宏子：「世界の絞り染め大全」誠文堂新光社（2016）
25）池谷昭三：「自然の色を染める」草木染工房 木綿花 p. 26（2000）

8章　きものと日本文化

現在われわれが「きもの」とよんでいる衣服は，江戸時代以前には，一般に「小袖（こそで）」という名でよばれていたものである。これが「小袖」とよばれていたのは，袖の大きさが小さいからということではなく，袖の大小にかかわらず，その袖口が手首と腕をようやく通すほどに小さくつくられていたからである。同時期に存在した袖口をまったく縫わずに大きく開けたままにした衣服（「大袖（おおそで）」とよばれた）に対する名称として，使われていたのである。

小袖というものが初めて出現したと考えられる平安時代には，上流階級である公家服飾で，何枚か重ね着される大袖の衣服の下に着る下着として小袖が着用されたほか，庶民の間では，小袖はさまざまな状況で，下着としてもまた上着としても用いられた。そうした古い歴史をもつ小袖が，やがて「きもの」という名称でもよばれるようになった理由と経緯を追ってみることは，日本文化の一端を象徴するきものを理解するうえで意味のあることと思われる。

本章では，きものとその源流である小袖の歴史を見直し，日本の服飾文化のなかでこれらが果たした役割や意味を再認識し，現代の衣生活とこれらがどのように関わっているのかを考える。

なお，小袖もきものも，基本的に男女や身分の違いに関わりなく用いられた衣服であるが，本章では時代ごとの変遷を追いながら，主に女性の小袖・きものを中心に扱うことになる。それは後に詳しく述べるように，特に近世以降，男女によって，小袖ときもののもつ服飾としての意味合いが大きく異なってくるからである。

1. きものの特質

小袖およびきものの，服飾あるいは染織としての特徴とは何か。しばしば指摘されることの第一は，これらが直線的に裁断された生地で仕立てられている，ということである。

きもののような直線裁断によって仕立てられた衣服と，洋服のような曲線裁断の衣服という違いは，単なる偶然から生じたものではなく，地理的・気候的環境の違いや，各民族の衣服そのものに対する考え方の違いに基づいて生じたものと考えられる。装飾の面においては，衣服と人体との関係をどのように考えるかといった面に現れる違い，例えば，衣服がからだの存在とは無関係に装飾性を追求するのか，衣服がからだと一体となって装飾性を追求するのか，などの違いとして認識される。

日本のきものは，人体の存在を離れて，衣服それ自体で服装美を表現しようとする傾向が強い，という特徴がある。例えば，江戸時代の女性の小袖が前面ではなく背面が模様表現の場として中心的役割を果たしているのは，広い面積をもった小袖の背面のほうが，模様を表す画面としては前面よりも適していると考えられていたからである。それはまた，服装美の表出にとって，衣服の内側に包まれる人体の存在や，顔をもった人間としての個性が重要視されていなかったことを暗示している。

逆に，もしもそれらを視覚的に意味のあるものだと考えていたならば，西洋の衣服や他の国々の衣服に見られるように，人体の正面に合わせて，衣服の前面を意匠表現の主たる場としたはずである。

そういう意味では，小袖の背面を見せながら，かつ振り返って顔を見せる菱川師宣の東京国立博物館蔵，見返り美人図(図8-1)は，服飾美の表出と，顔に象徴される女性としての美の表出を両立させるために，絵師が苦肉の策として考え出した表現方法といえよう。

図8－1　菱川師宣筆，見返り美人図　(東京国立博物館)
Image：TNM Image Archives

江戸時代前期から後期の初頭にかけて出版されたファッション雑誌的な出版物である小袖模様雛形本に，小袖の背面のみを描いた模様図が圧倒的多く見られることも，そのことを端的に示している。

これに対して西洋などの衣服においては，衣服のうちに包まれる人体を過剰なまでに意識し，その存在を衣服と一体化させることによって美を表現しようとする。例えば，女性の腰や胸の線をはっきりと表す衣服の仕立てや形状は，やがて中に包まれている人体が美的に不十分であると考えたときには，器具を用いてからだの線を誇張したり矯正したりするという方向へ向かう。コルセットによって女性が卒倒するほど腰を締めつけたり，スカートの中にバッスルを入れて大きく広げるなどは，そうした美意識の反映として生まれたものといえる。

近世以降の西洋では，洋服との比較から，きものはからだを拘束しない衣服である，という概念が定着して，日本からもたらされたきものを着る際にも，これを部屋着，くつろぎ着として使用する場合がほとんどであった[*1]。実際，西洋の辞書で「きもの」という外来語が説明されるときには，そのような意味に翻訳されてきた。

衣服における意匠の役割や重要性という点に関しても，きものは西洋や他の国の衣服とは大きく異なる特徴を示しているが，それもきものが直線裁断した生地を用いて制作されていることに起因している。仕立てに際しては，裁断した2枚の生地を肩で折り返して前後に垂らし，背面に当たる部分のみ縫い合わせ，これに衽と襟，袖をつける。時にこれに裏地部分が加わって，一領のきものが出来上がるが，身頃と袖は一続きの平面をつくることになり，特に背面は，T字形をなす大きな平面となる。これは装飾を加えるに際して，さまざまな可能性を提供することになり，逆にこの点に注目するならば，背面を装飾の中心とする前記の発想も当然生じることになる。

このように小袖とその延長上にあるきものの服飾美は，常にその外形ではなく意匠に求められ，染織技法の発達も，意匠表現の可能性を広げるために推進されてきたといえる。

＊1　仕立てに関しても，天正5年(1577)頃に来日したといわれるポルトガルの宣教師ジョアン・ロドリーゲスによる『日本教会史』に「一般に日本人の衣服には，数多くの裁断や創意工夫が見られない。むしろ一定の決められたもので，それ以上の変化を示すこともない」とあり，きものに対する前記の内容が古くから西欧人に認識されていたことがわかる。

2. 言葉の変遷に見る「小袖」から「きもの」へ

「小袖」という言葉の初見は，平安時代，10世紀中頃の書『西宮記』（源高明著）であるとされている。この言葉が，袖口を縫わずに大きく開けた袖をもつ衣服に対する，小さな袖口をもつ衣服を指す言葉であることは，すでに述べたところであるが，実際には，現存する平安時代の書で，「大袖」という呼称が見られるのは12世紀後半の書『満佐須計装束抄』（源雅亮著）が知られているにすぎない。

しかしそれでもなお，言語の分化，多様化の一般的法則からすれば，小袖という言葉が，「袖」という語の前に「小」という修飾語をつけていることから考えて，これに対立するものとして，「袖」の前に「大」という修飾語を付した語が存在していたことは当然推測される。実際，同書においても，小袖という言葉が「大袖」という言葉とともに用いられている。

小袖は，多くの衣服を重ね着する公家の服飾にあっては，男子の袍や下襲，袙，単，女子の唐衣，表着，袿，単などの下に下着的に着用され，一方，庶民的な人々の服飾にあっては，下着と表衣を兼ねた一枚着として着用されていたと考えられる。平安時代の伝統を継承している中世や近世の公家服飾において，大袖の衣服の下に小袖を着用していることや，中世の絵巻物に小袖のみを着た庶民が多数描かれていることから，そうしたことがわかるのである。

なお，言葉の発生の必然性からすると，「小袖」という言葉を最初に使いはじめたのも，大袖と小袖をともに着用していた公家であったと考えられ，元来，小袖と比較すべき大袖形の衣服をもたなかった庶民においては，公家が「小袖」とよんでいた衣服に近い彼ら自身の小袖には格別な名称を与えず，奈良時代以来の「きぬ」「ころも」といった伝統的なよび名を用いていたと思われる。

さらに平安時代に庶民から身を起こし，公家に仕えていた武家*2が，鎌倉時代になって公家に代わって世の中を支配するようになると，武家の服装には大きな変化が見られるようになる。すなわち，鎌倉時代から室町時代にかけて，公的な場においては，前代の支配者である公家の権力を引き継いだことを視覚的に権威づけるために，公家が多用した大袖を用い，一方，私的な場では，庶民出身であるというルーツを反映して，小袖を多用した。

ここにおいて，公的な場では大袖を着用するようになった武家は，庶民時代から着用していた衣服であり，この頃からは大袖の下にも着るようになった衣服を，公家にならって「小袖」とよぶようになったと想像される。

さらに室町時代から桃山時代にかけては，公家の政治的影響力の減少とともに，大袖服飾の権威が失われ，同時に，武家が支配者としての自信を深めた結果，公的な場でも大袖の衣服を簡略化したり，省略したりして，次第に小袖が表に出るようになってくる。しかもそれらの小袖は，庶民時代に用いていたような麻地に無地，もしくは単純な模様を表したものではなく，絹地に華やかな模様を表したものとなった。

一方この時代には，同じく庶民の中から経済的な力をもった町人的階層が出現し，彼らもまた，本来着用していた小袖を麻地のものから絹地に替えて，華やかな小袖の世界へ参入していった。

＊2　地方豪族や都落ちした中・下級の貴族を頭目として，そのもとに集まった武術等に優れた農民の集団。その地域の所領を保全するだけでなく，警護などの役割で朝廷に仕えていた人々が，後に身分的階層を上昇していった。

こうして小袖が，大袖に代わって支配階層や富裕階層の衣服の主流となったため，庶民の衣服も合わせて，世の服装は小袖中心の様相を呈するようになったのである。なお，その流れを決定つけたものは，政治，文化の一大転機である応仁の乱であったといわれている。そしてこの頃から，本来は大袖をまったく用いない庶民の間でも，彼らが長らく用いてきた衣服を，武家同様，小袖とよぶようになったと推定される。

小袖は近世服飾の中心的衣服であり，これ以降男女を問わず[*3]，町人と武家を中心に広く社会の各階層に用いられるようになっていった。室町時代には，小袖は，形態と仕立てに関し，ほぼ現在のきものと同じ形になっていたので，近世の全期間を通じて社会階層による形態の大きな変化は見られない。しかし一方で，生地の選択を含めて限られた選択肢しかもたない庶民は別にして，女性の小袖においては，後に述べるように，町人の小袖と武家の小袖の間に，生地の種類や使用される染織技法，意匠形式にかなりはっきりとした違いが現れる。さらに公家女性の間にまで小袖系服飾が浸透した江戸時代後期においては，公家女性もまた独自の選択を行い，特徴ある小袖様式を生み出した。

ところで，このような小袖に対して，「きもの」という言葉が初めて文献に見られるようになるのは，鎌倉時代13世紀中葉の書『古今著聞集（ここんちょもんじゅう）』であるといわれる。ただ，この頃には，「きもの」は特定の形式の衣服を指す言葉というよりは，衣服一般を指す言葉として使われていたと考えられる。

ところが桃山時代になると，ポルトガル宣教師が記した報告書に「きもの」「きるもの」という言葉が，小袖を指す言葉として見られるようになる。天正5年(1577)頃に来日したといわれるポルトガルの宣教師ジョアン・ロドリーゲスは，布教活動とともに通訳としても働き，約30年にわたって日本に滞在し，『日本教会史』を著した。その中に「この王国全体を通じて，人びとが身分の上下男女の別なくつねに着ている主な衣類は，kirumono（きるもの）もしくはkimono（きもの）とよばれる。それは部屋着風の長い衣類であって，現在では上品さと美しさを保つために，踵までの長いものを用いるけれども，古風に従ったものは下脚のなかば，すなわち向うずねのなかばまでとどくのである。」という記述が見られる。

ここで「kirumono」「kimono」とよばれている衣類は，当時，身分，性別を問わず広く用いられていること，および着用された際の様子や形状の具体的記述から，明らかに小袖に当たるものであることがわかる。

桃山時代，上層支配階級である武家も含めて，人々の生活に密着した衣服のほとんどが小袖になったことによって，これと対比すべき大袖が人々の目に触れることが少なくなると，言葉としての「小袖」は「大袖」に対比する用語として役割は終えることになる。そして世の中の衣服がほとんどすべて小袖になったことによって，これを一般名称である「きるもの」「きもの」という言葉に置き換えることも可能になったのである。次の江戸時代になると，修飾語的ニュアンスを残す言葉である「きるもの」を普通名詞化した「きもの」という言葉が普及したが，衣服としての小袖を語る場合には，なお依然として「小袖」という言葉が最も一般的に用いられていた。

＊3　永禄五年（一五六二）に来日したポルトガル宣教師ルイス・フロイスの著『日欧文化比較』にも，「男の衣服は，われわれの間では女に用いることができない。日本の着物と帷子は男にも女にも等しく用いられる。」と記されている。

しかし，やがて明治時代になって，維新とともに文明開化が始まり，欧米文化が急速に流入してくると，服装においても大きな変化が現れた。欧米文化模倣の一環として，服装の洋風化がはじまったのがそれである。洋装が入ってきて，これを着る人々が現れると，それまでの衣服とこれらが並存する状況が生じ，これらを区別するために対比的な言葉が必要になったと考えられる。

そこで，伝統的な小袖系の和装に対しては，江戸時代から用いられている「きもの」という言葉，新しく入ってきた洋装に対しては，「洋服」という言葉が用いられるようになった。

「洋服」という言葉における「服」という語は，「衣服」と同義の普通名詞で，「きもの」という言葉の本来の意味同様，服飾品としての用途を表示する役割を含んでいる。そして「洋服」は，この「服」という言葉に「西洋」という言葉から取った「洋」の字を修飾的に付け加えたものである。本来「服」と同じ意味をもっていた「きもの」という普通名詞が，すでに伝統的な小袖系衣服に対して使用されていたため，新たに出現した洋装を指し示すためには，「洋服」という新しい言葉をつくらなければならなかったのである。

文明開化といっても実際には明治時代の末期頃までは，上流階級の女性や公職にかかわる男性などを除き，一般の服飾に関しては，江戸時代以来の小袖系の衣服が主流をなしていた。洋装は衣服の主流とはなっていなかったため，あくまでもきものに対比する名称として，「服」だけでなく，「洋」の文字をつけなければならなかったのである。

しかし，大正時代になって洋装がきものをややしのぐほどに普及してくると，きものと洋服をほぼ同等の存在として見るようになり，「洋服」という言葉に対して「和服」という言葉も使用されるようになった。

さらに，昭和の時代に入り，第二次大戦後，それまで「洋服」とよばれていたものが日本人の衣服，すなわち「服」の主流になると，洋服をことさら「洋」の字をつけてよぶ必要がなくなり，一般名称に準じる形で単に「服」とよばれるようになった。現在に到るまで，「服」といえば洋服を指すようになったのは，そのとき以来である。

「きもの」という言葉はいまだ死語になったわけではないが，洋装と立場が逆転してしまった伝統的和装きものは，多数派の洋服が「服」とよばれるようになったのに対して，少数派であるがゆえに，「和」の文字を付けることを強いられ，「和服」とよばれることが多くなったのである。

このように言葉の移り変わりを追うことによって，日本の服飾のなかでながらく「小袖」あるいは「きもの」とよばれた衣服の消長の歴史を概観することができるのである。

3. 小袖ときものの様式変遷

室町時代にすでに現在のきもの同様の形になっていた小袖にあって，形態以外の被服的要素として，生地，模様，加飾技法をあげることができるが，近世の小袖では，これら三つの要素の組み合わせの変化が，さまざまな時代の様式を生み出した。またこれら三要素の組み合わせに身分や階層による好みと美意識，あるいは心理が反映されていたともいえる。

ただ，桃山時代の小袖においては，三要素の組み合わせに，まだ男女による大きな違いは見だせない。また武家と町人の間でもさほど差異が見られるわけではない。しかし続く江戸時代には，男性と女性で服飾の内容に大きな変化が見られた。

封建制度が確立された江戸時代の日本には，「表」（公的な世界）と「奥」（私的な世界）を区別して考えるという概念があり，男性は「表」の世界にいるもの，女性は「奥」の世界にいるものという建前に基づいて，社会的な規則や決め事は原則的に「表」の世界にいる男性に適用される，という考え方があった。

日本では古くから，衣服によって身分を象徴させるということが行われてきたことから，江戸時代においても，建前上「表」の世界にいる男性には，衣服の自由な選択は許されなかった。それは，身分を象徴する機能をもつ衣服の固定化が身分制度の維持にとって重要な役割を果たしていたからであり，そのため男性の小袖には，個人の心理や価値観に基づく多様さや，時代の変化に伴う様式の変遷および流行現象をほとんど生じなかった。

これに対して，「奥」の世界で起こっていることは非公式なことであり，「表」の世界からは関知しないという建前があったため，「表」の世界に身分制度に伴う衣服規制が存在していても，「奥」の世界に生きる女性に対しては，社会秩序を乱さない限り，衣服の選択に暗黙の自由が許されていた。それゆえ江戸時代の女性たちは，身分・階層の違いによってそれぞれの好みや美意識を小袖に反映し，様式の違いや，時代による変遷を生み出すこととなった。特に生地や技法の選択，意匠形式などの選択に見られる違いは，その具体例であるが，さらに各階層の間で，これらの要素を含めたファッションの交流という面もしばしば見られる。

以下では，近世から近代に至る女性の小袖ときものが，その時々の女性の価値観や心理を反映しながら，時代とともにどのような変遷をとげ，各階層間でどのように展開していったかを見ていくことにする。

なお，これまで使用してきた「小袖」という言葉は，肩山を境に折り返し，からだの前後に連なる身頃と袖，さらに衽と襟をもった盤領（たれくび）式の衣服の総称であり，現在の「きもの」の概念に通じる。これが広義の小袖である。ただし「小袖」という言葉をもう少し狭い意味に使うこともあり，これが狭義の小袖である。具体的には，薄綿を入れた絹の袷せ仕立てで，袖に振りのないものをいう。これに対して，薄綿入りの絹もので，かつ袖に振りをもつものは「振袖」とよばれる。

また，狭義の小袖や「振袖」と同じ仕立てながら，着装においてそれらの上に打ち掛けて着られるものは「打掛」とよばれる。

これら三種は，夏以外の時期に着られるものであるが，夏場には，裏のないひとえものを着た。そのうち麻で仕立てたものを「帷子（かたびら）」，絹で仕立てたものを「単衣（ひとえ）」といい，他の季節と夏との境の時期には「袷（あわせ）」が着られた*4。また，明治以降は，江戸時代における広義の小袖，狭義の小袖をともに「きもの」とよび，振袖，打掛は江戸時代同様のものを指すが，江戸時代に「単衣」とよばれたものは「絹の単衣」，「帷子」とよばれたものは「麻の単衣」とよばれるようになった。

＊4　ポルトガルの宣教師ジョアン・ロドリーゲスの『日本教会史』には，「これらの衣類は，裁断の点ではすべて同一種類に属するが，装飾の面では三種類に分かれる。その一つは，冬に貴族が着るために絹の屑〔真綿のこと〕をつめたものか身分の低い庶民用の木綿の屑〔木綿綿〕をつめたものかであって，それが絹でできていれば小袖 casode〔cosode〕といい，木綿や亜麻の布でできていれば布子 nunoko という。いま一つは，裏がついていて，春あるいはいくらか寒い秋に着るもので，袷 avaxe とよばれる。最後に帷子 catambira〔catabira〕とよばれる単衣のもがあり，これは夏とか暑いときとかに使う。」と記され，狭義の小袖を casode，広義の小袖を kirumono あるいは kimono とよんで区別している。

(1)　江戸時代のきもの

俗に「慶長小袖」とよばれる一群の小袖(図8-2)は，綸子地に摺箔で地文を施し，刺繍と鹿子絞りで模様を表したもので，現在では慶長(1596～1614)の末年から元和・寛永(1624～1643)期にかけて制作されていたと考えられているが，長らく慶長年間に流行したと考えられてきたため，この名がある。用いられる技法から，江戸時代にはすでに「縫箔小袖」ともよばれていたが，高価であったため，一般の町人女性がこれを着ることはできず，もっぱら武家女性に着用された。ただ，武家屋敷に仕えた町人女性が，主人から与えられたこの種の小袖を婚儀や外出に用いることはあり，また裕福な町人女性や遊女のなかには，これにあこがれるあまり，自費で誂えるものも現れたといわれている。

一方，「慶長小袖」とは別に，明暦頃から大きな経済力をもち始めた町人女性の嗜好を反映した小袖も存在していた。この種の小袖は，「慶長小袖」と同じく生地に綸子を用いながらも，主に絞り染めを中心に模様を表す。例えば，文化庁蔵，紺黄染分綸子地竹栗鼠梅文様振袖(図8-3)は，染め分けによる区画が抽象的な印象を与える点で，「慶長小袖」である女子美術大学美術館蔵，染分綸子地熨斗草花模様小袖(図8-2)と共通した意匠形式を示すが，模様は，絞りを中心にこれに描絵を併用して表されており，技法の組み合わせはこれとまったく異なる。

江戸時代初期のこの時期，伝統を墨守する上層武家階級の女性が，桃山時代の武家女性の専有物であった刺繍と摺箔による小袖をほぼ忠実に受け継ぎ，重厚感と落ちつきのある「慶長小袖」を生み出したのに対し，進取の気に富む町人階級は，かぶき者や遊女の風俗を介して，シンプルではあるが表出性の強い小袖様式を生み出した*5。そしてこの二つの小袖意匠の系統は，やがて互いに影響しながら接近して，17世紀中ごろには一つになり，「寛文小袖」とよばれる，身分を越えた最初の普遍的小袖様式をつくり上げた。その様式は，後述のようにどちらかといえば町人女性の好尚をより強く反映したものであり，前記二系統の合一はあたかも前者が後者に吸収されるような形で行われたものと推定される。

図8－2　染分綸子地熨斗草花模様小袖　(女子美術大学美術館)

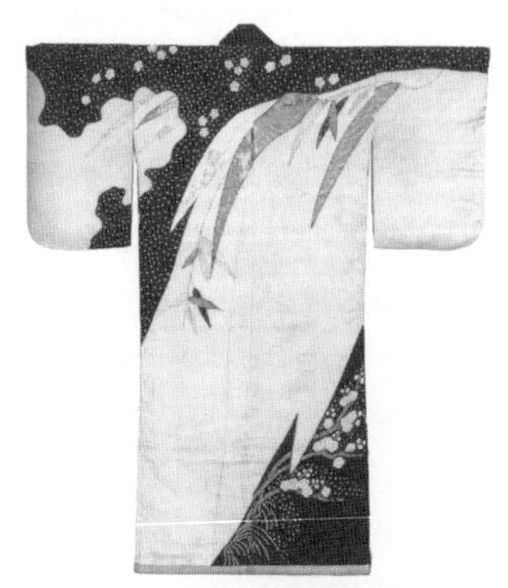

図8－3　重要文化財，紺黄染分綸子地竹栗鼠梅文様振袖
国(文化庁)

＊5　「かぶき者」とは，本来，「かぶく(傾く)者」すなわち乱暴狼藉を働く者という意味であったが，やがて華美な服装や異様な言動・行動をする者をも指すようになった。かぶき者や遊女は，当時の社会にあっては規範の埒外にあったから，自由で大胆な衣裳を身につけることもできた。

(2) 寛文小袖　　武家・町人女性共通の流行様式

寛文期(1660- 68)を中心に広く流行した，動的な模様構成と個性的な模様素材が印象的な小袖様式を一般に「寛文小袖」とよんでいるが，「寛文小袖」こそ，江戸時代前期の女性の美意識が小袖ファションに素直に反映された例といえる。その特徴は，おおむね次のようなものである。

(一)　技法は，江戸時代初期の町人女性の小袖と武家女性の小袖双方を受け継いで，縫い締め絞りに鹿子絞りと刺繍を併用，または単独で使用するものが多い。

(二)　模様は，小袖全体をキャンバスに見立て，モチーフを背面左肩から右裾へ向かって円弧を描くように配するもの(図8-4)や，右肩を起点に左肩および右裾方向へ展開するもの(図8-5)が多く，大柄で動きに富んでいる。

(三)　模様の素材は多彩で，植物・動物のみならず器物や文字に至るまで幅広くモチーフとされ，これらの選択と組み合わせにより，伝統的な動植物模様のほか，文芸的な主題を象徴的に表す模様や機知に富んだ内容を示す模様が構成される。

これらの特徴をもった小袖が「寛文小袖」とよばれるのは，ここに見られる模様上の特徴が，寛文6年(1666)および7年に刊行された『御ひいなかた』(図8-6)に収録された多く小袖にも見られ，この様式の流行年代が寛文頃と推定されるからである。

小袖模様雛形本は，小袖の模様を多数収録したスタイルブック的出版物で，一般の書店で販売され，現代のファション雑誌同様，読者が単に見て楽しむだけでなく，呉服屋で小袖を注文する際にそのなかから模様を選び，注記された加飾技法を参考に，希望する小袖の仕様を決定する参考としても使用された。

江戸時代初期にファッションリーダー的存在であった武家女性に代わって，寛文頃からは小袖模様雛形本の主たる読者であった町人女性がファッションリーダーとなり，また武家女性自身もその影響を受けて，その小袖の様式も町人女性のそれと見分けのつかないものになっていった時期が，寛文を中心とする時期なのである。小袖模様雛形本の出版は，ファッション界におけるそうした状況を反映してはじまったものである。

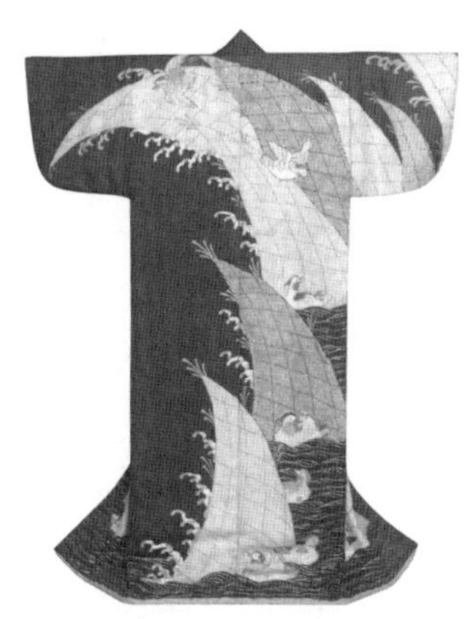

図8－4　重要文化財，黒綸子地波鴛鴦模様小袖（東京国立博物館）
Image：TNM Image Archives

図8－5　重要文化財，黒麻地菊模様帷子
（京都国立博物館）

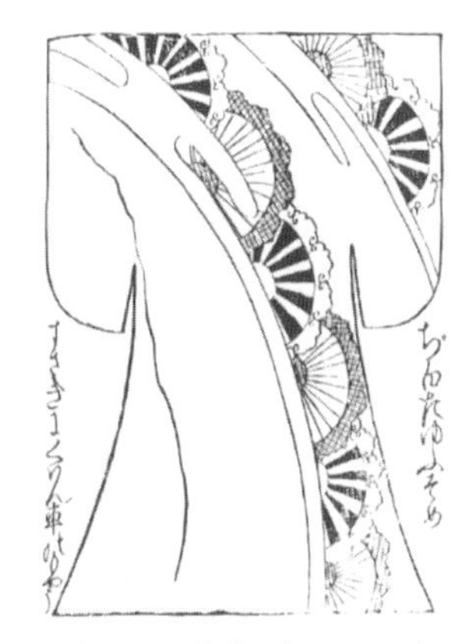

図8－6　寛文7年(1667)刊『御ひいなかた』

(3) 友禅染の流行　町人女性の小袖

17世紀末に生まれた友禅染は，「糸目糊（いとめのり）」とよばれる糸状に絞り出された防染糊（ぼうぜんのり）の間にさまざまな色の染料を部分的に挿し染めて彩色する染色技法であり，それまでの絞り染めを中心とする染織技法に較べて，遥かに多彩で繊細な模様表現を可能性にしたことで，江戸時代中期18世紀以降の染織技法の一つの主流をなすに至った。

友禅染の技法が考案された直後においては，色挿しに用いられる色数も少なく，またその方法も単純なものであったが，18世紀初頭に技法的な完成をみたあとは，色挿しの細密化・多色化が進み，縮緬（ちりめん）地に技術の限界に挑むかのような精緻でかつ華やかな意匠が表された。東京国立博物館蔵，白縮緬地鷹衝立模様小袖(図8-7)は，その典型的な作例である。

意匠に関しては，当初，「寛文小袖」の流れをくむ，背面左腰に余白を取って大柄な立ち木などを配した模様がほとんどであったが，友禅染の技術的な進歩が町人女性の小袖意匠を絵画的な表現へ向かわせた。その結果，18世紀の半ば頃には，町人階層における旅行ブームとそれに伴う名所図絵の刊行を反映してか，小袖や帷子に，近江八景や京名所などの画題を巧みに表した作品(図8-8)がしばしば見られるようになる。またそうしたもの以外でも，絵画的な主題を意匠としながら，同時に頂点に達した糸目糊置きと色挿しの技術を誇るべく，多彩な色使いと繊細な模様表現が試みられた。

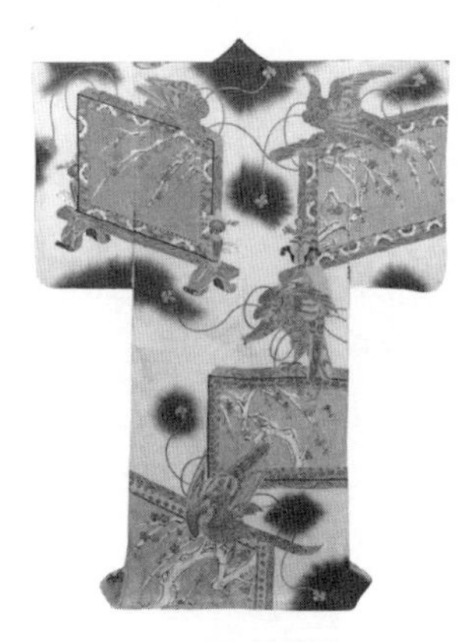

図8－7　白縮緬地鷹衝立模様小袖　（東京国立博物館）
Image：TNM Image Archives

図8－8　黄縮緬地寺社風景模様小袖　（女子美術大学美術館）

図8－9　納戸麻地近江八景模様帷子　（遠山記念館）

図8－10　白縮緬地賀茂競馬模様小袖　（京都国立博物館）

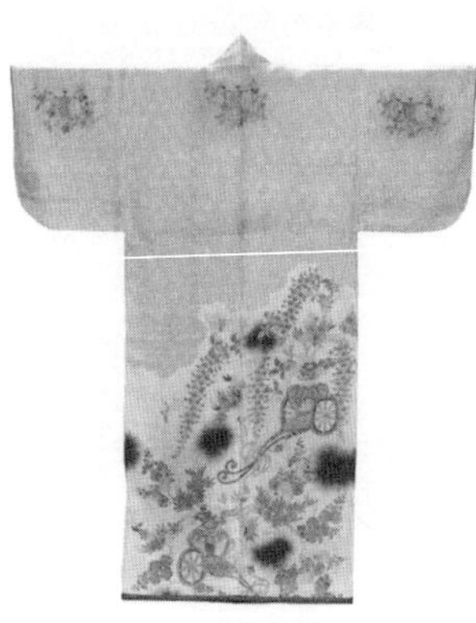

図8－11　染分綸子地花車模様小袖　（女子美術大学美術館）

図8－12　鶸色縮緬地梅樹流水模様小袖　（個人蔵）

ところが18世紀も後半になると，あまりに多色化し，繊細化してしまった友禅染が飽きられてきたためか，町人女性の小袖に相反する新しい二つの方向性を生じることになった。

一つは，より絵画に近いリアルな描写を求めて，絵画においては不必要あるいは不適当と考えられる非現実的な色彩や配色を，友禅染本来の多彩な色彩表現から排除したことである。

もう一つは，糊防染を多用しながらも色挿しそのものを極端に控えて，模様を地色に対して白抜きに染抜く模様表現の流行である。「白上げ」とよばれるこの方法で表される小袖意匠は，比較的小柄な単位模様を散らすように配し，全体として一つの風景模様を構成するもの(図8-9)が多かった。

18世紀の前半には，町人女性の小袖においても武家女性の小袖においても，腰を境に上半身と下半身で模様を変える形式(図8-10)が生まれ，さらに18世紀の半ば頃には，上半身の模様を取り去って，腰から下にのみ模様を配する形式が生まれた(図8-11)。また宝暦頃(1751年〜61年)からは，町人女性の小袖に，模様の位置を低くして模様を裾回りや褄に配する意匠形式が現れ(図8-12)，急速に流行していったが，これらは「裾模様」「褄模様」とよばれた。

さらに，寛政期(1789〜1800年)以降は，模様が裾や褄の裏にのみ配されるものも現れたが，これらはいずれも町人の間から生じた「いき」の美意識が小袖の意匠に反映したものと考えられる。

(4) 江戸時代中期から後期の武家女性の小袖

18世紀の前半の武家女性の小袖は，綸子を生地として，これに主に刺繍や摺匹田(すりひった)を用いて，寛文小袖以来の伝統に連なる意匠を表した。具体的には，元禄後半から正徳(1711〜15)頃までは，小袖背面の左腰周辺にわずかな余白を残して，橘や梅，桜，松などの立ち木を大きく表した模様が盛んに行われた(図8-13)。ただ，こうしたいわゆる「立木模様」は，この時期町人女性の小袖にも用いられ，町人女性の小袖においては，これが縮緬地に友禅染で表されたことは，すでに述べたとおりである。

続く享保期(1716〜35)には，同じ生地と技法を用いながら，小袖の腰を境に上半身と下半身で模様を若干変えた意匠が武家女性の小袖にも多く見られるようになる。用いられる技法は異なるが，この意匠形式も前述のように町人女性の小袖に見られる。

そして18世紀後半から19世紀にかけては，武家女性の価値観と美意識を強く反映した，次

図8－13　白綸子地梅樹文字模様打掛　(国立歴史民俗博物館)

図8－14　白綸子地花束雲模様打掛　(共立女子大学博物館)

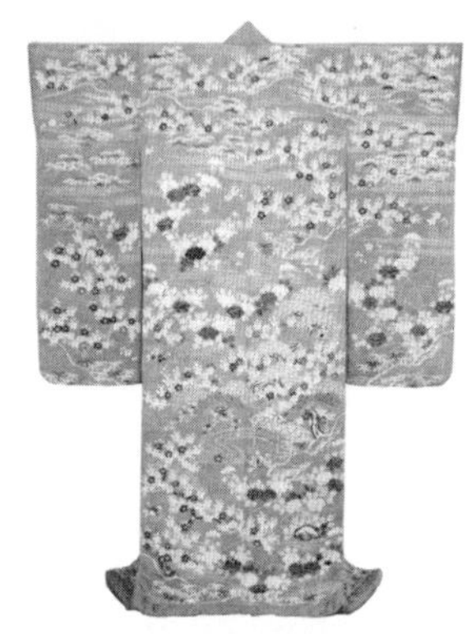

図8－15　萌黄縮緬地風景模様振袖　(個人蔵)

の二つの特徴的な様式を生みだした。

一つは，主に武家女性が晴の場で着用する打掛や帷子・単衣に見られるもので，四季の草花で構成される花束や花車，花筏などを衣裳全体に大きく散らし，間に立涌や紗綾形，七宝繋などの幾何学的なモチーフを配する形式化した様式(図8-14)。模様は刺繍と摺匹田を用いて表されるため豪華で華やかな印象を与える。

またもう一つは，小袖(狭義)や帷子・単衣に見られるもので，類型的な表現で架空の風景を表した模様である。武家女性が用いたもので，公家が用いたものではないが，明治時代以降，慣習的に「御所解模様」とよばれている。

このグループの小袖には，象徴的なモチーフを風景のなかに隠すように配して，王朝文学や能楽の内容を暗示的に表すものが少なくない。例えば風景なかに家屋の縁側と御簾・猫を配して『源氏物語』の「若菜」の内容を暗示したり(図8-15)，同じく風景なかに滝と桜・鼓を配して能楽の「鼓の滝」を意味するなどは，その典型である。前者は，当時における武家階級の王朝文学への憧憬を反映したもの，また後者は，能が武家の式楽とされたことを反映したものであり，同時に武家階級の文化的教養の高さを前提として生み出された意匠である。

(5)　江戸時代後期の上層町人女性の小袖

同じ町人女性でも富裕な女性の小袖は，江戸時代後期になるとその様式に大きな変化が見られるようになる。生地は友禅染で多用されていた縮緬に代わって綸子が多用されるようになり，技法も，絞りや刺繍を中心に，友禅染や描絵などを部分的に併用して，模様を豪華かつ繊細に表したものが多く見られるようになったのである。

これらのほとんどは，紅や白，黒，茶などのはっきりした地色に，主に松，竹，梅，橘や桧扇，几帳，貝桶，鴛鴦，鶴などの吉祥模様を表し(図8-16)，多くは婚礼に用いられたと考えられる。使用される加飾技法は，中流町人女性のそれとは大きく異なり，むしろ武家女性のそれに近い。しかも，本来は繊細な表現や絵画的な表現に適さないこれらの技法を用いて，あえてそうした意匠を試みている点では，武家女性の小袖以上に贅沢であるともいえる。

その典型を示すものの一つが三井家の女性が着用したと伝えられる一連の作品である。

これらは幕末期の作品と考えられるが，その中に円山派の画家による下絵に基づいて制作さ

図8-16　紅綸子地松笹鶴模様打掛
(共立女子大学博物館)

図8-17　黒綸子地流水藤山吹蝶模様打掛
(文化学園服飾博物館)

れた作品も含まれている。例えば，文化学園服飾博物館蔵・黒綸子地流水藤山吹蝶模様打掛(図8-17)は，原寸大の下絵が現存しており，藤や草花の写実的な表現はまさにその下絵を忠実に写したものといえる。

それでは，これら興味深い作品群を生み出した上層町人女性たちの心理，美意識とは何か。

徳川300年の安定下において，巨大な財をなす町人も現れた。富裕な町人女性の中には，町人としての封建的な位置づけと，経済力を基準とした新たな可能性とのギャップに戸惑いと苛立ちを感じる人々もいたと思われる。

同じ町人女性でも，経済的に豊かになった一部の人々は，中流の町人女性たちに対してある種の優越感と差別化意識をもつようになり，それが衣服の加飾において，中流の町人と違うものを着たいという気持ちを芽生えさせ，異なる様式を生み出すきっかけになったものと考えられる。

一方，武家女性に対しては，自分たちの経済力が上昇して，武家女性以上になった時点において，身分制度上の上下関係を越えたいという潜在的な欲求が生じたであろう。それが生地においては綸子を選び，技法においては刺繍や絞りを選ぶというように，基本的に武家女性のそれに近づく結果をもたらしたのである。ただし，まったく同じでは，身分制度そのものに楯突く形となってしまうため，模様の形式だけは独自の様式をとりつつ，抑圧された不満を発散するように，加飾技法においては，武家女性が用いることのできなかった，手間と費用のかかる技法を使用したのである。

(6)　江戸時代後期の公家女性の小袖

公家の女性たちは，近世の後半には，ようやく，儀礼的な場を除いて小袖を中心とする服装を用いるようになっていたと考えられる。その正確な時期は明らかでないが，江戸時代の前期から中期にかけてそうした傾向が強まり，後期には公家女性においても小袖が完全に定着し，独自の装飾様式をもつに至っていたことは確かである。

江戸時代後期における公家女性の小袖は，生地に関係なく，大振りな草木や花卉を主に刺繍して用いて表したものが多く，さらにこれらのモチーフを組み合わせて風景模様を構成するものもあった(図8-18)。ただし，風景模様といっても武家女性の小袖に見られたようなパノラマ的な風景ではなく，籬に菊やその他の秋草を添え，あるいは流水の傍らに草花を大きく表すなど，風景のごく一部を切り取って拡大して表したような模様がほとんどである。また，個々のモチーフは大柄であるが，上層町人女性の小袖に見られたような写実性は認められない。

図8－18　紫絽地菊雲模様単衣
(共立女子大学博物館)

用いられる技法と表される模様は，江戸時代前期の小袖に近い印象を与える。おそらく伝統を墨守する傾向がとりわけ強かった公家女性の服飾にあっては，新たな様式を取り入れる際にも，多くの時間を要したのであろう。

(7) 明治時代のきもの

維新をもってはじまった明治時代であるが，文化のすべてが政治同様このときに一気に変わったわけではない。文明開化を象徴とする西洋化路線は政府によって主導されたものであったから，身分や分野によって，その実質的な普及には時間差や格差があった。特に服飾においては，西洋化はまず公的な立場にある男性のそれからはじまり，女性では，社会的身分が高く公的な場に出ることの多かった旧大名家の女性たちが，それにならった。

明治時代の初期には，ほとんどの女性が小袖を受け継ぐきものを着用し，その様式も江戸時代後期のそれとほとんど変わるところはなかった。また男性でも，いわゆる庶民に当たる人たちや子どもは，江戸時代同様きものを着ていた。

明治時代の初期には，江戸時代後期の様式を忠実に受け継いだいくつかの様式が見られる。

一つは江戸時代後期の中流町人女性の小袖意匠を受け継いだもので，濃い鼠色を基調とする地味な地色の縮緬や平絹地に，褄模様や裏模様を，主に友禅染の技法を中心に刺繍を一部併用して表したきもの(図8-19)。友禅染には部分的に化学染料が用いられ，また刺繍は，ごくわずかな色糸と平金糸を用いる点が，江戸時代のそれと大きく異なる。

また，こうした地味な色調のきものには，同じく江戸時代以来の小紋染を用いたきものも見られるが，この時代には褄の部分に前述のきもの同様の友禅染と刺繍が加えられる(図8-20)。

図8－19　濃鼠縮緬地風景模様振袖　（個人蔵）

図8－20　黒平絹地柴垣雪輪模様着物　（個人蔵）

図8－21　紺繻子地薬玉模様打掛　（共立女子大学博物館）

図8－22　青紫縮緬地流水菊模様着物　（個人蔵）

江戸時代後期の様式に連なるもう一つの様式は，富裕な町人女性の小袖を受け継いだもので，江戸時代同様，主に振袖や打掛に用いられた。縮緬地に，刺繍と摺匹田で松竹梅の立木に鶴亀をあしらった，いわゆる「蓬萊模様（ほうらい）」を表した婚礼用の打掛や，黒や紺の繻子（しゅす）地に刺繍のみで吉祥模様や風景模様を表した打掛（図8-21）などである。

しかし明治時代後半には，褄模様，総模様という形式をとりながらも，化学染料を用いたさまざまな友禅染の技法を中心に，色鮮やかな模様を表したきものがほとんどとなった。さらに明治時代末期には，日本的なモチーフを西洋的な色使いで表すものが多くなり，特に菊・牡丹などの植物を暈しを含んだ濃艶な色合いで表現したきものが流行した（図8-22）。そして大正時代にかけて，西洋蘭，ダリア，チューリップなどの洋花をモチーフとしたものや，それを油絵に見られるような表現で表したもの，さらにはアール・ヌーボーの影響を受けた西洋的な植物模様が一つの主流となった。ここに至って，新たな時代を感じさせる真に近代的な意匠表現が確立したといってもよいであろう。

ただ，外出着やおしゃれ着として着用されることの多かったこれらのきもののほかに，一方で儀礼用として着用されたきものには，依然伝統を受け継いだ模様が用いられた。黒縮緬地に若松や竹などのモチーフを褄模様のかたちで表したきものなどは，その典型的な例である。

(8)　大正時代のきもの

「大正デモクラシー」で知られるこの時代は，第一次世界大戦と関東大震災があり，断続的ではあったとはいえ，総体に好景気で，国勢も上向き状態にあり，比較的豊かさと自由さが社会にあふれていた時代といえるであろう。そうしたなか，きものの模様にも竹久夢二の絵に共通するような「大正ロマン」を感じさせるものが多く見られるようになる。同時に，きものの制作，販売に関わる大型店舗も出現して，さまざまな新しい試みがなされた。特におしゃれ着の系統は，実に多様な種類のきものを生み出した。

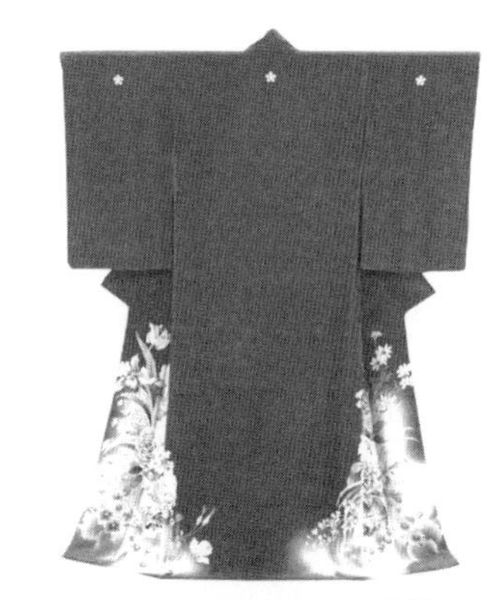

図8－23　錆朱縮緬地草花模様着物　（個人蔵）

明治時代末期から見られるようになった洋風の表現は，ひとり植物を表すときだけでなく，他のモチーフや主題を表すときにも実践され，油絵的な意匠がしばしば見られるようになる。その内容は，おおむね次の３種類に分類できる。

一つは，日本的なモチーフを洋風な表現で表したもの，二つ目は西洋蘭，ダリア，チューリップなどの洋風なモチーフをそのまま油絵的な表現で表したもので（図8-23），これら二つはともに明治時代末期にも見られたものである。ただ，大正時代には，そうしたヨーロッパの油絵に似た感覚のものだけでなく，日本的な油絵表現を模したものも現われ，ヨットやスキーといった現代的な主題を表したものも見られる（図8-24）。これが三つ目である。

図8－24　枇杷色縮緬地ヨット風景模様着物　（個人蔵）

また，これら絵画的な表現とは対照的な，非常に図案的な意匠も一方で行われるようになった。インドやインドネシアの更紗やペルシャの織物，ヨーロッパの染織品からデザインをとったと思われる模様がきものの意匠に用いられるようになったのである。

そしてアール・ヌーボーに次いでヨーロッパで起こったアール・デコの影響を受けたきものが現れたのも，この時代である。アール・デコの美術には，簡潔な力強さと同時に，ある種の哀愁に近い情緒性が含まれているように感じられるが，それが大正という時代とマッチして人々に愛されたものと思われる。

一方，これらとは対照的に，縞や矢絣の絹絣といったきものが盛んに着られたのも，またこの時代である。これらは，江戸時代の絣とは大きく異なり，自由で大胆な配色と構成で，近代的なセンスにあふれている。生地をつくる経糸と緯糸の種類や組み合せが多様なのも，この時代のこの種の絣きものの特徴である。御召(おめし)や銘仙(めいせん)，紬(つむぎ)，明石縮(あかしちぢみ)といった生地に，多彩な絣柄が表されたのである。

(9)　昭和時代前半のきもの

昭和時代前半のきものは，基本的には15年間と短かった大正時代のそれをそのままなだらかに受け継いでいる。ただこの頃には，明治時代に見られた江戸時代後期の流れを汲む伝統的な意匠は，ほとんど見られなくなる。もちろん褄模様や総模様という構図上の伝統形式は残っており，それは留袖(とめそで)の基本型として現在にまで受け継がれている。ただし，そこに表されるモチーフや表現は，明治時代のそれとはまったく異なり，植物を中心とする写生的な模様はさらに写実化を進め，一方，それとは逆に，アール・デコの影響から生まれた非常にデザイン化された模様は，モダニズムをより強く感じさせるものとなる(図8-25)。

図8－25　藤紫綸子地薔薇鳥模様着物(地文)　(個人蔵)

また，自由なデザインという点では，夏の単衣にその真骨頂が現れる。絽や紗を主たる生地とし，ときにこれらに金糸その他の糸を織り込んだ涼しげな質感の生地に，刺繍や友禅染で夏向けのさまざまな模様を工夫を凝らした表現で表したきもの(図8-26)は，この時代の一つの特徴ということができるであろう。

図8－26　縹絹縮地扇撫子百合模様単衣　(個人蔵)

さらにこの時代には，新たに振袖や打掛の意匠に，江戸時代模様の大々的なリバイバル現象が起こる。ただしこれは，明治時代のきものの意匠が江戸時代後期のそれを引き継いでいたのとは，まったく異なる経緯で生じたものである。大正時代以来，多種多様な意匠を送り出した呉服業界も，この時期，きものの意匠の創作にある程度行き詰まってきたのであろうか，元禄を中心とする江戸時代前期から中期にかけて小袖の意匠を参考にきものの模様をデザインすることが盛んになった。

コラム１　子どもの衣服と通過儀礼

日本では長い間，子どもを単に小さな大人としてではなく，これとはまったく異なる存在として認識し，慈しんできた。子どもに着せる衣服にしても，ただ大人の衣服を小さくかたどるだけでなく，子どもの生理や行動の特性に合わせて独自のものをつくってきた。

子どもが着る衣服には，通常着用するものと，通過儀礼において着用するものとがある。通常の衣服は実用性とともに時代の流行を反映しているのに対し，通過儀礼の際に着用される衣服には，実用性や流行というよりは，それぞれの国民の伝統と文化的特徴が反映されている。

神道における輪廻の思想が文化の底流となって長く保持されてきた日本の場合には，人生を一つの完結したサイクルと考える傾向が強く，生涯を通じていくつかの通過儀礼が行われてきた。子どもの時代にあっても，人生の出発点ともいうべき誕生から成人に至るまでの過程において，重要な通過儀礼をいくつか行なうのが一般的であり，科学の発達した現代においてさえ，その伝統は過去ほど強くはないにせよ，保持されている。

（1）　初宮参り（はつみやまいり）

「初宮参り」は，無事に出産した報告と新しく生まれた子どもの長寿と健康を祈る行事で，男子は32日目，女子は33日目に[*1]その土地の守り神（氏神）である「産土神」に参詣し，わが子の幸せを祈る儀式を行う。産後に居住地域の氏神に挨拶する行事は昔からあったが，現在のように「初宮参り」あるいは「お宮参り」として一般化したのは，室町時代頃からだといわれている。

江戸時代，この初宮参りの際や日常生活で乳児から三歳ほどまでの子どもに着せた衣服（きもの）が，「一つ身」とよばれるものである。一つ身は，身幅を一幅の布で作ることからこうよばれるが，特に初宮参りの際に新生児に着せたり包んだりしたものを「産着」という。

江戸時代には，背縫いのない一つ身のきものには，背中から子どもに魔ものが取りつきやすい，と信じられたため，これを防ぐ目的で，しばしば背中の中央に「背守り」とよばれる縫い飾を付けた[*2]。背守りは，点線状に縫い目をつけるものが最も古いが，明治時代以降は，飾り縫いを施したり，小裂を縫いつけたりしたものも現れた。

（2）　七五三（しちごさん）

11月15日に3歳と5歳の男児，3歳と7歳の女児が氏神に参詣して，子どもの健やかな成長と神様の加護を願う儀式が，現在の「七五三」である。もともとは，公家や武家の間で別々に行われていた風習で，3歳の儀式は，男女ともにそれまで剃っていた頭髪を初めて伸ばしはじめる「髪置き」の祝い，5歳の儀式は，男児が初めて袴をつける「袴着」の祝い，7歳の儀式は，女児がきものの付け紐をとって，帯を初めて締める「帯解き」の祝いに起源をもつが，明治に入ってから現在のようにこれら三つをまとめて行う儀式として定着した。

＊1　地方によって，男子なら生後30日目あるいは31日目，女子なら生後31日目あるいは32日目とする所もある。

＊2　背縫いがないと「魔が差す」と考えられた理由については，もとより明らかではないが，背縫いによって背中が縫い閉じられていないことが，その俗信の理由ではないか。それゆえ背守りが縫い印からはじまっているのであろう。

ところで「髪置き」「袴着」「帯解き」の祝いが行われた理由であるが，江戸時代以前は，日本でも，貧困や衛生，医療面などの問題から，乳幼児の生存率は今ほど高くなかった。3歳まで生き延びるということすら非常にむずかしく，5歳，7歳まで健康に育つとなるとなおさら大変であった。そこで3歳，5歳，7歳をそれぞれ節目として，子どもが無事に育ったことを祝い，その後の健やかな成長を祈る儀式として神社に参詣することが定着したと考えられる。

(3)　江戸時代以降の子どものきもの

江戸時代の子どものきものは，男女にかかわらずいずれも振袖仕立てである。これは，振袖が，本来，大人に比べて体温が高く，動き回ることも多い子どもの体温調節，すなわち，ベンチレーションのために，袖と身頃の縫いつけ部分の下方を縫わずに空けておいたものだからである*3。

この時代の子どものきものの生地や加飾技法はさまざまであり，おおむね身分や階層によって大人のきものに準じたものが使用されたと考えられるが，模様は男女で異なる。親が子どもの健やかな成長を願う気持ちに違いはなくても，封建制度の世の中にあっては，男児に家運の浮沈がかかる時代相を反映して，武家男児のきものには，儀式用ではなくても，ほとんどの場合吉祥模様が表された(図1)。これに対して女児のきものに表される模様は，大人の女性のそれとほとんど同じであり，あたかも成人女性の小袖のミニチュアのようなきものが多い(図2)。

明治時代以降，子どものきものにも幾分変化が見られるようになった。そこには，この頃大人のきものに用いられだした新しい生地や染織技術，さらには大人のきものに見られるようになったさまざまな意匠が取り入れられている(図3)。これは子どものきものにおしゃれを求める親の心が反映されたものと考えられ，封建的身分制度のなかで生地や技法，模様の選択に身分の違いが大きく反映されていた江戸時代とは大きく異なる現象である。

ただし，初宮参りや七五三の祝いなどの通過儀礼に際して着るきものには，儀式の重要性を反映してか，江戸時代以来の伝統的な意匠形式がしばしば見られる。それらのほとんどには江戸時代同様，子どもの健やかな成長を祈って吉祥模様が用いられる。松竹梅や鶴亀，宝尽と

図1　薄黄麻地水仙模様一つ身
(共立女子大学博物館)

図2　白綸子地松竹梅模様四つ身
(共立女子大学博物館)

＊3　振袖を「未婚女性」のものとする現代の解釈は，理論上は正しくない。ただ，江戸時代においても，男子は11から16歳ぐらいの間に行われる元服と同時に，また女子の場合は18歳になると，振袖の着用をやめて小袖仕立ての着物(狭義の小袖)に替えた。当時の女子においては，たまたま，その時期が婚礼の時期とほぼ一致していたのである。

いった一般的な吉祥模様のほか，おめでたい内容の物語や謡曲に取材した模様，さらには犬や馬といった元気さをイメージさせるモチーフなど，いずれも子どものきものにふさわしく，かわいらしくアレンジされている。また親孝行をした子どもを主題とする中国の故事を意匠化したもの見られる(図4)。

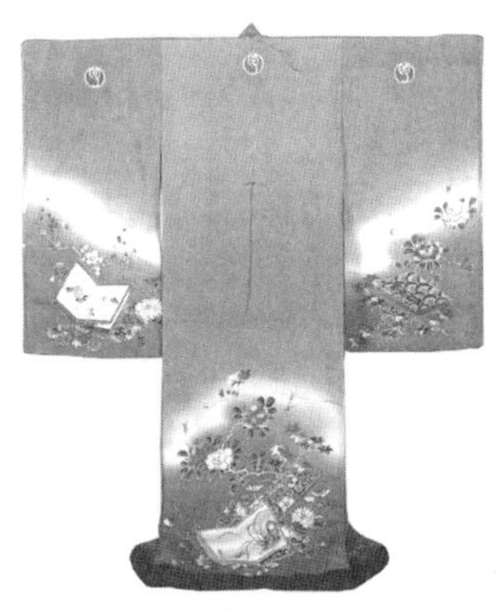

図3　染分縮緬地牡丹冊子模様一つ身
（共立女子大学博物館）

図4　黒平絹地孟宗模様四つ身
（個人蔵）

コラム2　日本の衣生活における季節への対応と美の表現

日本の染織のなかでも特に服飾に見られる最も大きな特徴は，快適さを求めて四季に応じた生地や仕立ての選択が行われているだけでなく，美意識の反映として，それぞれの季節にふさわしい色や模様が選ばれ使用されてきたということである。

これは，日本が地理的に温帯に属し，気候が四季をもっていることに起因していることに加えて，日本人が季節にともなって身の回りで生じる自然の移り代わりを敏感に感じとっていたからだと考えられる。ここでは，日本人が四季の移り変わりをどのように受け止め，これを服飾の上にどのように反映していたかを概観し，同時にそこにうかがわれる日本人の美意識と，その具体的表現について紹介してみたい。

(1)　平安時代

日本の服装において，季節の微妙な移り変わりを最も密接に服飾の美に反映している例として，まず平安時代の女性の服飾に見られる配色をあげることができる。

細かい身分区分により衣服に使用できる色が限定されていた男性とは異なり，公家女性たちは，衣服の色を自由に選ぶことができた。季節の移り変わりに敏感であった彼女たちは，生活を取り巻く各季節の自然物の中から，モチーフとなる動植物や自然現象を取り出し，その色彩を衣服の色に写し取り，独特の服飾美を出現させたのである。

当時の公家女性の服装は，ほぼ同じ形をした衣服を何枚も重ね着する着装形式に特徴があったが，同時にそれぞれの衣服は，下着的に用いられる一枚を除いて，いずれも表地と裏地からなる給仕立てとなっていた。

表地と裏地の配色に，それぞれの季節に見られる植物や昆虫，自然現象の色を再現し，出来上がったそれぞれの配色にモチーフとなったものの名をつけた。例えば，夏に着用される衣服では，夏の植物である鬼百合をモチーフとし，表地に赤，裏地に橙色を用いる配色があり，それは「百合」とよばれた。一方，冬に着用される衣服では，氷をモチーフとする配色があり，それは表地裏地ともに白を用いて，「氷」とよばれた。

さらに公家女性の服装では，重ね着された衣服の襟や袖口，裾の部分にグラデーションのように見える数枚の表地の配色にも，それぞれの季節に見られる動植物や自然現象からイメージされる配色が再現され，表地裏地の配色同様，モチーフとなったものの名がつけられた。例えば，春に着られる服装には，「紅梅（こうばい）」とよばれる紅梅色を中心とした配色が見られ，秋に着られる服装には，「紅葉（もみじ）」とよばれる黄色と赤を中心にした色の組み合わせが見られる，といった具合である。

このように，公家女性の服装に見られる配色には，季節のさまざまな動植物や自然現象をモチーフとしながら，単にこれらの色を忠実に模倣するだけではなく，これをイメージとして美的に昇華させ，さらに純粋に配色としての美しさを創造しようとする意図も見受けられる。

(2)　鎌倉時代以降

鎌倉時代には，武力によって身を立てた武家が，公家に替わって天下を取る。平安時代にあっては庶民に近い存在であった武家であるが，鎌倉時代から室町時代にかけて，服飾においても大きな影響力をもつようになった。さらに桃山時代には，武家同様庶民から身を起こした町人が，その経済力を背景に社会的に影響力をもつようになってきた。

ここに至って，日本の衣服において，ともに庶民にルーツをもつ武家と町人の衣服が，日本の服飾の主流となる。彼らの衣服の特徴は，重ね着を極力排して，原則的に下着に1枚ないし2枚程度のきものを重ねるだけというものであったから，公家女性の服飾に見られたような配色美の表出は不可能となった。しかしその一方で，室町時代から桃山時代にかけて，男女の衣服ともに，模様を服飾美の中心にすえる傾向が強まり，染物を中心とするさまざまな技法で多様な模様が衣服のうえに表されるようになった。

こうした動きのなかで，季節を意識した模様も現れてくるが，桃山時代のそれには，平安時代の女性服飾に見られた季節の表現とは異なる現象が見られる。

例えば，桃山時代には，四季それぞれに属する植物が，ときには季節ごとにまとめられ，ときには取り混ぜられて一つの衣服や芸能衣裳の上に表されるが，春に着る衣服だからといって，桜やたんぽぽといった春の植物，秋に着る衣服だからといって菊や紅葉だけが表されるということはない。むしろ，これら春と秋の植物に加えて，百合や椿といった夏や冬の植物も一緒に表され，四季すべてのモチーフが一堂に取りそろえられるということが普通となる。

図5　重要文化財，四季草花模様小袖　（京都国立博物館）

京都国立博物館蔵，重要文化財，四季草花模様小袖（図5）は衣服の背面を四つに区切り，それぞれの区画に四季を代表する植物を配置しているが，ここには，自然が四季をもっていることに対する憧憬の念が表現されているように思われる。こうしたことは，見方によっては季節感が否定されているということができるかもしれない。

もちろん一つないし二つの限られたモチーフが模様として表されているものもある。ただ，そうした場合にも，複数の季節にまたがるものが多く，一つの季節の植物が複数表されている場合にも，特定の季節感を表現しようとしているというよりは，たまたまそれらの植物そのものの姿の美しさ，あるいは思想的背景が関心の対象となっていると考えられる。例えば，東京国立博物館蔵，重要文化財，茶地百合御所車模様縫箔（図6）では，百合は御所車と組み合わされて何らかの意味合いを暗示しているようにも見えるし，またその美しい姿そのものを表現しただけであるようにも見える。

図6　重要文化財，茶地百合御所車模様縫箔
（東京国立博物館）
Image：TNM Image Archives

次の江戸時代には，身分制度が確立したため，男性の衣服には自由な選択が禁じられ，服飾としてのバリエーションが非常に少なくなった。一方，女性の衣服には，経済力に応じて比較的自由な選択が許されていた。そのため生地や仕立てのみでなく，きものの色や模様の選択にも，階層の違いや時期の違いにより，さまざまなバリエーションが生まれた。

衣服の色は，夏以外の季節は実にさまざまな色が用いられたのに対し，夏の衣服には比較的限られた色が用いられた。とはいっても，公家女性の衣服に見られたような夏の植物をモチーフにした色ではなく，白のほか，見た目が涼しい寒色系の浅葱色・萌黄色・紫色などが多く用いられた。

衣服の模様も，夏以外の季節には季節の自然物に合わせてさまざまな種類の模様が用いられたのに対し，夏の衣服には，見るからに涼しさを感じさせる水や波などをモチーフとする模様のほか，涼しい秋や冬を連想させるモチーフが多く表されている。具体的には，秋草とともに松虫や蛍を表したり，紅葉や落ち葉を表したりして秋の風情を表現した模様，雪や氷をモチーフとする模様などがそれにあたる（図7）。

図7　黒麻地氷紅葉模様帷子
（東京国立博物館）
Image：TNM Image Archives

(3)　四季表現の多様さ

以上見てきたように，日本人は服飾のうえにさまざまな理由と方法で四季の自然を取り入れてきた。季節ごとに行うべきお祭りや儀式，習慣が多くあり，日本の人々はこれらを生活のなかに日常的に受け入れることによって，生活にメリハリをつけていたと考えられる。こうしたときに，その時節やその季節を明確に感じさせる色や模様を表した衣服が着用された。また，教養や美意識を表すため，衣服の意匠に文芸的な内容や芸術的内容を表現する手段として，季節を暗示するモチーフを表すということが行われた。

日本の風土と日本人の気質を反映して，日本の染織に見られる四季の表現は，かくも複雑で多様なのである。

索　引

く

け

こ

さ

し

す

せ

そ

た

ち

つ

て

と

な

に

ぬ

ね

の

は

ひ

ふ

へ

ほ

ま

み

む

め

も

や

ゆ

よ

ら

り

れ

ろ

わ

衣生活論

―持続可能な消費と生産―

初版発行　2019年3月30日

編著者©　山口　庸子

生野　晴美

発行者　森田　富子

発行所　株式会社 アイ・ケイ コーポレーション

東京都葛飾区西新小岩4-37-16

メゾンドール I&K／〒124-0025

Tel 03-5654-3722, 3番　Fax 03-5654-3720番

表紙デザイン　㈱エナグ　渡部晶子

組版　㈲ぷりんてぃあ第二／印刷所　新灯印刷(株)

ISBN978-4-87492-357-3 C3077